Praxis 7/8

Arbeitslehre/Wirtschaft

Herausgeber
Franz-Josef Kaiser
Hans Kaminski

Autoren
Manfred Hübner
Ursel Imhof
Hans Kaminski
Robert Künstner
Reinhard Neudeck
Ortrud Reuter-Kaminski

westermann

Druck A [6] / Jahr 2011
Alle Drucke der Serie A sind im Unterricht parallel verwendbar.

Redaktion: Marion Martens
Herstellung: Nicole Hotopp
Satz: AndersARTig, Reproduktion, Werbung & Verlag GmbH, Braunschweig
Druck und Bindung: westermann druck GmbH, Braunschweig

ISBN 978-3-14-**11 6067**-3

In diesem Buch findet ihr immer wiederkehrende Symbole.
Sie sollen euch helfen, den Überblick zu behalten.

- i Zusatzinformationen/Begriffe
- A Aufgaben, Arbeitsaufträge
- M Methodenseiten
- W Wiederholen und Vertiefen
- P Praxisaufgaben

I Konsumentensouveränität – Verkaufsstrategien

Ihr lernt,

- *euch mit Bedürfnissen und wichtigen Grundlagen für Entscheidungen auseinander zu setzen,*
- *Verkaufsstrategien kennen, die sich an Konsumenten richten,*
- *wie sich Verbraucher besser schützen können,*
- *welche Zusammenhänge es zwischen dem Konsum und der Erhaltung unserer Umwelt gibt.*

Bedürfnisbefriedigung in reichen Ländern: Essen, Wohnen, Kleidung

1 Bedürfnisse – Nachfrage und wirtschaftliches Handeln

Konsumentensouveränität

Sicherheit und Selbstständigkeit von Menschen im Umgang mit Gütern und Konsum.

Typisch Markus. Er hat noch 5 Euro von seinem Taschengeld, 3 Euro hat er von Oma bekommen, weil er ihre Einkäufe erledigt hat. Er möchte mit seiner Freundin Anne ins Kino gehen, während der Vorstellung eine Cola trinken und Anne anschließend zum Eis einladen. Schnell hat er im Kopf überschlagen: Mit seinen 8 Euro kann er ins Kino gehen, die Cola muss er streichen, wenn er Anne ein Eis spendieren will. Und da reicht es nur noch zu einer kleinen Tüte für jeden.

Jeder von euch hat sich sicher schon aus ganz unterschiedlichen Gründen an Schaufenstern die Nase platt gedrückt. Ihr habt Dinge gesehen, mit deren Hilfe ihr Bedürfnisse hättet befriedigen können, leider hattet ihr aber nicht das Geld dazu, die entsprechenden Güter zu kaufen. Meistens ist es noch schlimmer: Ihr habt gleichzeitig eine Reihe von Wünschen, aber nicht die Mittel sie sofort alle gleichermaßen zu befriedigen.

Aus Markus Fall lässt sich ableiten: In der Regel sind unsere Bedürfnisse größer als die vorhandenen Mittel sie zu befriedigen.

Der Grund dafür, dass wir arbeiten, genauer erwerbstätig sind, ist: Wir brauchen, da wir in der Regel nichts geschenkt bekommen, Geld und müssen es irgendwie verdienen.

Gesundheit

Zärtlichkeit

Spielen mit den Eltern

Bedürfnisbefriedigung in armen Ländern: Essen, Wohnen, Kleidung

Bedürfnisse sind von verschiedenen Einflussgrößen (Faktoren) abhängig:

- Je nachdem, wo man wohnt, unterscheiden sich die Bedürfnisse schon wegen des Klimas. Ein Indianer am Amazonas lebt völlig anders als ein Inuit in Alaska. Für Kleidung und Ernährung gelten in arabischen Ländern und in Nordafrika ganz andere Maßstäbe als in Europa.
- Andererseits werden Bedürfnisse auch durch unsere soziale Umwelt beeinflusst, durch die Familie, in der wir leben, durch Verwandte, Bekannte, Freunde, durch Gruppen, denen wir angehören, durch Idole, Meinungsführer, aber auch durch Werbung.
- Bedürfnisse ändern sich ständig. Zwar brauchen wir genauso wie unsere Vorfahren Nahrung, Kleidung und ein Dach über dem Kopf, doch die Art und Weise, wie wir diese Bedürfnisse befriedigen, hat sich entscheidend verändert. Im Laufe der Zeit entstanden durch den Fortschritt der Technik und durch Wandel im gesellschaftlichen und kulturellen Leben immer neue Bedürfnisse.

Was haben nun diese materiellen Bedürfnisse mit unserem Kapitel zu tun? Ganz einfach: Wir können unsere Bedürfnisse in der Regel nur durch den Kauf von Waren oder Dienstleistungen befriedigen.

Es gibt auch Bedürfnisse nach Glück, Erfolg, Liebe, Zuneigung, Anerkennung usw. (immaterielle Bedürfnisse). Zu ihrer Befriedigung braucht man kein Geld. Allerdings verstehen es die Werbefachleute, auch diese Bedürfnisse für ihre Maßnahmen zu nutzen und uns Bedürfnisse einzureden.

A

1. Überlegt, welche Bedürfnisse nach der Erfindung des Automobils entstanden.

2. Auf welche unterschiedlichen Weisen wurde das Bedürfnis nach Licht und Wärme im Laufe der Geschichte befriedigt?

3. Bedürfnisse sind abhängig von der Gegend, in der die Menschen wohnen. Nennt dazu Beispiele aus dem Erdkundeunterricht.

Die Werbung verspricht viel …

In der Umgangssprache setzen wir das Wort „Güter“ häufig mit „Waren“ gleich. Wie wir in der Skizze sehen, weicht jedoch die wirtschaftliche Bedeutung des Wortes „Güter“ von seiner Bedeutung in der Umgangssprache ab.

1.1 Güter als Mittel der Bedürfnisbefriedigung

Michael unternimmt an einem warmen Sommertag eine anstrengende Bergtour durch das Sauerland. Er bekommt Durst. Er trinkt das klare Wasser einer Bergquelle. Seine Freundin Gabi ist im Schwimmbad. Als sie Durst bekommt, kauft sie sich am Kiosk eine Flasche Mineralwasser.

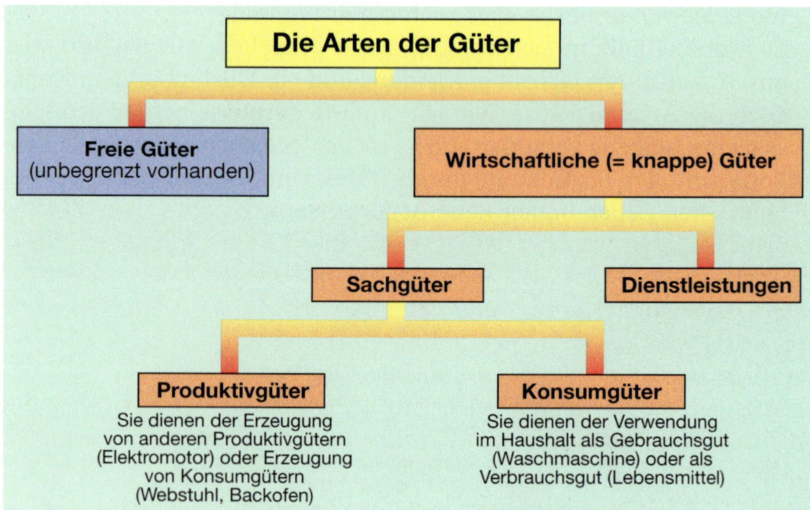

Getränketüten und -dosen sind eine Verschwendung von Rohstoffen und Energie. Werden sie achtlos weggeworfen, so tragen sie zur Zerstörung unser Landschaft bei. Mehrwegflaschen sind viel besser. Je vernünftiger unser Verhalten gegenüber der Umwelt, desto größer die Anzahl freier Güter! Auch durch das Dosenpfand wird die Umwelt geschützt.

Wir verstehen unter Gütern im wirtschaftlichen Sinne alle Mittel, die der Bedürfnisbefriedigung dienen. Dies sind Sachgüter wie Brot, Schokolade, Maschinen und Dienstleistungen wie ärztliche Hilfe.

Wirtschaften mit Rücksicht auf die Umwelt

Freie Güter sind immer weniger verfügbar. Wasser können wir nur noch in einigen Bergregionen ohne Gefahr für unsere Gesundheit trinken. Die Reinhaltung der Luft verschlingt immer größere Summen. Naturschönheiten wie Bergwälder, Seen, Moore sind in Gefahr. Viele Pflanzen und Tiere sind bereits ganz ausgestorben. Jeder von uns ist aufgefordert, durch vernünftiges Verhalten zum Schutz unserer Umwelt beizutragen.

1.2 Das ökonomische Prinzip

Maximalprinzip
Wie verhält sich ein Bergsteiger, der nach einer anstrengenden Bergtour hungrig und durstig am Bahnhof im Elbsandsteingebirge eintrifft und feststellt, dass er nur noch 20 Euro in der Tasche hat und sich folgende Wünsche erfüllen möchte?

- Mit der Bahn zu seinem 30 Kilometer entfernten Wohnort nach Hause fahren (er hat noch keine Fahrkarte);
- eine Apfelschorle trinken, im Restaurant essen;
- Ansichtskarten schreiben;
- Geschenke für zuhause mitbringen;
- Zeitung als Lektüre für die Bahnfahrt besorgen.

Die Entscheidungssituation unseres Bergsteigers können wir mit folgender Skizze wiedergeben:

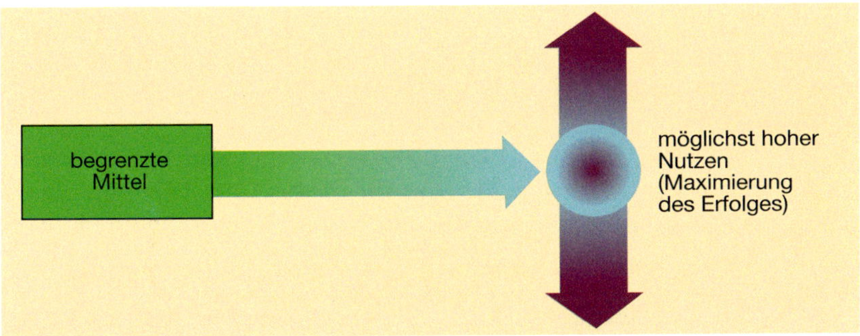

Er setzt seine vorhandenen Mittel so ein, dass sie für ihn den größtmöglichen Nutzen bringen. Wir können sagen: Er handelt rational (lat. ratio = Vernunft, der Vernunft gemäß) nach dem ökonomischen Prinzip. In diesem Fall spricht man vom **Maximalprinzip**.

Minimalprinzip
Tobias möchte sich einen bestimmten Discman kaufen. Er erkundigt sich, um das günstigste Angebot zu ermitteln.

Seine Entscheidungssituation sieht etwa folgendermaßen aus:

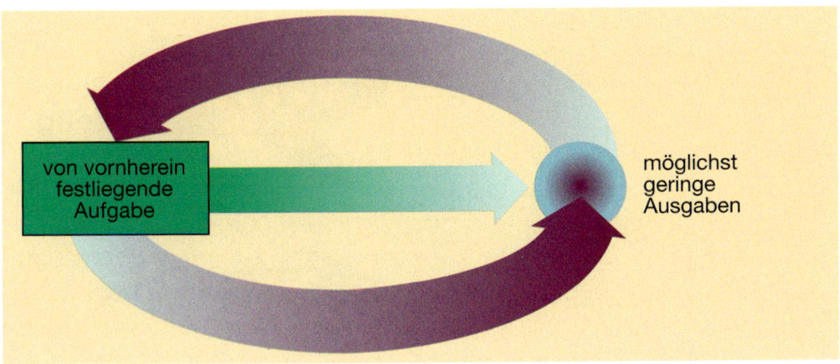

A

1. Welche Reihenfolge würdet ihr wählen, wenn ihr der Bergsteiger wäret?

i

Früher wurde ein Landwirt als Ökonom bezeichnet, der seine landwirtschaftlichen Produkte auf dem Markt in der Stadt verkaufte.
Heute steht das aus dem Griechischen kommende Wort **Ökonomie** für Wirtschaft und ökonomisch für wirtschaftlich.

A

2. Versucht wie Tobias, für ein ganz bestimmtes Gerät Preise zu erfahren und vergleicht.

3. Erklärt die Anwendung des ökonomischen Prinzips aus eurer persönlichen Situation: Ihr möchtet euch von eurem Taschengeld ein Kickboard kaufen. Wie geht ihr nach dem Maximalprinzip vor und wie nach dem Minimalprinzip?

Die zwei Seiten des ökonomischen Prinzips

Maximalprinzip
Größtmöglicher Nutzen mit (von vornherein) begrenzten Mitteln

Minimalprinzip
Geringstmögliche Kosten für ein (von vornherein) begrenztes Ziel

Beispiele

Maximalprinzip: Mit einem Geldbetrag für jedes Familienmitglied ein passendes Geschenk kaufen

Minimalprinzip: Eine Pizza „Vier Jahreszeiten“ für die ganze Familie mit den niedrigsten Ausgaben für Zutaten herstellen

Das ökonomische Prinzip in den beiden Formen, die wir kennen gelernt haben, geht vom **Einzelnen** aus. Er fragt: Was ist **für mich** wirtschaftlicher?

Was für den Einzelnen wirtschaftlich „vernünftig“ ist, kann für unsere gesamte Gesellschaft, vielleicht sogar für die gesamte Erde, durchaus problematisch sein. Zeige dies anhand des folgenden Schaubildes auf.

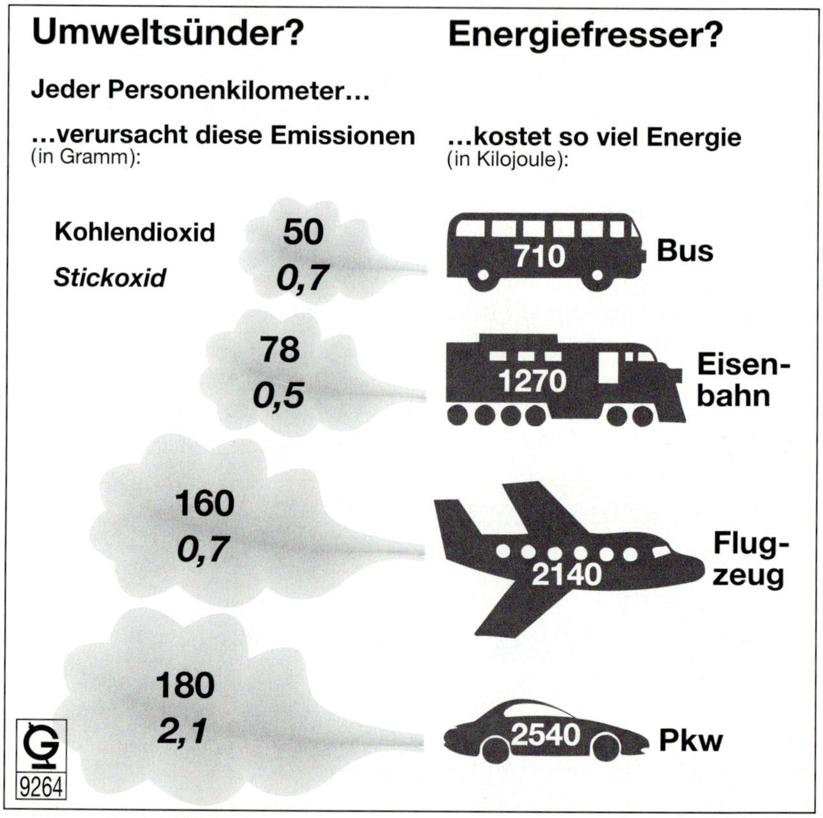

A

1. Versucht zunächst den Inhalt dieses Schaubildes zu verstehen und gebt die Aussagen mit euren eigenen Worten wieder.
2. Für welches Verkehrsmittel entscheidet ihr euch, wenn ihr euch ökonomisch verhaltet?
3. Für welches Verkehrsmittel entscheidet ihr euch, wenn ihr euch ökologisch verhaltet?
4. Sucht Gründe dafür, dass sich die meisten Menschen trotzdem für die Fahrt mit dem Pkw entscheiden.

i

Emission = Ausstoß
Kilojoule = Maßeinheit für den Verbrauch von Energie. Vier Kilojoule Energie sind nötig, um einen Liter Wasser um ein Grad zu erwärmen.

Entwickelt ein Referat zu dem Problemfeld des Kapitels

1. Sichten von Material/Literatur
Das können Statistiken, Texte aus Presse und Internet oder Literatur (Bücher) sein.
Bei der Auswahl des Material muss die Zielgruppe beachtet werden (Wer hört zu?).

2. Gliederung erstellen
Wie soll das Referat gegliedert werden?
Material und Texte zuordnen (Fotos, Grafiken, Modelle).

3. Texte erarbeiten
Texte erarbeiten und verbinden zur Gliederung unter Verwendung der Materialien.

4. Gestaltung planen
Welche Grafiken und Bilder sollen verwendet werden?
Werden beim Vortrag Folien, z. B. für die Gliederung, verwendet oder wird eine Powerpoint-Präsentation benutzt?
Müssen Dias besorgt werden?
Wie kann man Fotos den Zuhörern präsentieren?

5. Präsentation vorbereiten
Die Präsentation muss vorbereitet und organisiert werden (Technik, Modelle oder eventuell Experten zum Referat einladen, z. B. eine Person aus einer Bank zum Thema Taschengeld/Jugendkonten).
Technik vorher ausprobieren.

6. Das Referat halten
Nach der Gliederung möglichst frei sprechen, wenig ablesen.
Eventuell die Gliederung als Kopie an die Zuhörer verteilen.
Klären, wann Fragen beantwortet werden können.
Deutlich und langsam sprechen.

7. Auswertung des Referates
Wie ist das Referat bei der Zielgruppe angekommen?
Ist die Zielgruppe erreicht?
Was kann in Zukunft besser gemacht werden?

Beim Referat können das Thema und die Zeit vom Lehrer vorgegeben sein oder die Schüler können Vorschläge unterbreiten.
Die Gruppe, vor der das Referat gehalten wird, muss nicht immer die Klasse sein.

Zum Thema „Taschengeld“ könnte ein Referat z. B. auch bei einem Elternabend gehalten werden (Zielgruppe in diesem Fall beachten!).

Sichten von Material

Gliederung erstellen

Gestaltung planen

Präsentation vorbereiten

Referat halten

Wie Wünsche Waren werden (sollen) – „Spiel“ mit Träumen und Bedürfnissen

Die meisten Hersteller werben dafür, unsere schönsten Lebensträume nur noch in der Einbildung zu befriedigen – durch den Konsum ihrer Produkte. Du willst zu den Kokos-Inseln?
Warum? Iss ein Bounty, dann hast du die ganze Welt der Tropen für 50 Cent.
Du willst ein Abenteuer-Leben führen?
Why? Rauch lieber 'ne Marlboro, dann kannst du dir das Cowboy-Dasein gemütlich im Sessel einbilden.
Du siehst: Werbung verführt uns dazu, unsere Wünsche nicht mehr tatsächlich, sondern nur noch symbolisch zu befriedigen, durch Kauf und Verbrauch der entsprechenden Waren. Und das ist schlimm. Das trägt dazu bei, dass wir kaum noch tun, was wir eigentlich wollen.
Die gesamte Konsumwerbung hat eines gemeinsam: sie weckt den Wunsch Dinge zu haben. Wer hat, ist glücklich und: Haste was, biste was!
Die Folgen sind entsprechend: Förderung der Habsucht in der ganzen Bevölkerung, Förderung der Überschätzung alles Materiellen, Förderung der Unterschätzung der nicht besitzbezogenen Werte wie Selbstverwirklichung, Liebe, Ehrlichkeit.
(nach: Richard Ganter: Die Sprüchemacher. In: Wochenschau I, Nr. 3, Mai/Juni 1991)

2 Marketing und Verkaufsstrategien

Henry Ford, Gründer der Ford Motor Company (1863–1947), soll gesagt haben: „Die Hälfte meiner Werbung ist rausgeschmissenes Geld. Wenn ich nur wüsste, welche Hälfte.“ Heute ist man längst der Meinung, dass mindestens drei Viertel der Werbeausgaben keinen Erfolg bringen. Und soweit Werbung Erfolg hat, ist es hauptsächlich informierende Werbung, die Kaufentscheidungen beeinflusst. Preis und Qualität sind dem Verbraucher eindeutig wichtiger als Versprechungen der Werbung.

Werbung, die sich an das Gefühl der Verbraucher wendet, hat also längst nicht die Wirkung, die viele vermuten. So dürften Anzeigen, TV-Spots usw. immer nur Be-Werbungen beim Verbraucher sein, mit begrenzter Wirkung.

Ferner scheint sich zumindest die Fersehwerbung mit den ständigen Programmunterbrechungen selbst unbeliebt zu machen. Dies ist insbesondere dann der Fall, wenn die so genannte **Reminder-Methode** angewendet wird, bei der zweimal oder dreimal pro Werbeblock dem Zuschauer die Werbebotschaft (z. B. für Süßigkeiten) „eingehämmert“ wird. Oft reagiert der Verbraucher dann mit einer bewussten Ablehnung dieses Produktes und kauft es gerade nicht. Wenn bestimmte Werbemaßnahmen so wenig Einfluss haben, warum dann diese riesigen Werbeausgaben?

Offensichtlich aus folgendem Grund: Werbung ist das einzige Mittel der Unternehmen, den Kunden **direkt** anzusprechen – ein anderes gibt es nicht. Werbung spielt bei allen Kindern für die Bewertung von Produkten eine große Rolle. Grundschulkinder glauben, dass Werbung informiert und die Wahrheit sagt. Auch können sie nicht eindeutig zwischen Fernsehprogramm und Werbung unterscheiden.

Ab dem zwölften Lebensjahr wissen sie jedoch, dass sie zum Kauf eines Produktes verführt werden sollen. Manche Werbung finden sie sogar „ätzend“ und kaufen die Ware absichtlich nicht.

A

1. Der Artikel „Wie Wünsche Waren werden (sollen)“ vertritt die Meinung, dass Werbung uns daran hindert, uns selbst aktiv und realistisch unsere Wünsche zu erfüllen. Sie verführt uns, unsere Wünsche nur mit Produkten zu befriedigen. Dies hat zur Folge, dass Habsucht gefördert wird und Werte wie Selbstverwirklichung, Liebe, Ehrlichkeit an Bedeutung verlieren. Teilt ihr diese Meinung? Diskutiert darüber.
2. Private Sender finanzieren sich ausschließlich aus Werbeeinnahmen. Haben eurer Meinung nach Einschaltquoten Einfluss auf die Qualität der Sendungen? Wird also die Einschaltquote zum Programmdirektor? Begründet!

2.1 „Ran an die Kunden!“ – Verkaufsstrategien

Da Unternehmen wissen, welch lohnende Kundengruppe Kinder und Jugendliche sind, haben sie sich viel Mühe gegeben euch kennen zu lernen und euch für sich zu gewinnen. Sie versuchen herauszufinden, wie ihr lebt, welche Personen und Gruppen für euch wichtig sind, welche Bedürfnisse ihr habt oder welche in euch geweckt werden könnten. Ihr sollt möglichst zu markenbewussten und kauffreudigen Konsumenten gemacht werden – je früher, desto besser. Danach werden die Werbestrategien ausgedacht und die Werbeträger und Werbemittel ausgesucht.

Nun kommt für die Unternehmen vielleicht der schwierigste Teil: Die Ware muss an den Mann oder die Frau gebracht und Geld muss eingenommen werden. Auch das muss gekonnt sein, wie ihr erfahren werdet. Wir wollen das am Beispiel eines Supermarktes untersuchen. Der erscheint euch vielleicht nicht so interessant, ihr kennt ihn aber von euren Alltagserfahrungen her.

Werbung Jugendkonto (Bravo)

Zielgruppe Jugend

Open-Air-Konzert. Ein Markt mit Millionenumsätzen

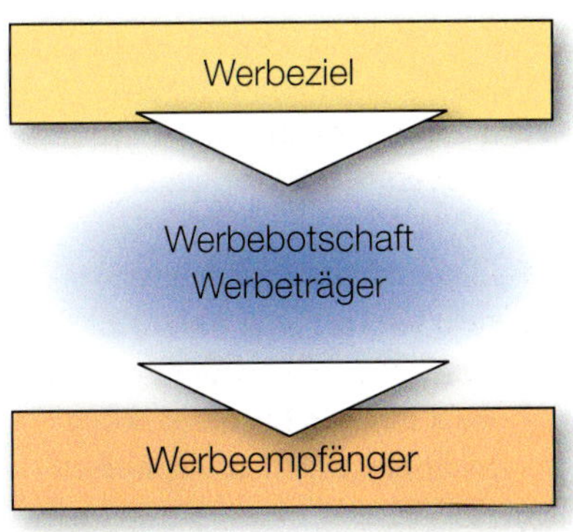

Grundmodell der Werbung

2.2 Verkaufsstrategien im Supermarkt

Käuferfalle Supermarkt?

Herr Winter schießt ein Eigentor
Walter Winter verstand die Welt nicht mehr! Da kam doch seine Frau daher und erklärte ihm, es sei kein Geld mehr auf dem Konto und dabei war doch erst der 23. Schuld daran sei der Supermarkt, behauptete sie, das sei ihr heute so richtig klar geworden. Sie habe sogar einige Sachen zurückstellen müssen, weil das Geld nicht gereicht hätte. Peinlich!

Nun, was hatte ihr Leichtsinn mit dem Supermarkt zu tun? Was hatte sie überhaupt gegen den Supermarkt? Ein wahrer Segen ist er! Preiswert kann man dort einkaufen. Besonders günstig sind die Sonderangebote. Alles bekommt man unter einem Dach, bei großer Auswahl. Alles liegt griffbereit in den Regalen und niemand stört einen, keine aufdringliche Verkäuferin, die einen zum Kauf treibt, keiner! Beim nächsten Mal würde er selbst einkaufen und dann würde er es ihr zeigen!

Und dann verstand Herr Winter die Welt überhaupt nicht mehr! Er, der schon in der Schule als der beste Rechner galt, stand an der Kasse des Supermarktes und konnte selbst nicht bezahlen.
Peinlich! Dabei hatte er doch nur einige Sachen für den Haushalt einkaufen wollen. Aber was sollte er jetzt zurückbringen? Den Wein, den er auf dem Weg vom Gemüsestand zur Fleischtheke entdeckt hatte? Oder die Konfektschachtel, die ihm zwischen Fleischtheke und Käsestand aufgefallen war?
Oder? Oder? ... Sollte seine Frau wirklich recht haben? Ach was, am Supermarkt konnte es doch nicht liegen. Niemand hatte ihm etwas aufgeschwatzt und schließlich hat man doch einen freien Willen, oder?

Herr Winter im Supermarkt

Einkaufen mit Einkaufszettel und Prospekt

Wer die Geschichte gelesen hat, könnte Herrn Winter vielleicht raten, nie wieder im Supermarkt einzukaufen. Das wäre aber ein schlechter Rat.

Keiner kann abstreiten, dass der Einkauf im Supermarkt Vorteile hat: Der Supermarkt bietet eine große Auswahl, die Ware ist, weil große Mengen umgesetzt werden, meist frisch. Man spart Zeit, weil vieles unter einem Dach angeboten wird und man nicht von Geschäft zu Geschäft laufen muss. Kunden können in Ruhe auswählen, sich gegenseitig beraten und, wenn sie wollen, sich auch beraten lassen. Andererseits stimmt es aber auch, dass viele Leute mehr einkaufen als sie eigentlich wollten. Sind all diese Leute Verschwender, schlechte Rechner oder schlicht dumm? Wohl kaum! Nur: viele wissen nicht, „wie“ es kommt, dass sie erst an der Kasse merken, was sie alles in den Einkaufswagen gepackt haben.

A

1. Befragt eure Eltern/Bekannte, ob ihnen schon Ähnliches passiert ist. Entwerft dazu einen Interview-Zettel. Als Anregung zwei mögliche Fragen:
   - Habt ihr im Supermarkt schon mehr eingekauft als ihr wolltet?
   - Wenn ja: Um was hat es sich dabei gehandelt?

Die Tricks der Verkaufsstrategen

Noch ist der Kunde draußen oder zu Hause. Wenn man ihn in den Laden holen will, muss man ihn hereinlocken. Aber wie?

Auf Handzetteln, die in die Briefkästen in der näheren Umgebung geworfen werden, durch Anzeigen in Tageszeitungen oder durch Plakate in den Schaufenstern des Geschäftes wird mit Sonderangeboten geworben.

An Sonderangeboten verdienen die Geschäfte meist nur wenig oder gar nichts, aber das Ziel ist erreicht: Der Kunde ist erst einmal im Laden.

Aber auch Leute, die eigentlich gar nicht in das Geschäft wollten, finden sich unversehens darin wieder, aber wieso?

Supermärkte werden möglichst so angelegt, dass die Eingangstür zu ebener Erde liegt und so „schwimmt" so mancher mit dem Kundenstrom hinein. Schwellen und Stufen wären nur hinderlich.

Je länger ein Kunde im Laden ist, desto mehr Geld gibt er im Durchschnitt aus. Wie lässt es sich erreichen, dass der Kunde möglichst lange im Laden bleibt?

- Wo es gemütlich ist, da bleibt man gern. Und damit es gemütlich wird, ertönt, besonders zur Weihnachtszeit, im Geschäft aus Lautsprechern angenehme Musik, von Fachleuten ausgesucht und zusammengestellt.
- Artikel des täglichen Bedarfs, wie sie z.B. auf dem Einkaufszettel stehen, aber auch Sonderangebote, sind gezielt über den gesamten Supermarkt verteilt, sodass die Kunden bei ihrem Einkauf an fast allen Regalen vorbei müssen. Wer länger bleibt und vieles sieht, kauft vielleicht mehr.
- Aus demselben Grund haben fast alle Supermärkte ihre Frischfleischabteilung im hinteren Teil des Ladens.
- Warum mitten in den Gängen Schüttkörbe stehen, auf denen sich z.B. Shampooflaschen türmen, könnt ihr euch jetzt sicher schon denken. Würden die Kunden mit ihrem Einkaufswagen wie auf einer Rennbahn durch den Laden eilen, wären sie schnell fertig und hätten keine Zeit, all die schönen Sachen wahrzunehmen, die es dort sonst noch gibt. Also muss man sie bremsen und das Einfachste ist, ihnen Waren in den Weg zu stellen, so genannte „Stopper".

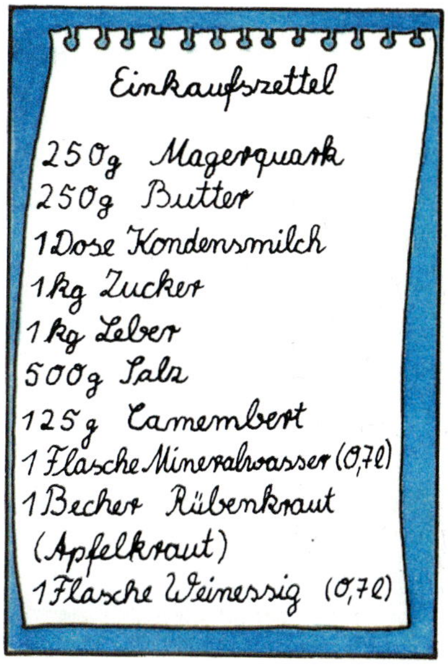

Schüttkorb

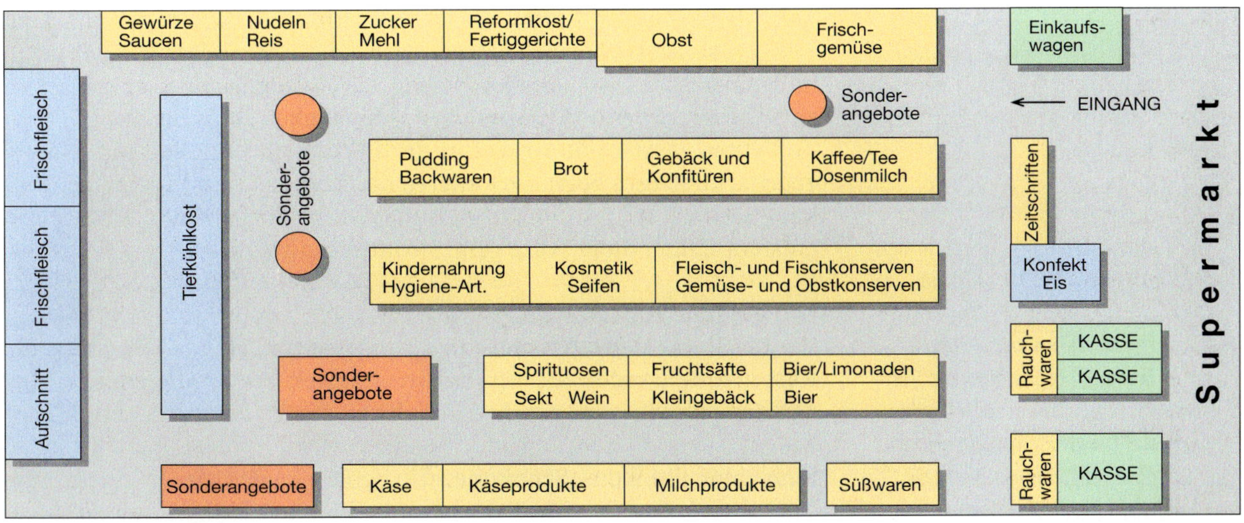

Supermarkt-Aufbau

Die goldene Kassenzone

Teure Ware in Griffhöhe

A

1. Stellt noch einmal die genannten Vorteile eines Einkaufs im Supermarkt zusammen. Fallen euch noch weitere ein?

2. Entwickelt aus dem Text Regeln, die zu beachten sind, um nicht den Verkaufsstrategien zu erliegen.

3. Erkundet einen Supermarkt in eurer Nähe. Überprüft, ob die Verkaufsstrategien, die in den Texten dargestellt wurden, im Supermarkt tatsächlich angewendet werden. Vielleicht fallen euch noch weitere Erkundungsschwerpunkte ein.

Jede Menge – wie beim billigen Jakob!

Bleiben wir noch bei dem Schüttkorb, auf dem sich die Shampooflaschen türmen. Welchen Eindruck soll der Kunde beim Anblick dieses Warenangebots bekommen? Warum ist der Korb so flach? Warum hat der Boden auch noch eine Aufwölbung in der Mitte? Und warum liegt die Ware im Korb kreuz und quer durcheinander und ist nicht ordentlich einsortiert?

Mit dem Eindruck „große Mengen“ verbindet der Käufer „billig“ und damit es auch nach großen Mengen aussieht, türmt man die Ware hoch auf, wobei die Aufwölbung am Boden des Schüttkorbes behilflich ist. Dass im Korb nur wenig Ware liegt, sieht man ja nicht.

Das Durcheinander verbindet der Kunde mit dem Gedanken: „Aha, an dieser Ware ist nicht viel zu verdienen, es lohnt sich nicht, sie auch noch ordentlich einzusortieren, also ‚weg mit Schaden‘!“. Das Preisschild für diese Ware ist nicht gedruckt, sondern für den „billigen Ramsch“ einfach mit Filzstift auf ein Stück Pappe geschrieben. Oft kann man bei solchen Angeboten tatsächlich ein „Schnäppchen“ machen, aber es soll auch schon Folgendes vorgekommen sein: In einem Schüttkorb wurde Dosenmilch, und zwar drei Dosen für 1,– EUR angeboten, während die gleiche Ware im selben Geschäft im Regal mit 30 Cent pro Dose ausgezeichnet war.

Für exklusive Waren: ein Platz auf der Haupttribüne

Nicht nur die Verteilung der unterschiedlichen Produkte über das Ladenlokal hat Einfluss auf den Umsatz, die Platzierung der Ware im Regal selbst ist fast noch wichtiger. Es hat sich bei zahlreichen Untersuchungen erwiesen, dass der gleiche Artikel, auf unterschiedlicher Höhe im Regal platziert, unterschiedlich oft verkauft wird.

Was aber für uns Käufer in diesem Zusammenhang wichtig ist: Der Händler wird uns natürlich nicht den Gefallen tun und ausgerechnet jene Waren an diese attraktiven Stellen platzieren, an denen er besonders wenig verdient. So genannte Muss-Artikel, Waren also, die wir oft brauchen, wird er zunächst einmal nach unten verbannen. Dazu gehören Salz, Mehl, Zucker, Butter usw. Wenn wir uns an dieser Stelle bücken müssen, sollen wir auch gleich ein paar Artikel bemerken, die wir nicht unbedingt brauchen, vor allem solche, die ein bisschen besser kalkuliert sind (besser für den Händler), nach Möglichkeit Impulsartikel.

Ferner werden die Regale in der Regel nicht randvoll mit Waren zugepackt. Bereits beim Einsortieren der Ware ins Regal achtet der Verkäufer darauf, dass so genannte Grifflücken bleiben, damit der Eindruck entsteht: „Aha, diese Ware geht, sie muss gut sein!“.

Die goldene Kassenzone

Vor der Kasse staut sich meist der Kundenstrom. Hier in der goldenen Kassenzone werden die verkaufsträchtigsten Waren angeboten. Die Kunden müssen warten, schauen sich um, greifen zu und lassen Tabakwaren, Schnapsfläschchen und, besonders wenn Kinder dabei sind, auch Kaugummi, Bonbons, Schokoriegel in den Einkaufswagen wandern. Um des lieben Friedens willen! Quengelware nennen die Verkaufsexperten selbst dieses Angebot.

Verbraucherberatung

3 Kaufverhalten und Verbraucherschutz

3.1 Muss guter Rat teuer sein?

Niemand hat die Zeit, sich vor jedem Einkauf umfassend zu informieren. Dennoch sollte man auf jeden Fall mehrere Angebote vergleichen. Dabei könnt ihr unterschiedliche Informationsquellen nutzen. Ihr könnt sachkundige Bekannte fragen oder euch im Fachhandel beraten lassen. Eure Tageszeitung bietet besonders an Samstagen eine Fülle von Informationsmöglichkeiten durch Inserate und Beilagen von Firmen.

Zwei weitere Info-Möglichkeiten wären: Ihr lest in der Zeitschrift „*test*“ die entsprechenden Testergebnisse nach oder ihr lasst euch in einer Verbraucherberatungsstelle (VB) beraten.

Die Zeitschrift „*test*“ wird von der unabhängigen **Stiftung Warentest** herausgegeben. Stiftung Warentest lässt fortlaufend alle möglichen Produkte vom Waschmittel bis zum Fernseher durch unparteiische Fachleute und Prüfinstitute prüfen und veröffentlicht die Ergebnisse in „test“. Die Abbildung auf Seite 20 oben zeigt einen test-KOMPASS für Inline-Skater. Darin sind aber nur die wichtigsten Ergebnisse im Überblick zusammengefasst.

Verbraucherberatungsstellen sind öffentliche Einrichtungen, bei denen sich jeder Verbraucher kostenlos oder gegen eine geringe Gebühr unparteiisch beraten lassen kann. In den Verbraucherberatungsstellen liegen auch die aktuellsten Testergebnisse der Stiftung Warentest aus. Zu welchen Bereichen ihr dort Rat bekommen könnt, könnt ihr der Abbildung oben entnehmen.

Zu Spezialthemen aus den verschiedenen Bereichen wie Wohnen, Ernährung, Versicherung, Sparen, Umwelt, Rechte des Konsumenten usw. erhält man bei den Verbraucherberatungsstellen Broschüren.

A

1. Überlegt euch Fälle aus dem täglichen Leben, in denen die verschiedenen Beratungsbereiche helfen können.
2. Sucht aus Hörfunk- und Fernsehprogrammen Sendungen heraus, die den Verbrauchern Tipps geben.
3. Ermittelt die für euren Wohnort zuständige Verbraucherberatungsstelle mit Anschrift und Telefonnummer.
4. Erkundet auf jeden Fall eine Verbraucherberatungsstelle. Schreibt oder ruft vorher dort an. Vielleicht kann man euch kostenlos vorbereitetes Material für eure Erkundung zusenden. Statt einer Erkundung könnt ihr auch jemanden aus der Verbraucherberatungsstelle zu euch in die Klasse einladen und befragen.

A

1. Untersucht eure Tageszeitung, ob sie auch Verbrauchertipps enthält.

2. Fordert in einem Brief an die Stiftung Warentest das neueste Testergebnis für z. B. Mountainbikes an.

3. Legt eine Tabelle (siehe unten) an und führt den Preisvergleich durch.

STIFTUNG WARENTEST

INLINESKATES Mai 2002

test www.test.de	Mittlerer Preis pro Set in Euro ca.	Laufeigenschaften	Handhabung	Haltbarkeit	**test-QUALITÄTSURTEIL**
Gewichtung		65%	15%	20%	
SKATES MIT 4 ROLLEN FÜR FITNESS UND RECREATION					
Salomon XTR Pulse	230	+	+	+	**GUT** (1,8)
K2 Xcelerate	220	+	+	+	**GUT** (1,9)
Rollerblade Core 07	230	+	+	○ 2)	**GUT** (1,9)
Rollerblade EVO 08	180	+	+	○ 2)	**GUT** (1,9)
K2 MOD 8	290 1)	+	+	+	**GUT** (2,0)
Salomon XTR Vantage	180	+	+	+	**GUT** (2,0)
Crazy Creek S 1220	80	+	+	+	**GUT** (2,1)
Tecnica Titan (H.), Crystal (D.)	200	+	+	+	**GUT** (2,1)
Fila FF 62 Training	170	+	+	○	**GUT** (2,4)
K2 MOD 10	315 1)	+	+	+ 2)	**GUT** (2,4)
Hudora sf slicks II	55	○	+	○	**BEFRIED.** (2,6)
Roces BER Berlin	150	+	○	○	**BEFRIED.** (2,6)
Hypno Overland	140	○	+	+	**BEFRIED.** (2,7)
K2 Syncro	150	+	++	⊖ *) 3)	**BEFRIED.** (3,0)

Bewertungsschlüssel der Prüfergebnisse: ++ = sehr gut (0,5–1,5), + = gut (1,6–2,5), ○ = befriedigend (2,6–3,5), ⊖ = ausreichend (3,6–4,5), — = mangelhaft (4,6–5,5). **Bei gleicher Note Reihenfolge nach Alphabet.**

*) Führt zur Abwertung
1) Preis für Aluschiene extended und PU-Rollen, 80mm. 2) Ratschenschnalle hält nicht in jeder Stufe.
3) Bremshalterung im Labor beim Schlagtest gebrochen.

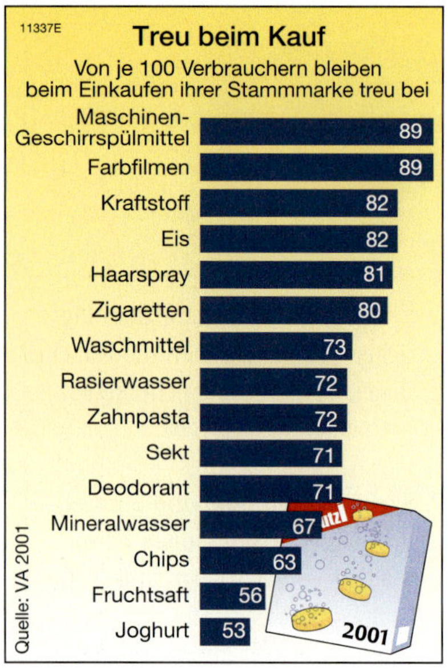

3.2 Preisvergleiche bei Alltagskäufen

All diese Info-Quellen werden meist nur bei der Anschaffung hochwertiger Gebrauchsgüter genutzt. Beim Einkauf des täglichen Bedarfs könnte eine Menge Geld gespart werden, wenn die Verbraucher von zwei teuren Gewohnheiten Abschied nähmen: von der Bezugsquellentreue und der Markentreue.

Verbraucher neigen dazu, den täglichen Einkauf in „ihrem" Geschäft zu tätigen, also keinen Preisvergleich zwischen Geschäften vorzunehmen. Aber ein Preisvergleich mit Hilfe der täglich ins Haus flatternden Handzettel von Supermärkten und der Anzeigen in den Zeitungen ist schnell erledigt. Verbraucher kaufen in „ihrem" Geschäft nur „ihre Marke". Die Werbung zielt deshalb vielfach auf diese Markentreue ab.

Produkt	**Menge**	**Markenartikel**	**Preis**	**preisgünstiges Angebot**	**Preis**	**Ersparnis**
1 Paket Nudeln 1 kl. Ds. Erbsen, extra fein 1 Glas Gewürzgurken 1 Dose Bockwürste 1 Glas Majonäse 1 Becher Magerjoghurt	?	?	?	?	?	?
			Summe		Summe	Summe

Beispiel: Zutaten zum Nudelsalat

Beim Kauf von Gebrauchsgütern: Planmäßig vorgehen

Sicherlich ärgert sich die Hausfrau oder der Familienvater, wenn sie/er nach dem Einkauf entdeckt, dass die Salatgurke im Nachbargeschäft 25 Cent billiger angeboten wird. Richtig ärgerlich wird es allerdings, wenn man sich z.B. eine hochwertige HiFi-Anlage angeschafft hat und danach feststellt, sie wäre woanders wesentlich preiswerter zu haben gewesen. Deshalb sollte der Kauf hochwertiger Gebrauchsgüter wohl überlegt sein, wobei es vorteilhaft ist, planvoll vorzugehen. Hier der Ablauf eines solchen Kaufentscheidungsprozesses:

1. Problemphase – Bedürfnisse erkennen

Zunächst heißt es, eure Probleme zu erkennen, d.h. zu analysieren, welche Fragen für euch selbst wichtig sind. Solche Fragen könnten sein:

- Wie viel Geld steht mir zur Verfügung und welches Geräteangebot gibt es in dieser Preislage?
- Welche Anforderungen stelle ich an das Gerät?
- Welche Ausstattung soll es haben?
- Welche Marken kommen infrage?
- Welche Einkaufsmöglichkeiten bieten sich mir?
- Welche Geräte sind besonders preisgünstig?
- Welche Serviceleistungen bieten die Geschäfte?

Probleme analysieren

2. Die Informationsphase – welche Informationen benötige ich?

Um die Fragen zu Punkt 1 beantworten zu können, müsst ihr euch Informationen beschaffen. Informationsquellen können sein:

- Prospektmaterial,
- persönliche Beratung in Fachgeschäften,
- sachkundige Bekannte,
- Informationsmaterial und persönliche Beratung in Verbraucherberatungsstellen,
- Testberichte der Stiftung Warentest,
- Sendungen im Fernsehen, im Radio, Berichte in Zeitschriften u.a.
- Internetrecherche

Informationen beschaffen

3. Die Beurteilungsphase – nach welchen Kriterien urteile ich?

Diese Phase ist vielleicht die schwierigste bei der Kaufentscheidung, denn hierbei müsst ihr zweierlei erledigen. Ihr müsst die Informationsquellen

- beurteilen und
- auswerten.

Beurteilen meint einfach ausgedrückt: Taugt die Info-Quelle für meine Entscheidung oder nicht? Brauchbare Informationsquellen sollten folgende Eigenschaften besitzen. Sie sollten:

- über die benötigten Informationen Auskunft geben,
- einen Überblick über das derzeitige Angebot verschaffen.

beurteilen und auswerten

- schnell verfügbar sein,
- aktuell sein,
- kostenlos oder zumindest preiswert sein,
- allgemein verständlich sein,
- den Kaufgegenstand anschaulich darstellen,
- die Handhabung des Gegenstands ermöglichen.

Die Informationsquellen, die ihr für brauchbar haltet, werden nun ausgewertet. Dabei gilt es, Kriterien aufzustellen, mit deren Hilfe ihr die verschiedenen Geräte des Angebots vergleichen könnt. Vergleichskriterien, die möglicherweise für den Kauf einer HiFi-Anlage infrage kämen, wären z. B.:

Marke	System	Ausstattung	Qualitätsmerkmale	Preis
?	?	?	?	?
?	?	?	?	?

entscheiden

4. Die Entscheidungsphase – wie entscheide ich mich?

Wenn schließlich nach allem Vergleichen und Abwägen die Entscheidung gefallen ist, müsst ihr euch überlegen, wo ihr es am günstigsten kaufen könnt. Klar, dass ihr nur die Preise für „euer" Gerät in den verschiedenen Einkaufsstätten unter die Lupe nehmt und wahrscheinlich dort kauft, wo es am preiswertesten angeboten wird.

Doch Vorsicht! Es wäre sicherlich falsch, wenn ihr bei eurer Entscheidung für ein bestimmtes Geschäft nur auf den Preis achten würdet. Ihr solltet auch Folgendes bedenken und erkunden:
- Welcher Aufwand (Weg, Zeit) ist mit dem Kauf verbunden? Frage: Lohnt sich eine weite Fahrt, wenn dort „euer" Gerät z. B. 5 Euro billiger angeboten wird als in der Nähe?
- Welche Serviceleistungen werden geboten? Frage: Ist z. B. das fachgerechte Aufstellen der HiFi-Anlage im Preis enthalten? Oder: Hat die Firma einen Kundendienst, falls das Gerät einmal defekt ist?

Bevor ihr den Kaufvertrag abschließt, solltet ihr mit dem Händler auch einige rechtliche Fragen abklären, z. B. über
- Lieferbedingungen,
- Zahlungsbedingungen, Preisnachlässe wie Skonto, Rabatt,
- Garantiezeit,
- Nachkauf, Ersatzteile u. Ä.

kontrollieren

5. Die Kontrollphase – war die Entscheidung richtig?

Ihr solltet z.B. anhand der Betriebsanleitung überprüfen, ob alle Teile geliefert wurden und betriebsbereit sind. Stellt ihr beim ersten Gebrauch Mängel fest, so werdet ihr verständlicherweise „stocksauer" sein, weil ihr euch auf das Gerät so gefreut und viel Geld investiert hattet. Ihr solltet das Gerät aber weder aus dem Fenster werfen noch in die Ecke stellen und es zur Strafe nie wieder angucken, sondern ihr solltet eure Rechte als Verbraucher geltend machen.

3.3 Schutz des Konsumenten auf dem Markt

Es gibt viele gesetzliche Regelungen, die den wenigsten Konsumenten bekannt sind und darüber hinaus zumeist auch nur schwer ohne juristische Kenntnisse zu verstehen sind.

Das BGB ist Rechtsgrundlage für Kaufvorgänge

Wettbewerbsgesetze
Gesetz gegen Wettbewerbsbeschränkungen (GWB):
Absprachen zwischen Anbietern zulasten des Verbrauchers sind verboten, z. B. Preisabsprachen.

Gesetz gegen den unlauteren Wettbewerb (UWG):
Verbraucher und Mitbewerber werden vor sittenwidrigen und irreführenden Methoden unter anderem in der Werbung und im Verkauf geschützt.

Gesetz über die Haftung für fehlerhafte Produkte (Produkthaftungsgesetz):
Hersteller schadhafter Waren haften auch ohne ein nachweisbares Verschulden für Schäden, die das Produkt an anderen Sachen verursacht, wie auch für durch die Produkte verursachte Verletzungen.

Bürgerliches Gesetzbuch
Recht der Allgemeinen Geschäftsbedingungen (BGB §§ 305 ff.):
Vorformulierte Vertragsklauseln („das Kleingedruckte") sind unwirksam, wenn sie den Kunden unangemessen benachteiligen.

Verbraucherkreditregeln (BGB §§ 491 ff.):
Von Verbrauchern abgeschlossene Kredite müssen schriftlich abgeschlossen werden und genaue Pflichtangaben zu den Nebenkosten enthalten. Verbraucherdarlehen können zwei Wochen lang widerrufen werden.

Haustürwiderrufsregeln (BGB, §§ 312 und 312a):
An der Haustür, am Arbeitsplatz oder bei Verkaufsveranstaltungen überrumpelte Verbraucher können die dabei aufgeschwatzten Verträge zwei Wochen lang widerrufen werden.

Fernabsatzregeln (BGB, §§ 312b):
Bestellungen der Verbraucher im Fernabsatz, vor allem über Internet und Telefon, können zwei Wochen lang widerrufen werden.

Zeitungsverkauf an der Haustür

3.4 Verbraucherzentralen und Stiftung Warentest

Die Verbraucherzentralen
Sie bieten in ihren Beratungsstellen individuelle Beratungen wie
- Schuldner- und Insolvenzberatung,
- Beratung zu Finanzdienstleistungen (Versicherungen, Altersvorsorge usw.),
- Hilfestellung bei der Durchsetzung berechtigter Reklamationen.

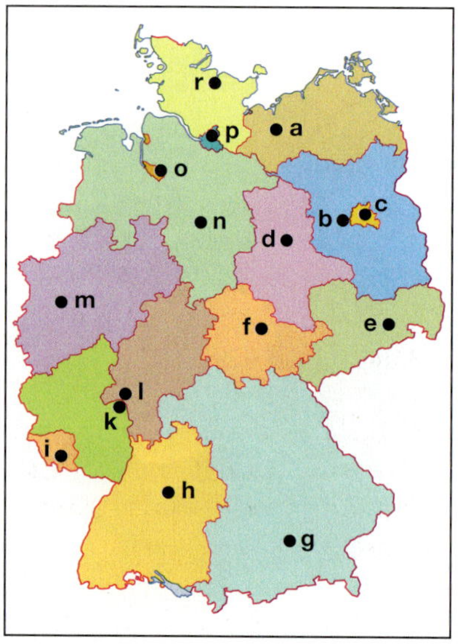

Landkarte der Verbraucherzentralen in Deutschland

Diese Einrichtungen werden zum großen Teil von den Landesregierungen finanziert, also mit öffentlichen Geldern. Dadurch sind sie in der Lage, unabhängig zu beraten. Aufgrund von Mittelkürzungen sind sie aber zunehmend gezwungen, mehr und mehr ihre Kosten selbst zu erwirtschaften. Aus diesem Grund können viele Beratungen nur noch gegen eine Kostenbeteiligung angeboten werden. Noch mehr Informationen erhaltet ihr unter:

Verbraucherzentrale Nordrhein-Westfalen e.V.
www.vz-nrw.de
E-Mail: beratungsservice@vz-nrw.de

Der Verbraucherzentrale Bundesverband (vzbv)
Der Verbraucherzentrale Bundesverband vertritt die Interessen der Verbraucher gegenüber Politik, Wirtschaft und Zivilgesellschaft, übernimmt also die politische Interessenvertretung der Verbraucher. Der Verband arbeitet gemeinnützig und ist parteipolitisch neutral. Die Aufgaben des **vzbv** sind u.a.:
- die Vertretung von Verbraucherinteressen gegenüber Politik und Wirtschaft,
- die Koordinierung der verbraucherpolitischen Arbeit der Mitgliederorganisationen,
- der kollektive Rechtsschutz von Verbandsklagen,
- die Förderung der Verbraucherinformation,
- Entwicklung von Beratungsstandards,
- berufliche Qualifikation in der Verbraucherberatung.

Der Verband finanziert seine Arbeit überwiegend aus Mitteln des Bundesministeriums für Verbraucherschutz, Ernährung und Landwirtschaft. Ihre Arbeitsgebiete/Themen sind Agrarpolitik, Altersvorsorge, Bauen & Wohnen, E-Commerce, Energie, Ernährung, ethischer Konsum, Finanzdienstleistungen, Freizeit, Geldanlagen, Gesundheitspolitik, Lebensmittelsicherheit, neue Medien, nachhaltiger Konsum, Pflege, Post, Produktkennzeichnung, Produktsicherheit, Telekommunikation, Tourismus, Umwelt, Verkehr, Verschuldung, Versicherung, Wasser und Welthandel. Mehr Infos findet ihr unter: www.vzbv.de

Die Stiftung Warentest
Diese Einrichtung arbeitet ähnlich wie die Verbraucherzentrale unabhängig. Sie hat drei große Arbeitsbereiche:
- Untersuchung,
- Publikationen,
- Marketing, Vertrieb und Internationales.

Die Stiftung veröffentlicht ihre Preis- und Qualitätsvergleiche von getesteten Produkten oder Dienstleistungen. Die Produkte werden anonym im Geschäft eingekauft oder Dienstleistungen werden anonym in Anspruch genommen. Danach kommt die eigentliche Untersuchung, der Testvorgang und die Bewertung der Testergebnisse. Diese werden dann veröffentlicht.

A

1. Beschafft euch Informationen über das Vorhandensein von Verbraucherschutzeinrichtungen in eurer Region.

2. Informiert euch unter den im Text enthaltenen und der www.verbraucherzentrale.com Internetadressen über die Arbeit von Verbraucherschutzeinrichtungen.

i

Mehr Infos unter
www.stiftung-warentest.de

4 Konsum und ökologische Verantwortung

In unserer Gesellschaft werden Waren in Hülle und Fülle angeboten und verbraucht. Konsum macht Spaß. Doch bei aller Freude hat der Konsum auch Schattenseiten. Am augenscheinlichsten sind die meist übervollen Mülltonnen.

4.1 Müllproduzent Haushalt

Die Hälfte von dem, was in die Mülltonnen gestopft wird, brauchen wir nur, um unsere Einkäufe darin nach Hause zu tragen. Es sind alle Arten von Verpackungen: Kartons, Dosen, Flaschen, Papiertüten, Kunststoffbecher etc.

Es gibt mehrere Gründe, warum der Müllberg lange so stark angewachsen ist:

1. Wegen der zunehmenden Zahl kleinerer Haushalte (1–2 Personen-Haushalte) gibt es mehr Kleinpackungen auf dem Markt, die einen größeren Verpackungsaufwand erfordern.
2. Viele Verbrauchsgüter werden heute fertig verpackt als Selbstbedienungsartikel angeboten. Hierdurch kann Verkaufspersonal eingespart werden.
3. Durch die zunehmende Berufstätigkeit beider Ehepartner werden mehr industriell vorgefertigte Nahrungsmittel statt frischer Lebensmittel gekauft.
4. Fast-food-Produkte mit hohem Verpackungsaufwand nehmen ständig zu.
5. Verpackung dient als Schutz des Produktes und als „Diebstahlschutz“, ist aber auch als Informations- und Werbeträger ein „stummer Verkäufer“.

Verbraucher haben diese „ex-und-hopp-Mentalität“ akzeptiert, weil sie bequem ist. Für die Aufnahme der Verpackung war die Mülltonne lange Zeit groß genug, die Müllbeseitigungsgebühren relativ preisgünstig. Anreize für den Einzelnen, weniger Müll zu produzieren bzw. Müll zu vermeiden, gab es kaum.

4.2 Verpackungsverordnung

Positiv ist, dass das Umweltbewusstsein immer mehr zunimmt und auch die gesetzlichen Regelungen – z. B. das Abfallgesetz – helfen den Müllberg zu reduzieren. Die „Verordnung über die Vermeidung von Verpackungsabfällen“ sieht vor:

1. Seit dem 1. Dezember 1991 müssen Erzeuger und Vertreiber Transportverpackungen zurücknehmen und verwerten.
2. Seit dem 1. April 1992 darf der Käufer Umverpackungen an der Ladenkasse zurücklassen. In vielen Geschäften könnt ihr Schilder finden, die darauf hinweisen, dass die Umverpackungen zurückgenommen werden.

A

1. Überprüft euer Umweltverhalten. Legt eine Liste an und tragt ein, welche Verpackungsmaterialien an einem Tag durch eure Hände gegangen sind. Welchen Abfall davon könnt ihr vermeiden?
2. Formuliert Vorschläge, wie ihr die „Wertstoffe“ (siehe Abb. unten) Glas, Papier, Pappe usw. für eine Wiederverwertung entsorgen könnt.
3. Erläutert den Sinn und Zweck von Verpackungen an einigen weiteren Beispielen.

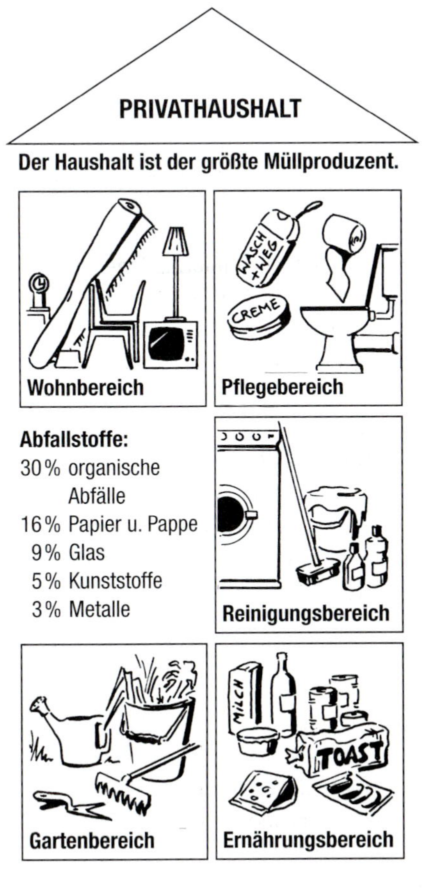

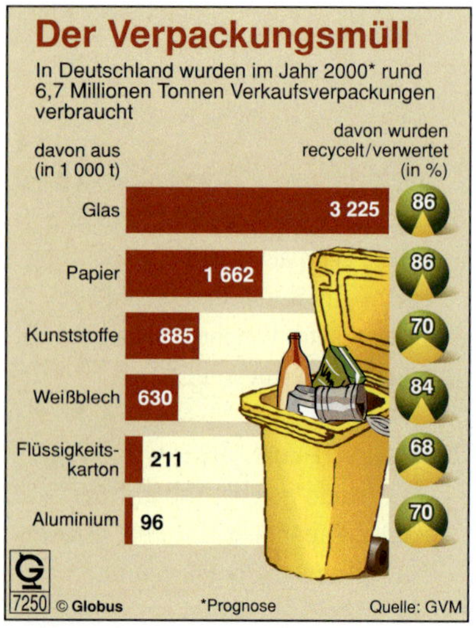

3. Seit dem 1. Januar 1993 muss der Handel gebrauchte Verkaufsverpackungen zurücknehmen und für ihre Verwertung sorgen.
4. Seit dem 1. Januar 2003 gibt es ein Pfand für Einwegverpackungen von Getränken, das so genannte Dosenpfand. Davon gibt es einige Ausnahmen.

4.3 Das „duale System" – eine Lösung des Problems?

Das „duale System" bedeutet im Einzelnen:
- Verpackungen werden wieder eingesammelt von damit beauftragten privaten Firmen.
- Es werden dafür separate Verpackungstonnen oder -säcke eingeführt, die entweder direkt bei dem Verbraucher stehen oder als größere Container auf zentrale Stellen verteilt werden.
- Die eingesammelten Verpackungen werden sortiert und zum Teil der stofflichen Verwertung zugeführt.

Mehrkammer-Container

Probleme:
1. Den Verbrauchern wird vorgetäuscht, dass der Verpackungsmüllberg durch das „duale System" verschwindet und sie ohne Einschränkungen weiter konsumieren und Abfall produzieren können.
2. Die Kosten für das „duale System" werden auf alle Produkte umgelegt und somit ausschließlich von den Verbrauchern bezahlt. Ob der Abfall sortiert wird oder nicht, spielt dabei keine Rolle.
3. Abfallexperten, Umweltschutzorganisationen und Verbraucherverbände vermissen eine entschlossene Abfallvermeidungsstrategie, die eigentlich das oberste Ziel sein sollte. Solange der Verbraucher eine kostenlose Sammeltonne vor die Tür gestellt bekommt und er für die Verpackung nur Pfennigbeträge bezahlen muss, hat er keinen Anreiz, Verpackungen zu vermeiden.
4. Schließlich besteht die Gefahr, dass das bewährte Mehrwegsystem für Getränke zusammenbrechen könnte, wenn Kunden Getränkeverpackungen einfach zu Hause in die besondere Tonne werfen und sie nicht wieder ins Geschäft zurücktransportieren müssen.

A

1. Untersucht die Gründe, die in den letzten Jahren zu einem Anstieg an Verpackungen geführt haben. Sind sie stichhaltig? Begründet eure Meinung.

2. Fasst die wesentlichen Probleme zusammen, die sich durch das „duale System" für den Verbraucher ergeben.

4.4 Wie grün ist der „Grüne Punkt"?

Einwegverpackungen werden im Handel mit einem „Grünen Punkt" gekennzeichnet. Ein „Grüner Punkt" bedeutet nicht etwa, dass die Verpackung besonders umweltfreundlich ist, sondern nur, dass für diese Verpackung eine Abgabe entrichtet wurde. Mit ihr soll das Sammeln, Transportieren und Sortieren dieser Abfälle bezahlt werden. Die Abgabe wird dann auf das Produkt umgelegt, bezahlen müssen somit die Verbraucher. Die Höhe der Abgabe ist unabhängig von der Umweltfreundlichkeit und kann auf alle Produkte, auch auf Mehrwegverpackungen, umgelegt werden.

Eine Verpackung aus 100 % Altpapier kostet dann vielleicht mehr als eine extrem recyclingfeindliche Verbundverpackung.

Problem:
Diese Art der Abgabe bietet keinen Anreiz, weniger umweltschädliche Verpackungen zu verwenden.

4.5 Schlussfolgerungen

Grundsätzlich ist zu begrüßen, dass durch die Verpackungsverordnung eine Rücknahmepflicht besteht und erhebliche Mengen an Verpackungen eingespart werden.

Aber:
- Durch das Recycling der Verpackungen entstehen nur minderwertige Produkte wie Parkbänke, Leitplanken, Klettergerüste.
- Durch den „Grünen Punkt" sind beim Verbraucher keine Anreize zur Verpackungsvermeidung gegeben.

Sortierung von Verpackungsmüll

Umweltbewusstes Verbraucherverhalten im Schüleralltag
Naheliegend ist es, das tägliche Handeln von Schülern unter dem Gesichtspunkt des Umweltschutzes zu betrachten. Schnell stoßen wir auf eine große Zahl von Umweltsünden und Gefährdungen der eigenen Gesundheit. Hier einige Tipps zum umweltgerechten Handeln und Einkaufen im Schüleralltag.

Produkt	Tipp
Hefte	Recyclingpapier verwenden, Hefte ganz beschreiben, leere Seiten aus alten Heften als Konzeptpapier verwenden, alte Hefte zum Altpapier geben.
Umschläge	Auf Plastik- und Folienumschläge möglichst verzichten, alte Umschläge wiederverwenden.
Füller	Verwendung wasserlöslicher Tinte, keine Patronenfüller (Plastikmüll!), Tinte in Glasflaschen kaufen (leere Flaschen in Glascontainer!).
Kugelschreiber u.Ä.	Faserschreiber und Tintenkiller vermeiden (giftige Lösungsmittel!), Kugelschreiber verwenden.
Bleistifte	Bleistifte sind umweltfreundlich (Stab aus Holz, Mine enthällt kein Blei!).
Klebstoffe	Empfehlenswert: Leime aus Naturprodukten, Alleskleber und Zweikomponentenkleber möglichst nicht verwenden (giftige Dämpfe!).
Mappen	Aus Holz oder Leder kaufen.
Schultasche	Keine Kunststoff- oder Aluminiumkoffer, sondern Lederschultaschen verwenden.
Pausenstärkung	Aluminiumdosen und -folien vermeiden, Mehrweg- oder Pfandflaschen kaufen, achte auf vitaminreiche, leichte Pausensnacks.

A

1. Überlegt und erkundigt euch (z.B. bei der nächsten Verbraucherberatungsstelle), was mit den angegebenen Produkten zu tun ist, wenn man die Umwelt nicht schädigen will: Reste in Spraydosen, Lösungsmittel, Lacke.

2. Sammelt zu Hause Sondermüll und startet eine „Zurückbringaktion":
   - alte Arzneimittel zum Apotheker,
   - Batterien zum Händler,
   - Altöl zur nächsten Altölsammelstelle.

3. Fragt den Apotheker und Händler, was sie mit dem Giftmüll machen.

4. Erkundigt euch bei der Müllabfuhr oder bei der Stadt nach Sondermüllabholung für Haushalte oder nach Sammelstellen.

5. Welche Produkte werden heute ohne Verpackung angeboten, die früher z.T. aufwendig verpackt waren? Fragt eventuell eure Eltern.

Inlineskaten

Die **Bedürfnisse** der Menschen sind zumeist größer als die vorhandenen Mittel um diese zu befriedigen. Sie werden von unserem sozialen Umfeld beeinflusst und natürlich durch die uns zur Verfügung stehenden finanziellen Mittel.

Bedürfnisse können sich im Laufe der Zeit ändern, z.B. durch den technischen Fortschritt. Wir unterscheiden so genannte Luxusbedürfnisse, Kulturbedürfnisse und Existenzbedürfnisse.

Güter sind alle Mittel, die geeignet sind, Bedürfnisse der Menschen zu befriedigen. Dies können Sachgüter sein, aber auch Dienstleistungen.

Das ökonomische Prinzip

Wenn man nur begrenzte Mittel zur Verfügung hat, dann steht der Mensch immer wieder vor der Entscheidung, wie er für sich den größten Nutzen in einer bestimmten wirtschaftlichen Situation erreichen kann.

Das **Maximalprinzip** bedeutet, dass mit gegebenen Mitteln (Gütern) möglichst viel erreicht werden soll. Das **Minimalprinzip** besagt, dass ein vorgegebenes Ziel mit einem möglichst geringen Aufwand erreicht werden soll.

Einkaufsparadies Supermarkt

Werbung ist ein Mittel der Unternehmen den Kunden dazu zu bringen, ihre Produkte und Dienstleistungen zu kaufen. An Supermärkten lässt sich gut zeigen, wie Unternehmen sehr gezielt Überlegungen anstellen, dass Konsumenten bei ihrem Einkauf möglichst noch mehr zu kaufen als sie ursprünglich geplant haben:
- Es werden Stopper aufgestellt.
- In den Gängen stehen Schüttkörbe.
- Impulsartikel werden in Blickhöhe platziert.
- In der Kassenzone werden kleinere Produkte zum schnellen Kauf angeboten.

Beim Kauf von Sachgütern und Dienstleistungen kann man durch sorgfältige Preis- und Qualitätsvergleiche mehr Geld sparen als man glaubt. Für zielgerichtete Preis-Qualitätsvergleiche kann man auch auf die Zeitschrift „test“ der Stiftung Warentest zurückgreifen. Diese Zeitschrift wird von der Stiftung Warentest seit vielen Jahren herausgegeben und ist für Konsumenten eine nützliche Informationsquelle. Außerdem gibt es auch Verbraucherberatungsstellen in den einzelnen Ländern, bei denen sich Konsumenten in speziellen Fragen beraten lassen können.

Es gibt eine Vielzahl von rechtlichen Regeln zum Schutz des Konsumenten. Hierzu zählen insbesondere das Wettbewerbsgesetz (Gesetz gegen Wettbewerbsbeschränkungen GWB), das Gesetz gegen den unlauteren Wettbewerb (UWG) und das Gesetz für die Haftung bei fehlerhaften Produkte.

II Markt und Marktgeschehen

Märkte habt ihr alle schon einmal besucht und ihr habt schon etwas gekauft. Wer versucht, alle Märkte vom Aktienmarkt bis zum Zierfischmarkt aufzuzählen, wird damit scheitern, noch viel eher bei dem Versuch alle Produkte zu nennen, die auf Märkten gehandelt werden. In diesem Kapitel wird es nicht um einzelne Güter oder Märkte gehen, sondern darum, was allen Märkten gemeinsam ist.

Auf dem Wochenmarkt

1 Was sind Märkte?

Schöbers auf dem Wochenmarkt

Eine Gemüsesuppe soll's heute bei Familie Schöber geben. Max geht mit seinem Vater auf den Wochenmarkt. Beim ersten Gemüsestand holt Herr Schöber den Einkaufszettel hervor. Für die Gemüsesuppe benötigen sie Möhren, Erbsen, Blumenkohl, Rosenkohl, Porree, Schnittlauch, Petersilie und Kohlrabi.

Die schönen Möhren kosten 77 Cent das Bund. Sie werden genommen. Auch die Porreestangen gefallen ihnen. „Herrlicher Blumenkohl, herrlicher Blumenkohl, außerordentlich preisgünstig", hören sie. „Lass uns dort mal hingehen", meint Max zu seinem Vater. An „Meiers Gemüsestand" entdeckt Herr Schöber, dass die Möhren hier nur 66 Cent kosten. „Das ist aber ärgerlich", denkt Herr Schöber, „Eigentlich kaufen wir dort doch immer, auch wenn meine Frau mit über den Wochenmarkt geht." Sie kommen zum Blumenkohl-Stand. „Sieh mal, Max, 91 Cent der Kopf. An dem anderen Stand kostete der Kopf, genauso groß und schön wie hier, nur 82 Cent. Und wie der die Leute durch sein Schreien anzieht! Aber der Kohl sieht wirklich nicht schlecht aus. Ich laufe nicht noch mal zurück, die 9 Cent machen auch nichts mehr aus. Und den Rosenkohl und Schnittlauch nehmen wir auch gleich mit. Die frischen Erbsen sind zu teuer, da kaufen wir lieber ein paar Bohnen. Die Eier holen wir am Nachbarstand."

Kurz vor ein Uhr kommen sie auf dem Heimweg noch mal am Wochenmarkt vorbei. Nur noch wenige Käufer sind auf dem Markt. „Schau mal dort den Stand, Max, die Marktfrau ändert gerade das Preisschild für den Blumenkohl." „Zwei Köpfe jetzt für einen Euro!", ruft sie.

Was Märkte gemeinsam haben

Wenn ihr die Geschichte aufmerksam lest, werdet ihr feststellen, dass ihr hier eine Fülle von Vorgängen beobachten könnt, die für viele andere Märkte gelten, die ihr auch kennt:

- Verkaufte Mengen und Preise hängen offenbar zusammen: So muss die Marktfrau, die ihren Blumenkohl nicht wieder nach Hause nehmen will, den Preis herabsetzen.
- Offenkundig gibt es auf dem Wochenmarkt unterschiedliche Märkte: einen für Blumenkohl, einen für Kartoffeln, einen für Erbsen usw.
- Die Nachfrager haben Preisvorstellungen. Entspricht das Angebot diesen nicht, werden sie vermutlich ein Gut durch ein andersartiges ersetzen – etwa Erbsen durch Bohnen.
- Die einzelnen Märkte hängen zusammen. Wenn andere Marktbesucher sich ähnlich wie Schöbers für Bohnen statt für Erbsen entscheiden, hat das Auswirkungen auf den Erbsenpreis. Der Preis für Erbsen wird vermutlich fallen, da die Anbieter sonst auf ihrer Ware „sitzen bleiben". Bei einer Gemüsesuppe kann man vielleicht den einen oder anderen Bestandteil fortlassen und trotzdem gelingt die Suppe. Das sind dann austauschbare Güter. Bei anderen Gütern sind zwei oder mehr notwendig miteinander verbunden, z. B. Hardware und Software bei Computersystemen (sich ergänzende Güter).

Wir halten fest: **Märkte sind Orte, an dem sich Angebot und Nachfrage treffen, sie sind Ort der Preisbildung** (vgl. dazu Seite 35 ff.).

Austauschbare Güter

Sich ergänzende Güter

Der Markt als Treffpunkt von Angebot und Nachfrage

Flohmarkt

Gebrauchtwagenmarkt

Geldmarkt (Bank)

Wo es überall Märkte gibt

Märkte sind überall dort zu finden, wo etwas angeboten und nachgefragt wird. Auf dem Wochenmarkt handelt es sich hauptsächlich um Obst, Gemüse und Blumen. Auf Flohmärkten können altes Spielzeug, alte Möbel oder Haushaltsgeräte erstanden werden; in vielen Städten gibt es in der Adventszeit Weihnachtsmärkte. Ebenso sind Kaufhäuser, Fachgeschäfte, Friseursalons oder Restaurants Märkte.

Alle Märkte, die bisher genannt wurden, könnt ihr besuchen, sie gibt es als wirklichen Ort. Bei vielen Märkten ist das anders: Auch im Anzeigenteil von Tageszeitungen sind Angebote und Nachfragen zu finden. Sucht eine Familie eine neue Wohnung, hat jemand eine gebrauchte Skiausrüstung zu verkaufen, hat ein Autohändler einen Gebrauchtwagen oder ein Partyservice seine Dienstleistung anzubieten, dann werden Kleinanzeigen aufgegeben. Es gibt also auch Wohnungsmärkte, Stellenmärkte und Gebrauchtwagenmärkte.

Selbstverständlich gibt es auch Geld- und Kapitalmärkte, auf denen Geld kurz- bzw. langfristig angeboten und nachgefragt wird.

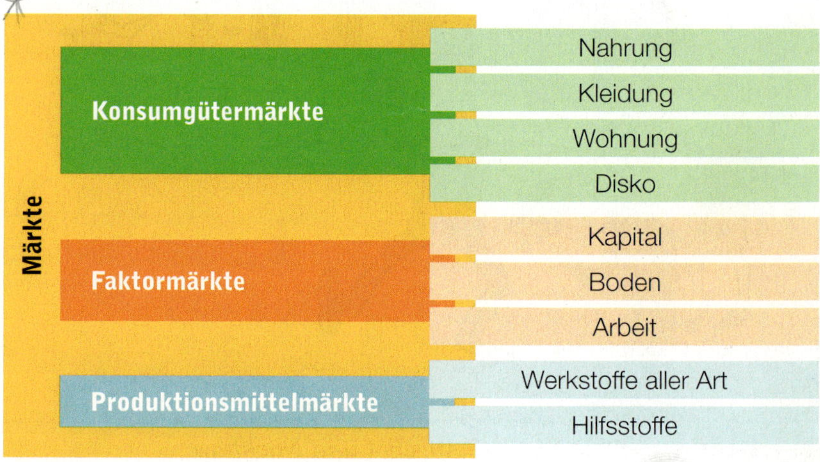

A

1. Erkundet einen Wochenmarkt in eurer Nähe.
   - Wo findet er statt?
   - Welche Produkte werden auf dem Wochenmarkt angeboten?
   - Welche Vor- und Nachteile hat das Angebot auf dem Wochenmarkt?

2. Erkundigt euch, ob es in eurem Ort Namen von Straßen oder Plätzen gibt, die auf Märkte oder Handel schließen lassen.

3. Findet heraus, um welche Märkte es sich bei Kleinanzeigen in Zeitungen handelt.

4. Schneidet Kleinanzeigen aus Lokal- oder Regionalzeitungen aus und ordnet sie nach Angebot und Nachfrage.

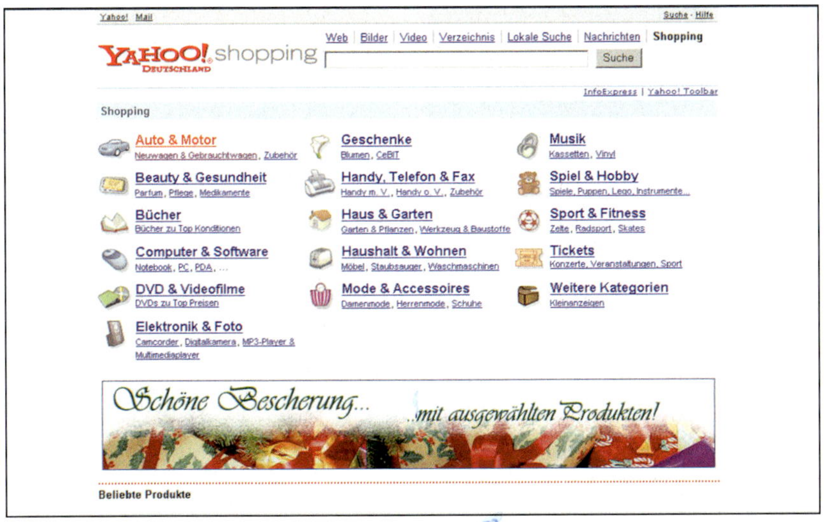

Kaufen im Internet

Telefonverbindungen in aller Welt ermöglichen Kauf- und Verkaufsabsprachen in Minuten, wofür früher häufig Wochen benötigt wurden. Hier handelt es sich oft um internationale Märkte. In den letzten Jahren entstanden durch neue Techniken neue Märkte und Marktzugänge: Mit Hilfe von Computern können z. B. über das Internet Angebote eingeholt und Bestellungen aufgegeben werden.

Bei Ebay – einem Versteigerungsmarkt im Internet – ist es möglich, weltweit Güter zum Verkauf anzubieten und preiswert zu kaufen.

Trotz aller Unterschiede in der Erscheinung und der Reichweite haben alle diese Märkte Gemeinsamkeiten:

- Es treten Anbieter auf, die Sachgüter und Dienstleistungen zum Kauf anbieten.
- Es treten Nachfrager auf, die Sachgüter und Dienstleistungen kaufen wollen.
- Für diese Sachgüter und Dienstleitungen muss in der Regel Geld bezahlt oder etwas anderes zum Tausch angeboten werden. Kommt der Tausch zustande, wechselt der Eigentümer.

Unterschiedliche Interessen: Die Anbieter wollen für ihre Produkte Preise erzielen, die neben den Kosten auch einen Gewinn ermöglichen. Die Nachfrager wollen qualitativ hochwertige Produkte zu einem günstigen Preis kaufen.

Um erkennen zu können, was auf allen Märkten geschieht, wollen wir uns einen Einzelmarkt näher anschauen, beispielsweise den Eiermarkt: Verschiedene Markthändler bieten Eier gleicher Güte (z. B. Handelsklasse A, Gewichtsklasse L) zu unterschiedlichen Preisen an. Die Marktbesucher können sich schnell einen Überblick über das Angebot verschaffen, werden dort kaufen, wo der Preis am günstigsten ist und die Anbieter können sich orientieren, zu welchen Preisen die Konkurrenten anbieten.

1. Gibt es einen Preis, der den Interessen der Anbieter und Nachfrager entspricht?

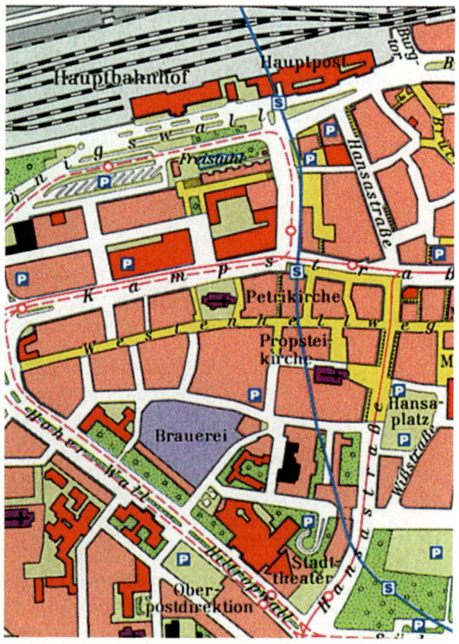

Karte

Stadtplanungsmodell

Flugzeugmodell

2 Modelle als Erkenntnishilfen

Die drei Bilder stellen jeweils ein Modell dar. Vergleicht ihr das Flugzeugmodell mit einem tatsächlichen Flugzeug, dem Original, dann stellt ihr fest, dass das Modell zwar eine Anschauung und Vorstellung von einem wirklichen Flugzeug vermittelt, nicht aber das Original selbst ist. Das Flugzeugmodell ist beispielsweise sehr viel kleiner, in ihm sind nicht alle Apparaturen usw. wie im Original angebracht. Dennoch vermittelt euch das Modell eine Vorstellung von der Gestalt des Originalflugzeugs.

Ähnliches gilt auch für die beiden anderen Bilder: Mit Hilfe des Stadtplanungsmodells können sich die Architekten ein Bild davon machen, wie ein neuer Stadtteil aussehen könnte.

Menschen schaffen sich oft Modelle, damit sie die Wirklichkeit besser erkennen und verstehen können. Diese Modelle beziehen sich nicht nur auf konkrete Gegenstände, sondern auch auf Gedanken und Vorstellungen. Mit solchen **Denkmodellen** versucht man das komplizierte Wirtschaftsgeschehen in seinen wesentlichen Zusammenhängen besser zu begreifen.

Aber Vorsicht! Modelle haben auch ihre Tücken. Sie haben nämlich die Eigenschaft, nie die ganze Wirklichkeit zu erfassen. Sie werden nur für einen ganz bestimmten Zweck und unter einer ganz bestimmten Sichtweise konstruiert.

Um ein Modell zu verstehen ist es wichtig zu wissen, was durch das Modell deutlich gemacht werden soll und welche Annahmen gemacht werden, damit es funktioniert.

In den nachfolgenden Abschnitten lernt ihr solch ein wichtiges Denkmodell kennen, das immer wieder für das Untersuchen von wirtschaftlichen Vorgängen verwendet wird.

A

1. Die oberen drei Abbildungen zeigen Modelle. Beschreibt, wofür sie benutzt werden könnten.
2. Was lässt sich mit diesen Modellen nicht erklären?
3. In eurem Zimmer werdet ihr viele gegenständliche Modelle finden. Welche könnten das sein?

3 Das Modell vom Markt

Wir konstruieren ein Marktmodell. Es soll deutlich machen, wie im Idealfall die Preisbildung am Markt erfolgt.

Wir nehmen Folgendes an:
- In unserem Marktmodell gibt es viele Anbieter, die sich Konkurrenz machen, aber auch viele Nachfrager. Keiner kann deshalb den Markt allein beherrschen.
- Die Nachfrager wollen zum günstigsten Preis kaufen, die Anbieter wollen einen möglichst hohen Gewinn erzielen.
- Sowohl die Anbieter als auch die Nachfrager wollen genau wissen, zu welchen Preisen auf dem Markt Produkte angeboten werden. Für alle Marktteilnehmer herrscht also vollkommene Marktübersicht.
- Die auf dem Markt angebotenen Produkte haben gleiche Qualität. Deshalb ist die Höhe des Preises die einzige Richtschnur für den Kauf der Produkte.
- Weder Anbieter noch Nachfrager bevorzugen aus persönlichen, räumlichen oder zeitlichen Gründen einen Marktpartner.

Wenn diese Annahmen gelten, dann bestimmen **Angebot und Nachfrage den Preis**.

A

1. Ein Markt, auf dem Preisbildung ausschließlich nach Angebot und Nachfrage erfolgt, muss fünf Bedingungen erfüllen. Ordnet die Zeichnungen den entsprechenden Bedingungen zu.

Bedingungen für einen vollkommenen Markt

A

1. Lest in der Tabelle ab, wie groß jeweils Angebot und Nachfrage bei einem bestimmten Preis sind. Welches ist der Gleichgewichtspreis? Schaut euch dazu die Abbildung an.

Preis	Anzahl der angebotenen CDs	Anzahl der nachgefragten CDs
€ 4,10	2	12
€ 6,12	3	10
€ 7,65	4	7
€ 9,18	5	5
€ 11,22	6	4
€ 14,80	9	2
€ 17,86	12	1

2. Zeichnet eine Tabelle mit zwei Spalten.
   - Tragt in die erste Spalte die Annahmen ein, die beim Marktmodell gemacht werden.
   - Lest nochmals den Text „Schöbers auf dem Wochenmarkt" (S. 30). Tragt in die zweite Spalte ein, inwieweit das Geschehen auf dem Wochenmarkt und das Verhalten der Schöbers den Annahmen entspricht, die für das Modell gemacht werden. Tragt ein, wo in der Marktwirklichkeit Abweichungen vom Modell festzustellen sind.

3. Vervollständigt folgende Sätze:
   - Ist die Nachfrage größer als das Angebot, dann …
   - Steigt der Preis, dann steigt …, aber … sinkt.
   - Sinkt der Preis, dann sinkt …, aber … steigt.
   - Ist das Angebot größer als …, dann sinkt …

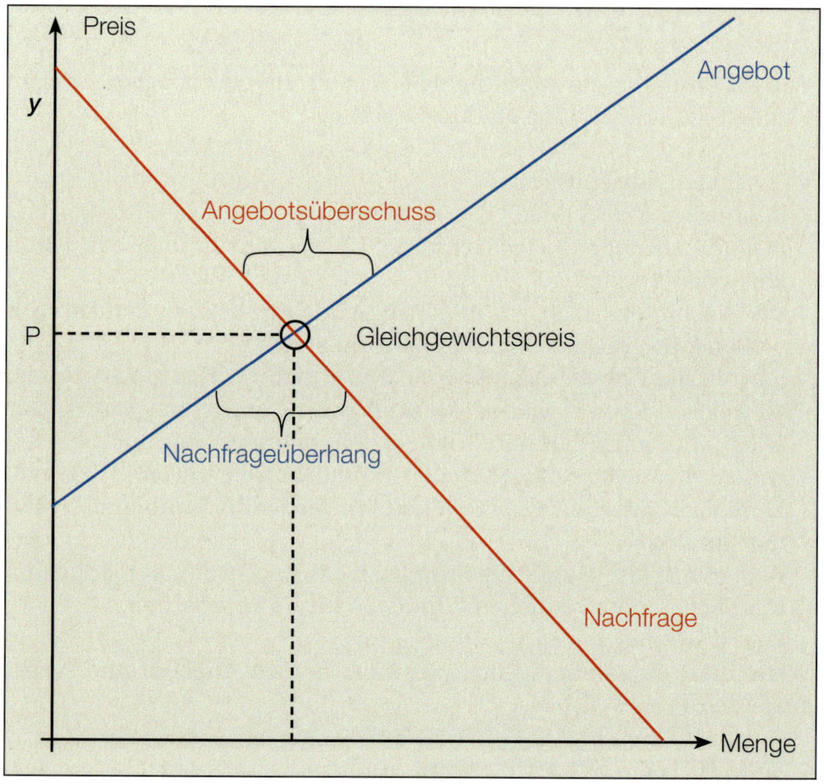

3.1 Angebot und Nachfrage

Betrachten wir zunächst die Nachfrage. Ganz allgemein kann man sagen: Hat ein Produkt einen hohen Preis, so werden wenige davon gekauft, bei einem niedrigen Preis dagegen viele.

Trägt man in einer Grafik (siehe oben) auf der x-Achse die Menge der Produkte ein, auf der y-Achse den Preis, dann ergibt sich die Nachfragekurve. Die Nachfragekurve zeigt ein wichtiges „Wirtschaftsgesetz", **das Gesetz der abnehmenden Nachfrage**: Je höher der Preis, desto geringer die Nachfrage.

Bei dem Angebot gilt, dass es mit dem Preis steigt. Jeder Anbieter ist bereit für einen hohen Preis mehr Produkte anzubieten als für einen niedrigen. Zeichnen wir hier die Kurve, dann ergibt sich die Angebotskurve.

Die Angebots- und die Nachfrage-Kurve schneiden sich in einem Punkt. Dieser Punkt kennzeichnet den Gleichgewichtspreis: Angebot und Nachfrage halten sich die Waage.

Liegt der Preis oberhalb des Gleichgewichtspunktes, würde mehr angeboten, aber weniger nachgefragt werden (Angebotsüberhang). Der Preis würde also auf den Gleichgewichtspunkt sinken. Ist dagegen der Preis niedriger als der Gleichgewichtspreis, würde mehr nachgefragt, aber weniger angeboten. Der Nachfrageüberhang würde den Preis nach oben drücken.

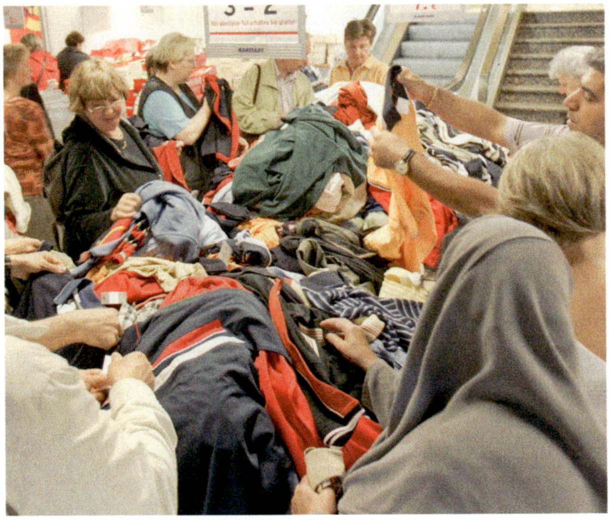

Kleines Angebot und viele Käufer: eine günstige Situation für den Verkäufer

Großes Angebot und wenige Käufer: eine günstige Situation für die Käufer

Der Marktmechanismus funktioniert
Dass es diesen Preismechanismus gibt, kann man gelegentlich sogar an einem Tag beobachten:

Als die ersten Erdbeeren im Frühsommer auf den Markt kamen, drängten sich die Käufer vor den Ständen. Alle versuchten ein Schälchen zu bekommen. Die Marktbeschicker merkten, dass die Nachfrage trotz des hohen Preises, den sie angesetzt hatten, größer war als ihr Angebot.

Da sie noch mehr verkaufen wollten, bestellten sie telefonisch frische Ware und erhöhten den Preis, nicht eben stark, aber doch spürbar. Doch jetzt kippte die Situation: Die Käufer, die den stärksten Wunsch nach frischen Erdbeeren hatten, hatten schon gekauft, den anderen war der Preis überwiegend zu hoch – das Angebot war plötzlich größer als die Nachfrage. Da die Händler die Erdbeeren nicht bis zum nächsten Markttag aufbewahren konnten, blieb ihnen nichts anderes übrig, als die Erdbeeren preiswerter anzubieten.

Käufer folgt Sparprinzip

Verkäufer folgt Gewinnprinzip

A

1. Welche Auswirkungen hat es auf den Preis,
   - wenn nach einem schneearmen, milden Winter die Geschäfte auf ihren Skisachen und Schlitten sitzen geblieben sind?
   - wenn zur Hauptreisezeit sehr viele Urlauber Benzin nachfragen?
   - wenn im Frühjahr zunächst wenige Erdbeeren, in der Haupterntezeit sehr viele und zu Saisonende nur noch einige besondere Sorten angeboten werden?

2. Stellt euch vor: DVD-Spieler überschwemmen den Markt:
   - Wie müssten sich nach der Regel die Preise entwickeln?
   - Welche Auswirkungen könnte das auf einzelne Hersteller haben?
   - Was geschähe dann wiederum mit dem Preis?

Tante-Emma-Laden

Supermarkt

3.2 Bestimmen Angebot und Nachfrage den Preis?

Bisher habt ihr an einem Modell kennen gelernt, welche Bedingungen auf dem Markt herrschen müssen, damit Angebot und Nachfrage den Preis bestimmen. Die Wirklichkeit auf den Märkten ist allerdings wesentlich komplizierter.

Einige Beispiele aus der Marktwirklichkeit
Frau Berger will einen Kuchen backen, weil sich unerwartet Besuch angemeldet hat. Sie stellt fest, dass sie kein Mehl hat. Bergers wohnen auf dem Dorf. Im einzigen Geschäft am Ort ist das Mehl aber viel teurer als im Supermarkt in der zwölf Kilometer entfernten Kreisstadt. Frau Berger kauft trotzdem am Ort.

In diesem Fall fehlt die Konkurrenz durch andere Anbieter.

Familie Hörster will sich zu Weihnachten einen neuen DVD-Spieler leisten. Herrn Hörsters Freund und Kegelbruder Franz besitzt ein Elektrogeschäft. Bei ihm ist das Gerät, das sich Herr Hörster ausgesucht hat, aber 50 € teurer als bei der Konkurrenz. Frau Hörster möchte dieses Geld sparen. Dazu Herr Hörster: „Das kann ich doch nicht machen! Was meinst du wohl, wie Franz guckt, wenn er zu uns kommt?“

Herr Hörster will die freundschaftlichen Beziehungen nicht trüben, die ihm wichtiger als 50 € sind. Vielleicht denkt er auch daran, dass er bei einer Reparatur von seinem Freund besser behandelt wird als in einem anderen Geschäft.

Herr Steinmann steht ratlos im Supermarkt vor dem Regal mit Kaffee. Die unterschiedlichen Marken und Qualitäten machen es ihm schwer, den preiswertesten Kaffee auszuwählen.
Der Markt ist für ihn sehr unübersichtlich.

Anbieter und Nachfrager von Produkten und Dienstleistungen wollen, jeder für sich, das beste Ergebnis erzielen, wobei der Nachfrager bemüht ist, wenig Geld auszugeben. Es wäre daher normal, dass er nur dort kauft, wo die Ware am billigsten ist, bei gleicher Qualität. Dadurch könnte er erreichen, dass andere Anbieter ihre Preise herabsetzen. Oder er kauft eine Ware, für die alle Anbieter hohe Preise fordern, nicht. Wenn die Nachfrage ausbleibt, müssten eigentlich die Preise sinken.

Schön wär's, wenn die Regel von Angebot und Nachfrage wie im Modell funktionieren würde. Doch leider ist es in der Wirklichkeit selten so, denn hier spielen viele andere Faktoren noch eine Rolle, die man berücksichtigen muss:
- persönliche Gründe,
- örtliche Gegebenheiten,
- Kauf unter Zeitdruck,
- es gibt nur einen oder wenige Anbieter am Markt,
- mangelnde Übersicht über das Angebot.

A

1. Welche Gründe haben Frau Berger, Herr Hörster und Herr Steinmann für ihr Verhalten?

2. Wie schätzt ihr deren Verhalten ein? Bedenkt bei eurer Antwort unterschiedliche Blickwinkel.

Die Regel, dass Angebot und Nachfrage den Preis bestimmen, ist deshalb nicht die Regel, sondern häufig die Ausnahme. Sie zeigt dennoch wichtige wirtschaftliche Zusammenhänge auf.

Der Regenschirm

„Ich brauchte seinerzeit einen neuen Regenschirm. Es war zu überlegen, wie ich in meiner Rolle als Arbeitnehmer die in der freien Marktwirtschaft mir obliegende Pflicht der Auswahl am besten treffen könne.
In Köln gibt es, so nahm ich an, etwa 50 Läden, in denen man einen Regenschirm kaufen kann. Diese müsste ich pflichtgemäß alle aufsuchen. Dann gibt es schätzungsweise 200 Regenschirme für Herren. Da es ein schwarzer Regenschirm mit gebogener Krücke sein sollte, mag sich die Sortenzahl auf 100 ermäßigen. Nun aber geht es mir um einen möglichst dauerhaften Regenschirm, dessen Stoff, Stock und Mechanik lange halten und auch bei starkem Wind lange brauchbar bleiben sollen.
Ich fand bald heraus, dass allein um die Güte der Regenschirme auf Haltbarkeit und Wasserdurchlässigkeit zu prüfen ein Kursus nötig sei, den ein Freund auf Wochendauer schätzte. Also verzichtete ich nach kurzer Überlegung auf jede Konkurrenzprüfung, ging in den nächsten Laden, kaufte unter den zehn vorgelegten Schirmen einen ohne lange Prüfung und zahlte dafür, was gefordert wurde."

Quelle: E. Schmalenbach, Der freien Marktwirtschaft zum Gedächtnis, Opladen 1949

Der neue Regenschirm

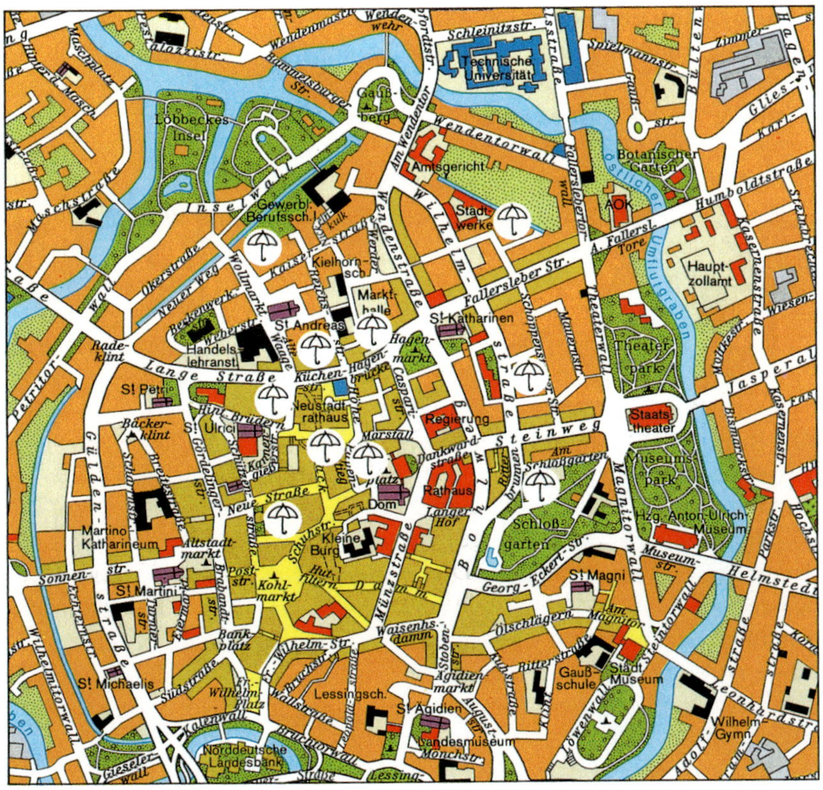

Das Regenschirmangebot

1. Welche Verbraucherprobleme kann man mit dem Text „Der Regenschirm" verdeutlichen?

Beim Jeanskauf

3.3 Die Funktion der Preise

Saskia und Anja bummeln durch die Stadt. Anja hat zum Geburtstag von der Oma Geld geschenkt bekommen und will sich dafür neue Jeans kaufen. Zunächst gehen sie in die Boutique „Smart" in der Einkaufspassage. Hier kaufen auch viele Klassenkameradinnen ein. Die Hose „Memory", die Anja gut gefällt und ihr gut passt, ist sehr teuer. „In unserem Briefkasten lag heute Morgen ein Werbezettel einer anderen Boutique in der Reichenstraße", sagt Saskia, „lass uns doch da mal hingehen, die haben sagenhafte Angebote". Sie gehen also in die Reichenstraße, der Laden sieht nicht gerade toll aus, aber die Auswahl ist riesig. Anja findet sogar die „Memory", genau wie sie sie sich gewünscht hatte. Als sie den Preis sieht, gibt es kein Halten mehr, denn hier kostet die Jeans 15 Euro weniger. Als Anja ihrem Vater vom Einkauf und den unverschämten Preisen in der „Smart" Boutique erzählte, sagt er nur: „Hast du dir mal überlegt, welche Mieten in der Kornmarktpassage gezahlt werden müssen? Stell dir doch mal vor, welche Kosten die Geschäfte da haben." „Schön", sagt Anja, „aber trotzdem kaufe ich ab jetzt lieber in der Reichenstraße."

Wer ein Produkt verkaufen oder eine Dienstleistung anbieten will, muss wissen, zu welchem Preis er dies tun kann. Das Unternehmen muss wissen, welche Kosten entstehen, ob es einen Gewinn erwarten kann oder nicht.

Ein Unternehmen hat die Aufgabe Gewinne zu erzielen, da es sonst auf Dauer nicht existenzfähig bleibt. Es muss auch sehen, wie hoch die Preise der Konkurrenten sind. Ein zu hoher Preis treibt die Konsumenten in die Arme der Konkurrenz.

Damit muss das Unternehmen folgende Aufgaben lösen:
- Welche Kosten haben wir bei der Herstellung eines Produktes?
- Welcher Preis ergibt sich für unser Produkt oder für unsere Dienstleistung?
- Wie hoch sind die Preise der Konkurrenten?
- Was müssen wir tun, wenn wir mit unseren Preisen unter denen der Konkurrenz liegen?

Die Konsumenten interessieren sich nämlich nicht für die Kosten eines Unternehmens, sondern für den Preis des Produktes, das sie kaufen wollen.

Die Inhaberin der Boutique „Smart" hat wegen der hohen Kosten einen hohen Preis für die Jeanshose festgesetzt und so versucht, ihre Kosten zu decken. Erfolgreich war dieses Verhalten nicht, denn die Inhaberin konnte nicht so viele Jeans verkaufen, wie dies bei einem geringeren Preis möglich gewesen wäre, wie das Kaufverhalten von Anja beweist. Die Boutique hätte versuchen müssen die Kosten zu senken, z.B. dadurch, dass sie
- die Waren preiswerter einkauft und
- einen günstigeren Mietpreis aushandelt.

A

1. Ihr plant eine größere Anschaffung – den Kauf einer neuen Campingausrüstung. Wann würdet ihr diese Anschaffung tätigen? Begründet eure Entscheidung!

3.4 Kalkulation: Wofür fallen Kosten an?

Anja hat trotz der 15 Euro Einsparung für die Jeans noch 68,10 Euro bezahlt. Wie kommt der Preis zustande?

Beginnen wir in der Jeansfabrik:
Zunächst müssen die Kosten für das verwendete Material, z.B. Jeansstoff, Nieten und für die Löhne berechnet werden. Jeder Betrieb ist eine Organisation und damit fallen weitere Kosten an:
- Es müssen Briefe und Rechnungen geschrieben und die Zahlungen überwacht werden,
- es werden Werbeaktionen durchgeführt,
- das Materiallager muss verwaltet werden, d.h., es sind Bestellungen aufzugeben und Preisvergleiche einzuholen,
- es muss berücksichtigt werden, dass durch den Einsatz der Maschinen diese an Wert verlieren, d.h. es müssen so genannte Abschreibungen vorgenommen werden,
- es sind Zinsen und Kredite zu zahlen usw.

Da aber diese Kosten anders als die Lohnkosten nicht jedes Mal genau für eine einzelne Jeans berechnet werden können, werden sie als „Gemeinkosten“ bezeichnet. Ein Unternehmen hat meist Erfahrungswerte und rechnet diese Kosten in einer bestimmten Reihenfolge hinzu, z.B. mit 10%, 20% (siehe dazu das Kalkulationsschema auf der nächsten Seite).

Des Weiteren kalkuliert die Jeansfabrik einen Gewinn von 15%. Ob sich dieser Gewinn tatsächlich erzielen lässt, hängt von der Nachfrage der Konsumenten ab.

Vom Hersteller zum Konsumenten

Beispiel: Die Jeansfabrik kalkuliert die Kosten einer Jeans

1. Materialeinzelkosten: Jeansstoff, Nieten 2. Materialgemeinkosten (5% von 1) = **Materialkosten (MK)** 3. Fertigungseinzelkosten: Lohn für Zuschneiden und Nähen 4. Fertigungsgemeinkosten (10% von 3) = **Fertigungskosten (FK)** **Herstellkosten (MK+FK)** 5. Verwaltungsgemeinkosten (20% von 1–4) 6. Vertriebsgemeinkosten (5% von 1–4)	 12,00 € 3,60 € 0,78 € 12,00 € 1,20 € 5,92 € 1,48 €	 16,38 € (Zwischensumme) 13,20 € (Zwischensumme) **29,58 €**
= **Selbstkosten** 7. Gewinn (15% von 1–6)	 5,55 €	**36,98 €**
= **Verkaufspreis ab Jeansfabrik**		**42,53 €**

Materialeinzelkosten: z.B. Jeansstoff, Nieten, Nähgarn. Es kann genau festgestellt werden, wie viel von diesen Materialien für eine Jeans benötigt wird.
Materialgemeinkosten: Dies sind Lagerkosten für die benötigten Materialien.
Fertigungseinzelkosten: Für die Näherinnen können die Kosten genau berechnet werden, denn sie arbeiten für eine bestimmte Zeit an einer Jeans (Stück- oder Akkordlohn).
Fertigungsgemeinkosten: Für den Meister aber, der die Arbeit bei der Jeansproduktion einteilt und überwacht, können die Kosten, die für die Herstellung einer Jeans anfallen, nicht pro Stück genau berechnet werden. Sein Gehalt fällt daher unter die Fertigungsgemeinkosten.
Verwaltungsgemeinkosten: Die Jeansfabrik beschäftigt auch Personen in der Verwaltung, z.B. Buchhaltung, Auftragsbearbeitung, Einkauf und Sekretariate. Ihre Arbeit verursacht Kosten, die für eine einzelne Jeans nicht ermittelt werden können.
Vertriebsgemeinkosten: Die Jeans müssen eingepackt und für den Versand fertig gestellt werden. Hier entstehen Verwaltungs- und Vertriebsgemeinkosten, die in der Kalkulation berücksichtigt werden müssen.

Kostenkalkulation im Jeansladen
Die Boutique beginnt nach dem Einkauf mit ihrer eigenen Kalkulation und geht von dem Einkaufspreis von 42,53 € aus. Als Handelsunternehmen hat sie andere Kosten als die Jeansfabrik, die ein Produktionsunternehmen ist. Die Inhaberin der Boutique muss das Verkaufspersonal, Ladenmiete, Werbungskosten usw. bezahlen. Für diese Dienstleistungsgemeinkosten werden noch einmal 20% auf den Einkaufspreis aufgeschlagen. Außerdem muss noch ein Gewinn (Unternehmerlohn) von 15% und die Mehrwertsteuer von 19% hinzugerechnet werden. So bietet die Boutique die Jeans schließlich für 68,10 € an.

Preise haben Signalcharakter
Wenn die Jeansfabrik bei dem kalkulierten Preis ihrer Jeans Absatzprobleme hat, da die Konkurrenzprodukte günstiger angeboten werden, muss man sich über die Herstellkosten Gedanken machen, denn dann kann sie sich auf Dauer nicht am Markt behaupten.

Ebenso muss die Boutique „Smart" überlegen, wie sie ihre Kosten senken kann, um konkurrenzfähig zu bleiben.

Preise sind also auch für die Mitbewerber ein Signal für ihre Preisvorstellungen.

Auf einem Wochenmarkt können die Anbieter bei einem Marktrundgang schnell feststellen, zu welchem Preis die Mitbewerber ihre Ware anbieten und unter Umständen ihre Preisvorstellungen korrigieren. Auf anderen Märkten beobachten Experten die Preisgestaltung ihrer Mitbewerber sehr intensiv, z. B. indem sie Kataloge und Prospekte lesen, auf Messen ihre Stände besuchen oder unter einer Deckadresse Angebote einholen oder Güter bestellen.

Preise haben unter Konkurrenten also Signalcharakter für die eigene Preisgestaltung.

Ob der Preis eines Gutes von den Konsumenten akzeptiert wird, hängt davon ab, wie stark das Bedürfnis ist, dieses Gut zu besitzen oder ob ähnliche Konkurrenzprodukte, die evtl. preiswerter angeboten werden, nicht ausreichen. Die Einkommenshöhe spielt außerdem eine wesentliche Rolle, ob genau auf den Preis geschaut werden muss oder ob auch ein höherer Preis akzeptiert wird.

Die Nachfrage nach einem Gut hat also ebenfalls einen wesentlichen Signalcharakter auf die Preisgestaltung.

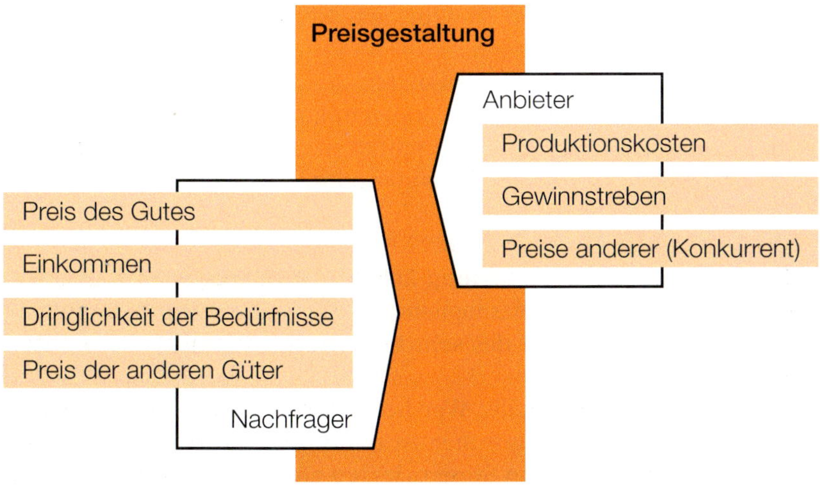

Einflussgrößen auf die Preise aus der Sicht der Nachfrager und der Anbieter

A

1. Die Jeansfabrik hat beim kalkulierten Preis ihrer Jeans Absatzprobleme. Die Marketingabteilung hält es für nötig, dass Kosten von rund 6 Euro eingespart werden, um konkurrenzfähig zu bleiben. Überlege anhand der Kostenübersicht auf S. 42, wo gespart werden könnte und begründe deinen Lösungsvorschlag.

2. Erläutert an einem ausgewählten Beispiel die verschiedenen Faktoren der Preisbildung auf der Nachfrager- und der Anbieterseite anhand des Schaubildes.

City-Passage

Kiosk

4 Konzentration im Einzelhandel

Viele Namen, wenige Besitzer

Wer kennt nicht die Namen REWE, METRO, EDEKA, ALDI, KAISERS, SPAR, LIDL, ALLKAUF. Sie zählen zu den Großen des Lebensmittelhandels, die inzwischen in fast jedem mittleren oder größeren Ort zu finden sind, wenn auch gelegentlich unter verschiedenen Namen. Wer weiß schon, dass z. B. zu dem Einzelhandelsunternehmen REWE Super- und Verbrauchermärkte mit dem Namen MINIMAL, HL, PENNY, GLOBUS und NETTO gehören oder dass zur METRO-Gruppe REAL, EXTRA, KAUFHALLE, COMET, BOLLE und TIP zählen? Selbst wenn einige dieser Märkte sich an demselben Ort niedergelassen haben, machen sie sich nur scheinbar Konkurrenz.

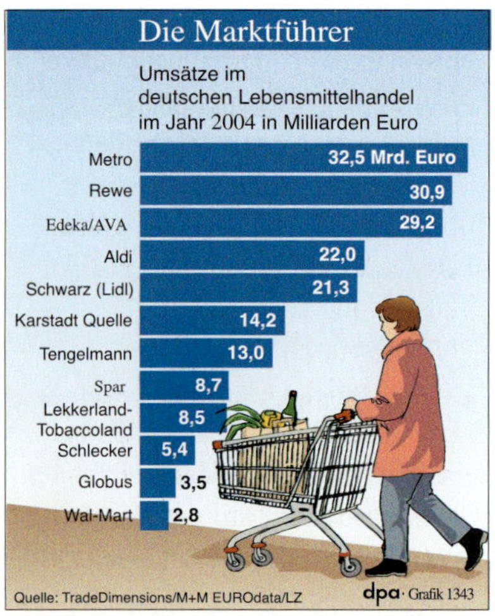

Das bleibt natürlich nicht ohne Folgen:

- Viele Einzelhandelsgeschäfte können mit diesen Großmärkten nicht mehr konkurrieren und müssen schließen. Die bisher selbstständigen Inhaber werden vielleicht Verkäufer oder Filialleiter bei den großen Handelsunternehmen.
- Die Vielfalt der Einkaufsmöglichkeiten sinkt in manchen Regionen. Die Käufer müssen jetzt häufig längere Wege zurücklegen um sich mit den Lebensmitteln des täglichen Bedarfs zu versorgen. Vor allem für ältere Menschen ist das sehr beschwerlich, ja teilweise unmöglich.
- Aber es gibt auch Vorteile: Wer heute Lebensmittel einkauft, kann ungleich mehr kaufen als früher. Aber er hat beim Kauf nicht mehr so viele Freiräume: Auch in Supermärkten gibt es inzwischen ein breit gefächertes Angebot auch an frischen Waren – und das zu günstigen Preisen.

Tankstellenmarkt

Rollender Verkaufsladen

Die Alternativen

Trotz aller Konzentration – es gibt sie noch:

- Den kleinen Obst- und Gemüseladen an der Ecke, in dem man frische Ware kaufen kann und z.B. auch manche Kräuter, die es im Supermarkt nicht gibt,
- den (häufig türkischen) Kiosk, in dem man auch nach Geschäftsschluss (fast) alles kaufen kann, was man im Supermarkt vergessen hat,
- oder Märkte (meist) an Samstagen, auf denen auch Gärtner und Bauern aus dem Umland der Städte ihre Produkte erfolgreich anbieten,
- die Hofläden bei vielen Bauernhöfen, die neben den eigenen Erzeugnissen vielfältige regionale Produkte anbieten. Ihr Vorteil ist, dass sie keine Massenware anbieten, die über den Großhandel verteilt wird, sondern erntefrische Ware. Sie konkurrieren meist nicht über den Preis, sondern über die Qualität und appellieren an das Bewusstsein der Konsumenten naturnähere Produkte einzukaufen.

Daneben gibt es auch andere Formen von Märkten, z.B. in Tankstellen und in ländlichen Gegenden rollende Verkaufsläden.

Gemüseladen

Marktstand

A

1. Bauernhofmärkte sind heute wieder attraktiv. Welche Gründe könnte das haben?

2. Ermittelt, welche Einkaufsmöglichkeiten für Lebensmittel es früher in eurem Wohnort oder Stadtteil gab. Markiert die Ergebnisse in einem Stadtplan und vergleicht sie mit der heutigen Situation.

Der **Markt** ist der Treffpunkt von **Angebot** und **Nachfrage**.
Auf dem Markt werden Güter und Dienstleistungen **gegen Geld** getauscht. **Märkte** sind ein **Ort der Preisbildung**.

Es gibt **unterschiedliche Märkte**. Man kann sie einteilen in
- **Konsumgütermärkte**, z.B. Kaufhaus, Boutique, Möbelgeschäft, Restaurant, Internet
- **Faktormärkte** für die Produktionsfaktoren Boden, Kapital und Arbeit, wie z.B. Banken, Immobiliengeschäfte, Arbeitsagentur
- **Produktionsmittelmärkte** für Werkstoffe und Hilfsstoffe, z.B. Baumarkt, Farbengeschäft, Bürobedarfsladen

Modelle im Wirtschaftsunterricht dienen als **Erkenntnishilfen**, um das komplizierte Wirtschaftsgeschehen in seinen wesentlichen Zusammenhängen zu begreifen. Man muss wissen, was deutlich gemacht werden soll und welche Annahmen gemacht werden, damit ein Modell funktioniert.

Das **Modell vom Markt** oder auch **Modell der idealen Preisbildung** funktioniert nur unter folgenden fünf Annahmen:
- Es gibt auf dem Markt viele Anbieter und viele Nachfrager, die sich Konkurrenz machen.
- Die Nachfrager wollen zu günstigen Preisen kaufen, die Anbieter wollen einen möglichst hohen Gewinn machen.
- Es herrscht vollkommene Marktübersicht über das Angebot.
- Die Produkte haben gleiche Qualität. Die Höhe des Preises ist einzige Richtschnur für den Kauf.
- Weder Anbieter noch Nachfrager bevorzugen einen einzigen Marktpartner.

In der **Marktwirklichkeit** spielen andere Faktoren eine Rolle, die man berücksichtigen muss, z.B. persönliche Gründe, örtliche Gegebenheiten, Kauf unter Zeitdruck, mangelnde Übersicht über das Marktangebot, nur wenige Anbieter am Markt.

Der **Gleichgewichtspreis** ist dann gegeben, wenn Angebot und Nachfrage sich die Waage halten. Liegt der Preis oberhalb des Gleichgewichtspreises, ist die Nachfrage geringer, es besteht ein **Angebotüberhang**. Liegt der Preis unterhalb des Gleichgewichtspreises, ist die Nachfrage größer, aber es wird weniger angeboten, da weniger Gewinn gemacht werden kann (**Nachfrageüberhang**).

Im Einzelhandel ist eine zunehmende **Konzentration** auf einige wenige Handelsunternehmen zu verzeichnen, die zu großen Konzernen gehören wie z.B. MINIMAL, HL, PENNY, GLOBUS, NETTO, die alle zum REWE-Konzern gehören.

Erläutert an Beispielen den Marktmechanismus:

1. Ist die Nachfrage größer als das Angebot, steigt der Preis.
2. Steigt der Preis, steigt das Angebot, sinkt die Nachfrage.
3. Ist das Angebot größer als die Nachfrage, sinkt der Preis.
4. Sinkt der Preis, sinkt das Angebot, steigt die Nachfrage.

III Entwicklung und Funktionen des Geldes

In diesem Kapitel bekommt ihr Informationen über
- *die Aufgaben und die Entwicklung des Geldes,*
- *unser heutiges Geld, den Euro,*
- *den bargeldlosen Zahlungsverkehr und*
- *die Eröffnung eines Girokontos.*

Münzen und Banknoten in Euro

1 Was ist Geld?

Geld als Rechen- und Tauschmittel

Uwe und Jens sind sich fast einig: Uwe hat genau das handsignierte Fußballtrikot, das Jens gerne möchte, Jens dafür ein Rad, das Uwe gefällt. Sie wollen miteinander tauschen, sind sich aber noch nicht einig, ob beide Gegenstände gleich viel wert sind – schließlich will keiner der beiden ein schlechtes Geschäft machen. Uwes Schwester beendet den Streit der beiden: „Ihr geht am besten in ein Fachgeschäft und lasst eure Gegenstände schätzen, dann wisst ihr, was sie wert sind."

Die beiden folgen dem Rat. Im Geschäft sagt der Verkäufer ihnen: „Das Rad schätze ich auf 150 Euro." Aus dem Internet erfahren die Freunde, dass das Fantrikot 125 Euro wert ist. Die beiden werden sich jetzt schnell einig. Jens bietet an: „Du gibst mir dein Trikot und, weil du mein Freund bist, 15 Euro und ich gebe dir dafür mein Rad." „Topp, der Handel gilt."

Die kleine Geschichte zeigt, welchen Stellenwert Geld im täglichen Leben einnimmt. In unserem Beispiel ist das Rad 150 Euro wert, das Fantrikot 125 Euro. Über das **Rechenmittel** Geld können wir also unterschiedlichste Güter miteinander vergleichen.

Geld ist Rechen- und Tauschmittel

Zugleich ist das Geld **Tauschmittel**. Jens tauscht sein Fahrrad teilweise gegen Geld; in der Regel tauschen wir täglich Güter gegen Geld. Du tauschst, wie viele andere Kunden, beim Bäcker Backwaren gegen Geld, dagegen tauscht der Bäcker beim Fotohändler eine Kamera ein usw.

Wir sehen: Durch Geld sind alle Güter miteinander vergleichbar und die Menschen sind bereit Güter gegen Geld zu tauschen, weil sie wissen, dass sie für dieses Geld wiederum andere Güter bekommen.

Geld als Zahlungsmittel

Anne fährt mit ihren Eltern regelmäßig in den Winterferien in das Riesengebirge zum Ski fahren. Sie ist ganz begeistert von der herrlichen Landschaft, der teilweise noch unberührten Natur und den Wintersportmöglichkeiten in Tschechien. Als sie sich in diesen Winterferien erkältete und in einem Textilgeschäft einen Schal kaufen wollte, sagte ihr die Verkäuferin – natürlich auf Tschechisch, das Anne auch verstand: „Nein, Euro nehme ich nicht, hier musst du mit Kronen bezahlen."

Geld als Zahlungsmittel

Die Verkäuferin hätte auch Euro nehmen können, aber sie muss es nicht, denn in Tschechien ist die Tschechische Krone bei Barzahlungen gesetzliches Zahlungsmittel, genau wie bei uns in Deutschland der Euro. Hier sind seit 2002 die Euro-Banknoten und -Münzen gültiges Zahlungsmittel.

Es kann vorkommen, dass die Währung eines Landes ihre Funktion als Zahlungsmittel verliert. Das geschieht immer dann, wenn die Bevölkerung ihr Geld nicht mehr als Tauschmittel annimmt, es also nicht mehr allgemein anerkannt ist, weil der Wert rapide fällt. So war es z. B. nach dem Zweiten Weltkrieg bis zur Währungsreform. Die Reichsmark war zwar Zahlungsmittel, getauscht wurde aber weiterhin auf der Basis der „Zigarettenwährung". So kostete das Pfund Butter zwischen zwanzig und dreißig Zigaretten. Für das gesetzliche Zahlungsmittel konnte man das kaufen, was es auf Bezugmarken gab sowie Güter und Leistungen, die staatliche Stellen anboten, z. B. Strom und Fahrkarten.

Geld ist Wertaufbewahrungsmittel

Geld als Wertaufbewahrungsmittel

Oma Irmgard ist passiert, was man immer wieder in der Zeitung liest. Sie hatte zwei Trickbetrügerinnen die Tür geöffnet. Während die eine Oma Irmgard ablenkte und sich von ihr etwas im Wohnzimmer zeigen ließ, hatte die andere Zeit, die Küche zu durchsuchen. Sie fand schnell Omas „todsicheres" Versteck unter dem Geschirrkasten. „Ich wollte mir doch nur etwas für später aufheben", klagte sie. „Aber Oma", sagte Christian, „ich spare doch auch, aber mein Geld für ein Campingzelt liegt auf der Sparkasse, da bekomme ich sogar noch Zinsen."

Omas Verhalten zeigt genau wie das von Christian, wie Geld noch verwendet wird: als Wertaufbewahrungsmittel. Geld kann nicht verderben und der Wert, den es darstellt, kann später in Güter umgesetzt werden: in ein Zelt, wie Christian plant, oder als Notgroschen für später, wie Oma Irmgard es vorhatte. Hier werden zwei weitere Eigenschaften des Geldes deutlich. Geld muss wertbeständig sein und leicht aufbewahrbar.

Geld kann aber auf andere Weise „verderben". Wenn du heute für deine Sportschuhe 50 Euro bezahlst und genau ein Jahr später für die gleichen Schuhe genau 55 Euro, dann hat das Geld an Wert verloren, und zwar 10 %. Die Kaufkraft deines Geldes ist gesunken, es gab eine Inflation.

A

1. Geld ist ein Wert für verschiedene Gegenstände und deshalb ein geeignetes Tauschmittel. Könnt ihr euch andere Tauschmittel vorstellen? Welche würdet ihr akzeptieren?

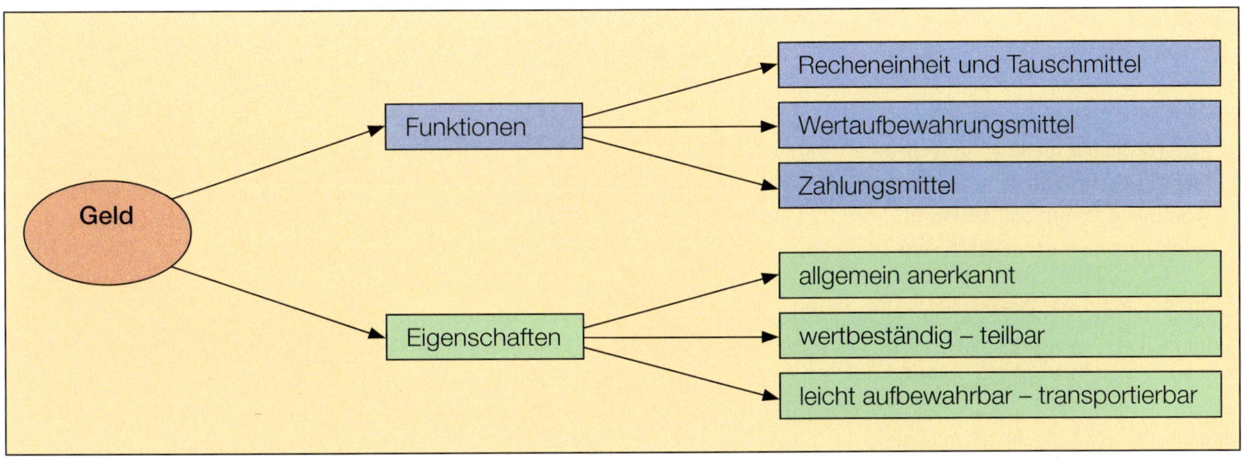

Funktionseigenschaften des Geldes

Ein Römer bezahlt mit Denaren (Ware gegen Geld)

Lydische Stater

A

1. Kaufen heißt, einer Ware einen bestimmten Wert zuzuordnen. Welche Schwierigkeiten mussten z.B. die „alten" Germanen bei ihren Tauschgeschäften überwinden, die ja noch kein Geld kannten?

2. Zählt die Vor- und Nachteile dieser Art von Tausch auf.

3. Die Menschen fanden eine Möglichkeit die Nachteile zu umgehen und die Vorteile zu genießen: Das Warengeld. Nennt andere Warengeldarten, die euch bekannt sind.

4. Welche dieser Warengeldarten können als Nutzgeld, welche als Schmuckgeld bezeichnet werden?

5. Nennt die Funktionen, die Warengeld übernimmt.

2 Die Entwicklung des Geldes

Tauschhandel in grauer Vorzeit

Geld wurde nicht erfunden wie beispielsweise die Glühlampe oder das Telefon. Es entwickelte sich im Laufe der Menschheitsgeschichte. Irgendwann einmal begannen die Menschen untereinander Handel zu treiben.

Wir stellen uns den Vorgang heute so vor, dass ein Familienmitglied besondere Freude z. B. an der Herstellung von Waffen oder Haushaltwaren wie Töpfen hatte und im Laufe der Zeit eine ausgeprägte Geschicklichkeit darin entwickelte. Das sprach sich bei den anderen Sippen herum und die wollten nun auch diese Waffen oder Töpfe besitzen. Da sich unser Handwerker auf eine spezielle Tätigkeit konzentrierte, konnte er nicht mehr zur Jagd gehen oder Früchte sammeln. Er verlangte deshalb von den Interessenten seiner Waren z. B. Teile von deren Jagdbeute als Bezahlung. Diesen Naturaltausch nannte man **Warentausch**.

Die Arbeitsteilung nahm weiter zu und die Menschen begannen Handel zu treiben. Sie tauschten Nahrungsmittel gegen Werkzeuge oder gegen Vieh. Das brachte jedoch einige Schwierigkeiten mit sich. So benötigte beispielsweise ein Mann gerade einen Pflug und wollte dafür ein Schwein geben. Etwas anderes hatte er nicht zu tauschen. Aber derjenige, der einen Pflug herzugeben hatte, wollte kein Schwein, er brauchte ein Kalb. Also musste der Mann so lange suchen, bis er jemanden fand, der ihm dafür einen Pflug geben wollte. Außerdem wusste beim Tauschen keiner so genau, was die eine oder andere Sache wert war.

In fast allen Kulturen gab es Güter, die von allen geschätzt wurden, z.B. Perlen, Muscheln oder auch Salz. Sobald man über diese Güter verfügte, konnte man mit einer entsprechenden Anzahl andere Güter dafür eintauschen. In gewisser Weise hatten sie also die Bedeutung von Geld. Weil dieses Geld zugleich Ware war, nennt man dieses Geld auch **Warengeld**.

Die ersten Münzen

Als die Menschen aus dem Erzgestein Metalle schmelzen konnten, setzten sich in sehr vielen Ländern die Edelmetalle Gold und Silber anstelle von Warengeld als Münzgeld durch. Beide waren selten, wertbeständig, leicht zu transportieren und teilbar. Der Name der russischen Münze Rubel ist davon abgeleitet (Rubel = Abgehacktes). Die Metallstücke wurden abgewogen, in eine bestimmte Form gepresst und ihr Wert bestimmt.

Nach dem heutigen Stand unseres Wissens waren es die Lyder, die gegen Ende des 8. Jahrhunderts v. Chr. auf die umwälzende Idee kamen, aus Metall Münzen, die so genannten Stater, zu prägen.

Die kleinen Münzen erleichterten Tausch, Kauf und Verkauf von Waren ganz erheblich. Der Handel kam in Schwung, blühte auf wie nie zuvor. Rasch kamen die Münzen in den Umlauf, wurden andernorts nachgeahmt, nachgeprägt. Die handelstüchtigen Phönizier brachten das Geld in alle Lande des Mittelmeeres. In der Welt begann der Übergang vom Tauschhandel zur Geldwirtschaft.

Der Übergang zum Papiergeld

Die lydischen Könige Gyges und Krösus garantierten mit ihrem aufgestempelten Siegel dafür, dass die Münzen immer von gleich bleibender Qualität waren. Der aufgedruckte Nennwert entsprach ganz dem Metallwert der Münzen (Kurantmünze). Deshalb wurden die Münzen nicht mehr gewogen, sondern nur noch gezählt.

Manche Herrscher prägten jedoch unterwertige Münzen, wenn sie sehr viel Geld brauchten. Das heißt, die Münzen waren zu leicht oder es wurde kein reines Gold oder Silber verwendet. Auch Geldfälscher arbeiteten so. Daher ließen die Händler die Münze „springen", um am Klang und an der Art des Springens zu erkennen, ob die Münze echt oder falsch war. Für den Transport waren größere Mengen des Münzgeldes unhandlich und auch sehr gefährlich. Schon aus der Ferne konnte man erkennen, wenn jemand viel Geld bei sich trug – ein Vorteil für die Räuber! Darum erfand man etwas anderes.

Das Gemälde aus dem 16. Jahrhundert zeigt einen flämischen Geldwechsler mit seiner Frau. Sie kontrollieren mit der Waage den Gehalt an Edelmetallen.

Im 16. Jahrhundert wurde in Schweden Papiergeld eingeführt. Es entwickelte sich aus Quittungen („Noten"), die von Geldwechslern und Banken als Beleg für hinterlegtes Münzgeld ausgehändigt wurde. Das war auch in Deutschland der Fall. Einer der ältesten Geldscheine ist ein „Reichs-Thaler", der 1772 in Dresden als „Churfürstlich-Sächsisches Cassen-Billet" ausgeben wurde. Das besondere daran ist, dass jedes Kassenbillet von Hand unterschrieben und auch die Seriennummern handschriftlich eingetragen wurden. Das Kassenbillet war ein Staatspapier.

Papiergeld hatte aber nur dann Wert, wenn man es jederzeit wieder in Gold umtauschen konnte; es wurde durch Geld „gedeckt". Ein solches Geldsystem wurde als **Goldwährung** bezeichnet. Es musste immer so viel Gold vorhanden sein, wie Geld im Umlauf war. Dies war noch mit der Goldmark des deutschen Reiches bis zum Ersten Weltkrieg 1914 der Fall.

Heute beruht die Geldwährung in allen Ländern nicht mehr auf Gold, sondern auf der Wirtschaftskraft des Volkes. Der Geldwert drückt sich in der Menge aus, die man für eine bestimmte Summe kaufen kann (Kaufkraft des Geldes). Münzgeld existiert neben Papiergeld.

Bei den heute gebräuchlichen Münzen (Scheidemünzen) ist der aufgeprägte Wert höher als der stoffliche Metallwert. Papiergeld hat praktisch keinen Stoffwert mehr. Ein 100-Euroschein ist zwar 100 Euro wert, aber nur im Sinne des Wertes als Zahlungsmittel, nicht im Sinne eines Stoffwertes. Bei der Abwicklung von Tauschprozessen wird Geld heute ausschließlich wegen seiner geldlichen Eigenschaften benötigt. Die Voraussetzung für die allgemeine Akzeptanz stoffwertlosen Geldes ist allerdings, dass das Geld seinen Wert behält.

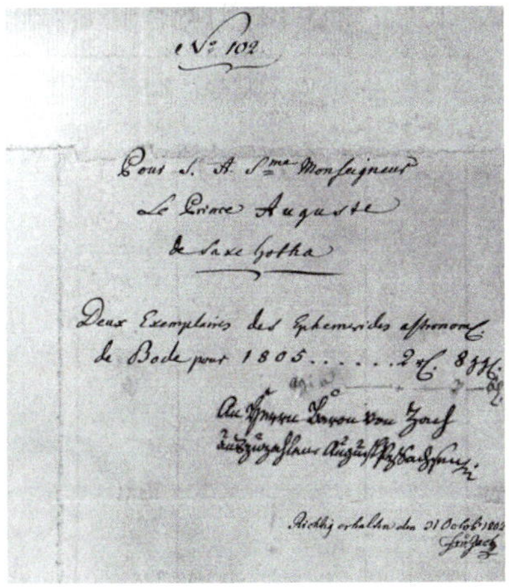

N: 102

Pour S. A. S.me Monseigneur
Le Prince Auguste
de Saxe Gotha

Deux Exemplaires des Ephemerides astronom.
de Bode pour 1805

„Churfürstlich-Sächsisches Cassen-Billet"

Reichsbanknoten von 1910

1. Wer war bei den Lydern berechtigt Münzen auszugeben?

2. Welche Vorteile ergaben sich aus dem Recht der Ausgabe von Münzen?

Münzenrückseiten von Cent bzw. Euro unterschiedlicher Länder

Unser heutiges Bargeld – der Euro

Im Jahr 2002 wurden in 12 europäischen Ländern neue Münzen und Banknoten eingeführt: der Euro. In allen Ländern der EWU (Europäischen Währungsunion) gilt die gleiche Währung. Von den derzeit 27 Mitgliedstaaten der Europäischen Union haben insgesamt 13 Länder den Euro eingeführt (Belgien, Deutschland, Finnland, Frankreich, Irland, Österreich, Portugal, Spanien, Luxemburg, Niederlande, Slowenien, Italien und Griechenland). Im Euroland leben rund 300 Millionen Menschen, die sich inzwischen an die neue Währung gewöhnt haben.

Die Euromünzen

Bei allen Cent- und Euromünzen ist die Vorderseite europäisch einheitlich. Sie zeigt den eigentlichen Wert der Münze an. Auf der Rückseite hat jedes Land besondere Prägungsmerkmale. Diese Motive sind meist länderspezifisch. Hintergrund der Aufteilung in eine europäische und eine nationale Seite ist eine Regelung im Maastrichter Vertrag.

Dort wird die Zuständigkeit für die Münzausgabe – anders als bei den Banknoten – in erster Linie den Mitgliedstaaten zugeordnet. So sind auf den 50-Cent-Münzen von Deutschland das Brandenburger Tor und auf den von den Niederlanden die Königin Beatrix zu sehen.

Beim neuen Geld wurde Verbraucherschutz groß geschrieben. Die Cent- und Eurostücke sind leicht zu handhaben und zu erkennen. Sie unterscheiden sich deutlich in Größe, Gewicht, Farbe und Dicke. Ebenfalls wurde auf Initiative des Europäischen Parlaments der Gesundheitsschutz verbessert: Auf das umstrittene Nickel, das bei vielen Menschen Allergien auslösen kann und das bisher in drei Viertel aller Legierungen enthalten war, wird weitgehend verzichtet.

A

1. Besorgt euch von Banken und Sparkassen Broschüren über die Entwicklung des Geldes und informiert euch:
   - Wer druckt die Banknoten?
   - Wie versucht man Banknoten vor Fälschungen zu schützen?

2. Sieh in deinem Portmonee nach, aus welchem Land die Münzen kommen. Bestimme die auf der Rückseite abgebildeten Prägungen.

3. Zählt die Länder auf, in denen der Euro seit 2002 gesetzliches Zahlungsmittel ist.

Wasserzeichen und Sicherheitsfaden beim 100-Euroschein

Durch diese Neuerungen entstanden erhöhte Umstellungskosten. So beträgt zum Beispiel die Prägung einer Euromünze auch heute noch 8 Cent. Der Ersatz von Mark und Pfennig durch das Euro-Kleingeld wird auf etwa 0,6 Milliarden Euro geschätzt.

Die Euro-Banknoten
Das Bezahlen mit Bargeld, besonders bei größeren Summen, hat viele Nachteile:

Man kann das Geld schnell verlieren. Um neben dem Kassenbon zusätzlich einen Beleg für den Kauf einer Ware oder den Erhalt einer Dienstleistung zu haben, ist oft das Ausstellen einer Quittung notwendig.

Für die „Langfinger" ist es oft eine leichte Beute – es kann sehr schnell gestohlen werden. Obwohl die Banknoten eine Seriennummer haben, ist das Bargeld bei Diebstahl durch keine Geheimnummer usw. geschützt. Es kann allerdings auch passieren, dass man beim Einkauf Wechselgeld falsch herausgegeben bekommt. Ein weiterer Risikofaktor ist auch nach der Währungsunion der Umlauf von Falschgeld, den so genannten „Blüten". Damit der Konsument weiterhin vor Missbrauch geschützt wird, weisen unsere Euro-Banknoten Sicherheitsmerkmale auf. An folgenden Details könnt ihr erkennen, ob sie echt sind:

Das Wasserzeichen und das Durchsichtsregister erscheinen vollständig bei der Betrachtung des Scheines gegen das Licht (siehe Seite 52 unten). Durch die Anwendung des Stichtiefdruckverfahrens entsteht auf der Vorderseite der Banknote ein ertastbares Relief. Gut tastbare Zeichen helfen somit auch Sehbehinderten, die einzelnen Stücklungen zu unterscheiden. Die Tastzeichen werden am Rand oder in einer Ecke der Banknoten platziert. Ein Sicherheitsfaden ist etwa in der Mitte jedes Geldscheines eingebettet, auf dem bei genauer Betrachtung das Wort „Euro" und die Wertzahl zu lesen sind. Neben den eingearbeiteten Leuchtfasern, die mit einer Speziallampe sichtbar werden, sind die Spezial-Folienelemente auf den Banknoten über 50 Euro als Hologramm und als silbriger Streifen bei den 5, 10, und 20 Euroscheinen zu sehen.

Die Fahndungsbehörden aus ganz Europa entwickeln weitere Strategien gegen potenzielle Fälscherbanden und wollen ihren Kampf gegen die so genannten „Euroblüten" gemeinsam führen. Übrigens, wusstet ihr, dass, wer in Deutschland Banknoten fälscht oder falsche Banknoten in Verkehr bringt, mit Freiheitsentzug nicht unter zwei Jahren bestraft wird? Auch die Weitergabe von Falschgeld ist strafbar (Strafgesetzbuch §§ 146, 147 und 148). Die Gesetze, nach denen Fälscher bestraft werden, sind zurzeit in den einzelnen EU-Staaten noch sehr unterschiedlich geregelt. So riskiert ein Fälscher in Frankreich bis zu 30 Jahre Gefängnis, in den Niederlanden dagegen nur bis zu neun Jahre.

Die neuen Euroscheine zeigen Zeitalter und Stile in Europa. Jeder der sieben Scheine steht für eine Epoche der europäischen Kulturgeschichte – in der Zusammenschau eines kleinen Geschichtsalbums. Die Banknotenserie schlägt die Brücke von der Vergangenheit in die Zukunft. Sie vermittelt den Aufbruch in das neue, vereinigte Europa.

1. In welchem Vertrag wurde die Einführung der gemeinsamen Währung festgeschrieben?

2. Im Zuge der Währungsumstellung mussten ca. 12 Milliarden neue Euro-Banknoten gedruckt werden. Wie hoch wird die Stapelhöhe geschätzt, wenn man alle Geldscheine übereinander legt?

Die Geld-Designer wollten keinerlei Anlass bieten für nationale Eifersüchteleien. Deshalb wurde auf prominente Köpfe oder berühmte nationale Bau- und Kunstwerke verzichtet. Die Motive – Fenster, Tore und Brücken – haben keinen Bezug zu ganz bestimmten Denkmälern, sondern stehen stellvertretend für Stilelemente, die in ganz Europa zu finden sind.

Die Banknoten haben unterschiedliche Abmessungen. Je höher der Wert, desto größer die Banknoten. In deutlichen Stufungen reicht die Größe der Geldscheine vom 12 x 6,2 cm kleinen Fünfer bis zum 16 x 8,2 cm großen Fünfhunderter.

Banknoten

Ähnliche Farben bei verschiedenen Banknoten bedeuten Verwechslungsgefahr. Beispiel: Ein ständiges Ärgernis war die Ähnlichkeit der Farben zwischen dem deutschen Zehner und Hunderter. Da vergriff man sich leicht zu seinem Nachteil. Anders beim Euro: Jeder Geldschein erhielt durch eine markante Hauptfarbe sein unverwechselbares Aussehen. Was manche auf den ersten Blick als zu bunt empfinden, dient in Wirklichkeit der Unterscheidbarkeit und damit dem Verbraucherschutz.

Würden wir alle sich im Umlauf befindlichen Geldscheine (ca. 12 Millionen Euro-Banknoten) übereinander legen, so würde das eine Stapelhöhe von 1.200 km ergeben.

Die Kosten für den Druck der Euro-Banknoten werden von den nationalen Zentralbanken der Mitgliedsstaaten des Euro-Währungsgebietes getragen. Es ist nicht ganz exakt zu beziffern, wie hoch die genauen Kosten für den Druck der Euroscheine waren. Experten haben für den gesamten Neudruck der 10 Milliarden Euroscheine für den gesamten Euroraum die Kosten von damals 1,5 Milliarden D-Mark (0,8 Milliarden Euro) ermittelt.

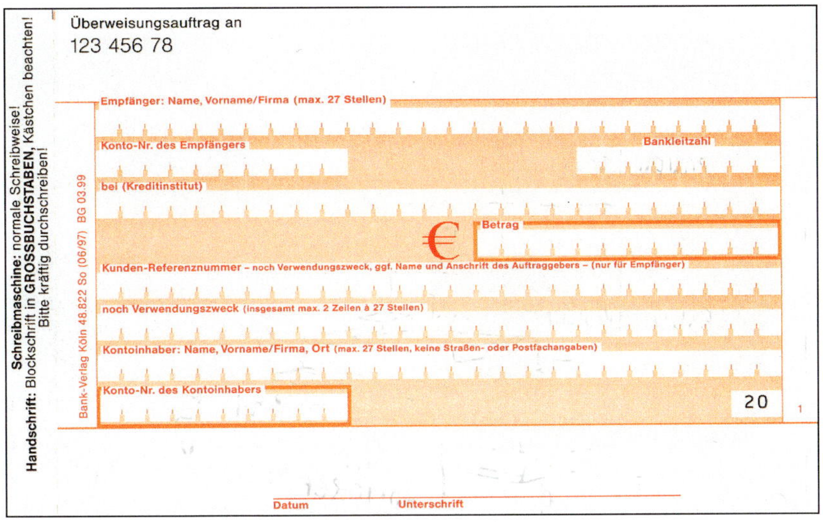
Schreibmaschine: normale Schreibweise!
Handschrift: Blockschrift in GROSSBUCHSTABEN, Kästchen beachten!
Bitte kräftig durchschreiben!
Bank-Verlag Köln 48.822 So (06/97) BG 03.99
Überweisungsauftrag an
123 456 78
Empfänger: Name, Vorname/Firma (max. 27 Stellen)
Konto-Nr. des Empfängers
Bankleitzahl
bei (Kreditinstitut)
€
Betrag
Kunden-Referenznummer – noch Verwendungszweck, ggf. Name und Anschrift des Auftraggebers – (nur für Empfänger)
noch Verwendungszweck (insgesamt max. 2 Zeilen à 27 Stellen)
Kontoinhaber: Name, Vorname/Firma, Ort (max. 27 Stellen, keine Straßen- oder Postfachangaben)
Konto-Nr. des Kontoinhabers
20
1
Datum
Unterschrift

Überweisungsformular aus Papier

Hinweis auf EC-Zahlung

3 Der bargeldlose Zahlungsverkehr

In der modernen Gesellschaft, in der größere Mengen Geld immer schneller und häufig über weite Entfernungen hinweg gezahlt werden müssen, hat neben dem Bargeld in Form von Münzen und Banknoten das Buch- oder Giralgeld die führende Rolle übernommen. Auch diese Form war schon im ausgehenden Mittelalter bei den Handelsherren bekannt. So wurde erstmals 1609 bei einer Amsterdamer Girobank Papiergeld hinterlegt und in „Girobüchern" gutgeschrieben (Giro = Kreis/Ring: Durch den ringförmigen Verbund der Banken bzw. Sparkassen kann man Geld von Konto zu Konto bewegen). Diese Sichteinlagen bildeten das Buch- oder Giralgeld.

Heute besitzen fast alle, die ein Einkommen beziehen, auch ein Girokonto bei einer Bank oder Sparkasse. Denn Löhne und Gehälter werden vom Arbeitgeber meist auf ein Konto überwiesen. Die Tauschaktionen Ware gegen Geld werden heute zum großen Teil als bargeldloser Zahlungsverkehr durchgeführt. Buchgeld ist somit stoffloses Geld.

Das am weitesten verbreitete Instrument der bargeldlosen Zahlung in Deutschland ist die Überweisung. Rechtlich gesehen ist die Überweisung eine Anweisung eines Kontoinhabers an seine Bank, einen bestimmten Betrag vom eigenen Konto abzubuchen und auf das Konto des Zahlungsempfängers zu übertragen.

Bezahlen mit Electronic Cash

Electronic Cash

Frau Kirsten geht gelegentlich mit ihrer Tochter Claudia in die Stadt zum Einkaufen. Als sie in einem Jeans-Laden für Claudia eine schicke Jeans finden, kaufen sie diese, obwohl Frau Kirsten meint, eine Hose für 20 Euro weniger hätte es auch getan und einen Unterschied sähe man nicht: „Jeans sind Jeans", ist ihr Urteil. Claudia sieht das ganz anders und zeigt auf das Markenzeichen. An der Kasse stellt Frau Kirsten fest, dass sie nicht genug Bargeld dabei hat. Die Verkäuferin sagt: „Wenn Sie Ihre EC-Karte dabei haben, können Sie auch damit bezahlen."

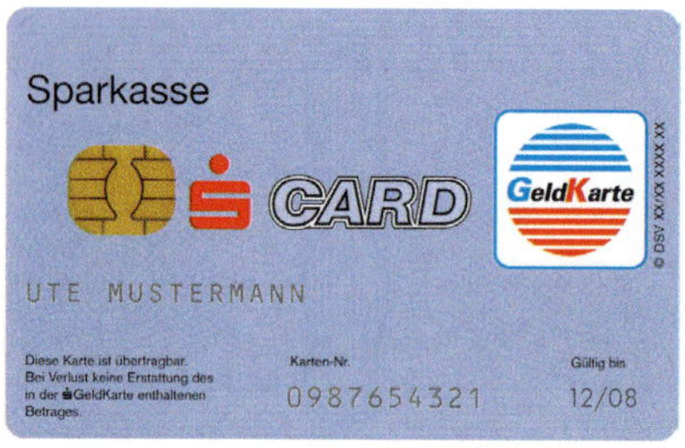

Geldkarte

Geldkarte am Geldkarten-Ladegerät laden

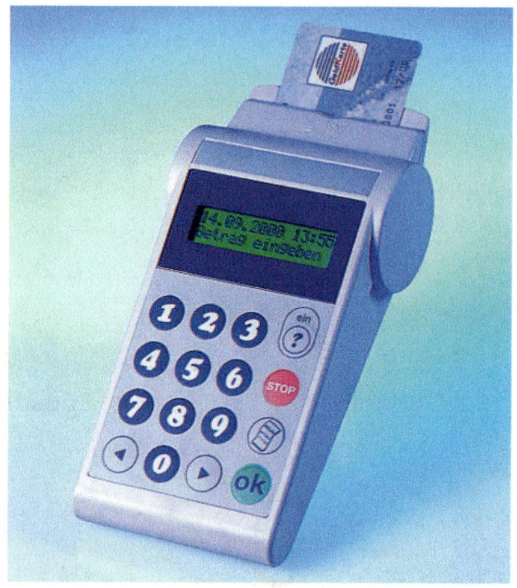

Betrag am Geldkarten-Zahlterminal zahlen

Geldkartensymbol

Seit einiger Zeit haben die Kreditinstitute mit Hilfe des technischen Fortschritts den Geldverkehr bei Zahlungen und bei der Versorgung mit Bargeld erleichtert. So kann man in vielen Geschäften statt Bargeld die EC-Karte für die Bezahlung nutzen. Das Fachwort heißt **Electronic Cash**. Sobald der zu bezahlende Betrag über die Kasse eingegeben ist, schiebt der Kunde seine Karte in das Lesegerät und bestätigt den angezeigten Betrag per Tastendruck. Als nächstes wird die persönliche Geheimnummer (PIN = **P**ersönliche **I**dentifikations**N**ummer) eingegeben, damit ist der Vorgang für den Kunden abgeschlossen. Die Daten der EC-Karte werden an einen Zentralrechner übermittelt, der eine Leitung zur Hausbank des Kunden schaltet, wo Kundendaten, PIN und der Betrag geprüft werden. Auf umgekehrtem Wege läuft nun die Freigabe der Zahlung.

Der Handel kann auf diesem Weg rationalisieren. Das Kassenpersonal braucht die EC-Karte nicht auf Gültigkeit zu überprüfen, weil das Kreditinstitut die Zahlung garantiert. Da dieser Teil der Einnahmen direkt auf dem Geschäftskonto gutgeschrieben wird, werden so Verwaltungsabläufe vereinfacht. Die EC-Karte vereinfacht auch die Versorgung mit Bargeld. In vielen Filialen von Kreditinstituten sind Geldautomaten aufgestellt, über die unabhängig von den Öffnungszeiten Geld abgehoben werden kann. Die Eingabe der PIN und der gewünschten Geldsumme genügen hier.

Du kannst beim Abheben am Geldautomaten nichts falsch machen, denn im Display wird Schritt für Schritt angezeigt, was du als nächstes tun musst. Und bei einer Falscheingabe betätigst du einfach die Korrekturtaste und beginnst den Vorgang von vorn.

Achtung! Deine Geheimnummer musst du dir gut merken. Eine Falscheingabe akzeptiert der Geldautomat aus Sicherheitsgründen nicht. Wenn deine Geheimnummer dreimal falsch eingegeben wurde, wird die Karte vorerst gesperrt.

Über die EC-Karte kann man sich auch im Ausland mit Geld versorgen, wobei allerdings eine Gebühr berechnet wird. Diese muss manchmal auch in Deutschland bezahlt werden.

A

1. Aus welchen Gründen wird in einzelnen Branchen Electronic Cash häufiger eingesetzt als in anderen? Begründet eure Meinung.
2. Erstellt eine Tabelle, aus der hervorgeht, welchen Branchen (z.B. Supermärkte, Einzelhandelgeschäfte, Tankstellen) diese Geschäfte angehören.
3. Erkundigt euch in Geschäften nach den Kosten, die durch diese Art der Zahlungen entstehen.

Überall, wo das Symbol „Geldkarte“ an Schaufensterscheiben und Eingangstüren von Geschäften angebracht ist, kann man mit der „elektronischen Geldbörse“ bezahlen.

Auf der Rückseite der Karte ist ein Magnetstreifen und auf der Vorderseite ein Chip. Der Chip der Geldkarte kann bis 200 Euro aufgeladen werden. An den Kassen stehen Chipleser, die von der Karte den zu zahlenden Betrag abbuchen – man kann diesen Vorgang mit dem Telefonieren mit der Telefonkarte vergleichen. Während bei dieser nur Einheiten abgebucht werden, werden bei der Geldkarte die Beträge auf dem Konto des Händlers gutgeschrieben.

Electronic Banking

Herr Beier hat über einen Katalog einen neuen Trainingsanzug bestellt. Die Rechnung möchte er mit einer Überweisung auf das Konto des Versandhandels begleichen. Über sein Homebanking-Programm kann er eine Verbindung zum Bankrechner aufbauen und die Überweisung vornehmen.
Er füllt jetzt das elektronische Überweisungsformular aus, das ähnlich aussieht wie das Papierformular. Damit nicht Unbefugte über sein Konto verfügen können, ist jede Überweisung dreifach gesichert.

1. Herr Beier muss vor der Nutzung des Homebanking ein Programm-Passwort eingeben, das er selbst bestimmt hat. Nur wenn dies richtig eingegeben ist, startet das Programm.
2. Er muss vor dem „Absenden“ der Überweisung an den Bankrechner seine fünfstellige PIN eingeben, die er ebenfalls selbst festgelegt hat.
3. Schließlich muss er noch eine TAN (**T**rans**A**ktions**N**ummer) eingeben. Eine Liste mit TANs hat er von seiner Sparkasse bekommen. Jede dieser TANs ist nur einmal benutzbar. Der Bankrechner überprüft, ob für eine bestimmte Überweisung die richtige TAN benutzt wurde.

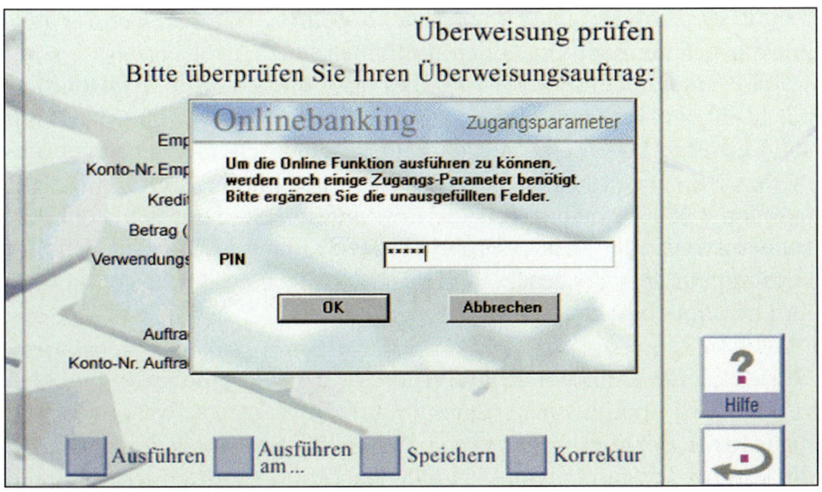

Maske eines Überweisungsauftrages beim Homebanking

Programmpasswort

Blick in eine Bank

Von dieser Art der Überweisung haben Bankkunden und Banken Vorteile:
- Der Kunde kann zu jeder Tages- und Nachtzeit seine Überweisungen vornehmen, er muss sich nicht mehr an die Banköffnungszeiten halten.

- Viele Überweisungen sind an Termine gebunden. Ein Überweisungsvorgang von der Abgabe des Formulars bis zur Gutschrift beim Empfänger dauert vier bis fünf Tage. Beim Homebanking verkürzt sich die Zeit um rund zwei Tage.

- Für die Banken ist der Bearbeitungsaufwand geringer. Bei schriftlichen Überweisungen muss jedes Formular über ein Lesegerät eingelesen werden, undeutlich Geschriebenes muss überprüft werden. Da dies beim elektronischen Überweisen wegfällt, sinken die Kosten.

Das Girokonto

Julias Familie sitzt am Abendbrottisch und wie fast jeden Monat muss sie ihre Mutter darauf aufmerksam machen: „Heute ist schon der 2. und ich habe mein Taschengeld immer noch nicht bekommen". „Ach, ja, beinahe hätte ich es wieder vergessen" antwortet Julias Mutter. „Damit das aber nicht mehr vorkommt, gehen wir in der nächsten Woche gemeinsam auf die Bank und wir richten für dich ein Girokonto ein. Auf dein Girokonto wird dann monatlich automatisch per Dauerauftrag das Taschengeld von meinem Konto überwiesen."

Der erste Schritt, um ein **Konto** bei der Bank zu eröffnen, ist das Ausfüllen eines Antrages. Die Banken halten hierfür Formulare bereit, die zwar von Kreditinstitut zu Kreditinstitut unterschiedlich aufgemacht sind, inhaltlich aber nicht wesentlich voneinander abweichen.

Dieser Antrag auf Eröffnung eines Kontos enthält Angaben über die Person des Antragstellers wie Name, Vorname, Adresse, Beruf, Familienstand, Geburtsdatum, Telefonnummer usw.

Vor Unterzeichnung des Antrages prüft die Bank die **Legitimation** des künftigen Kunden. Hierzu ist sie gesetzlich verpflichtet. Dadurch soll verhindert werden, dass jemand unter falschem oder angenommenen Namen für sich oder eine andere Person ein Konto einrichtet und damit Missbrauch treibt. Zur Legitimation ist in der Regel ein Personalausweis oder Pass erforderlich. Der Kundenberater am Schalter bestätigt auf dem Vordruck, dass der Kunde sich ausgewiesen hat oder ihm persönlich bekannt ist.

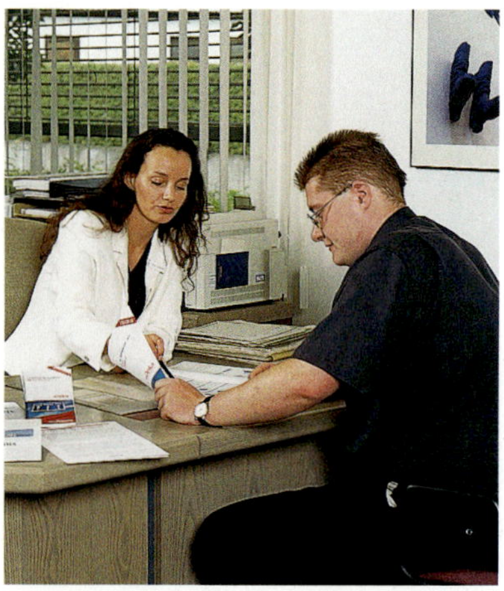
Julias Vater lässt sich bei seiner Bank beraten.

Nur derjenige kann ein Konto eröffnen, der voll geschäftsfähig, also volljährig ist und über sein Eigentum und Vermögen selbstständig verfügen kann. Bei Minderjährigen, so wie bei Julia, muss bei der Eröffnung des Kontos der gesetzliche Vertreter, also Julias Mutter oder Vater, die Zustimmung geben und den Personalausweis vorlegen.

Dienstleistungen der Kreditinstitute auch für Jugendliche

Damit die Bank prüfen kann, ob spätere Verfügungen vom Konto auch von dem Kontoinhaber selbst und nicht ungewollt von Fremden vorgenommen werden, muss der Kunde bei der Kontoeröffnung eine Unterschriftsprobe abgeben, so auch Julia.

Es ist möglich einem anderen, zum Beispiel dem Ehegatten oder den Eltern, Vollmacht über das Konto zu erteilen. Der Bevollmächtigte gibt dann ebenfalls eine Unterschriftsprobe ab, in unserem Fall Julias Mutter.

Nach einigen Tagen erhält dann Julia mit der Post ihre Geldkarte. Auf der Rückseite, oberhalb des Magnetstreifens, muss Julia erneut unterschreiben, um u.a. die Karte und ihr Konto vor Missbrauch zu schützen.

Der Führung des Bankkontos liegen die Allgemeinen Geschäftsbedingungen und verschiedene Sonderbedingungen der kontoführenden Bank zugrunde. Diese Bedingungen stellen nur eine Ergänzung der im Geschäftsverkehr in Deutschland gültigen Gesetze dar und regeln die Rechtsbedingungen zwischen Bank und Kunden.

Jeder Kontoeröffnungsantrag enthält für Kontokorrentkonten (laufendes Konto) die Einwilligung zur Übermittlung von Daten an die SCHUFA (Schutzgemeinschaft für allgemeine Kreditsicherung). Die SCHUFA ist eine Gemeinschaftseinrichtung des Kreditgewerbes und anderer kreditgebender Unternehmen, die zum einen die Kunden vor Überschuldung und zum anderen die Kreditinstitute vor Verlusten schützen soll. Hierzu ermächtigt der Kunde das Kreditinstitut durch seine Unterschrift, persönliche Daten abzufragen und zu melden.

Für Jugendliche und Auszubildende bis zum 21 Lebensjahr und in Sonderfällen einer längeren Ausbildungsdauer (z.B. bei Studenten) haben viele Banken Sonderkonditionen bereitgestellt: **Das Jugendgirokonto**. Hierfür werden, anders als beim normalen Girokonto, keine Gebühren berechnet. Im Gegenteil: Bis zu einem Betrag von meist 1.500 Euro werden sogar noch Zinsen gezahlt. Zurzeit liegt der Zinssatz bei etwa 2%.

A

1. Informiert euch mit Hilfe von Zusatzliteratur über die Begriffe
   - SCHUFA,
   - Legitimation,
   - Kontokorrentkonto.
2. Welche Formalitäten müssen bei der Eröffnung eines Girokontos erfüllt werden?
3. Was versteht man unter einem Jugendgirokonto? Worin besteht der Unterschied zu einem herkömmlichen Girokonto?

Ware gegen Ware: Warentausch

Ware – Warengeld

Das **Geld hat mehrere Funktionen:**
- es ist **Rechenmittel** – man kann den Wert unterschiedlicher Güter miteinander vergleichen;
- es ist **Tauschmittel** – man kann z.B. ein Fahrrad gegen Geld tauschen;
- es ist **Zahlungsmittel** – z.B. ist der Euro allgemein anerkanntes Zahlungsmittel in den Ländern der europäischen Währungsunion;
- es ist **Wertaufbewahrungsmittel** – Geld muss wertbeständig und leicht aufzubewahren sein, z.B. bei der Sparkasse.

Außerdem muss Geld teilbar und gut transportierbar sein.

Die **Entwicklung des Geldes** erfolgte in grauer Vorzeit über den **Warentausch** zum **Warengeld**, das aus Gütern bestand, die von allen geschätzt wurden, z.B. Perlen oder Muscheln. Sie hatten die Bedeutung von Geld.

Die **ersten Münzen** waren aus Gold oder Silber und entsprachen dem tatsächlichen Wert des Gutes. Im 16. Jh. wurde in Schweden das Papiergeld eingeführt. Es hatte aber nur dann Wert, wenn es jederzeit wieder in **Goldwährung** umgetauscht werden konnte.

Heute hat Geld keinen eigentlichen Wert mehr, sondern wird nur wegen seiner geldlichen Eigenschaften bei der Abwicklung von Tauschprozessen benötigt.

Unser **heutiges Geld – der Euro** – weist bei den Banknoten verschiedene **Sicherheitsmerkmale** auf:
Stichtiefdruck/Tastzeichen, Leuchtfasern, Sicherheitsfaden, Spezialfolienelemente/Hologramme auf Banknoten über 50 Euro, Wasserzeichen.

Bei allen Cent- und Euromünzen ist die Vorderseite europäisch einheitlich. Auf der Rückseite hat jedes Land besondere Prägungsmerkmale.

Der **bargeldlose Zahlungsverkehr** kann heute über das Bezahlen mit Hilfe der EC-Karte (Electronic Cash), mit der Geldkarte, dem Electronic Banking (Homebanking) oder per Überweisungsformular erfolgen. Voraussetzung ist ein Girokonto bei der Bank oder Sparkasse.

Folgende Schritte sind für die **Einrichtung eines Girokontos** notwendig:
- Ausfüllen eines Antrags mit Angaben zur Person,
- Legitimation durch Personalausweis,
- Einverständniserklärung der Eltern bei Minderjährigen,
- Unterschriftenproben zur Sicherheit des Kunden,
- SCHUFA-Einverständniserklärung als Schutz vor Überschuldung.

A

1. Beschreibe mit eigenen Worten die Entwicklung des Geldes vom Warentausch bis zum bargeldlosen Zahlungsverkehr.

2. Nenne die Vor- und Nachteile des Bezahlens mit der EC-Karte beim Kauf von Waren.

IV Produktion, technischer Fortschritt, Strukturwandel

Dieses Kapitel beschäftigt sich mit Unternehmen, mit dem, was in Unternehmen geschieht und die Unternehmen beeinflusst. Im ersten Teil wird das wirtschaftliche Handeln in den Unternehmen beschrieben. Im Laufe des Kapitels werden diese ersten allgemeinen Aussagen vertieft.

Dienstleistung Verkauf

Produktion in einem Maschinenbaubetrieb

1 Wirtschaftliches Handeln im Unternehmen

Herr Schmitt erzählt beim Abendessen: „Heute war bei uns der Teufel los. Die erste Maschine der neuen Serie sollte übermorgen fertig werden. Heute stellten wir beim Einbau eines Teils fest, dass uns wichtige Spezialschrauben ausgegangen waren. Der Chef hat vielleicht getobt, aber der arme Werner konnte gar nichts dafür. Er hatte die Schrauben rechtzeitig bestellt, aber die Lieferung ist irgendwo steckengeblieben. Jetzt konnten wir nicht produzieren und – noch schlimmer – wir konnten unserem Kunden die Maschine nicht rechtzeitig liefern. Das wird zu Anfang den Gewinn ganz schön schmälern. Hoffentlich heißt es bei den Kunden nicht: Kluge und Kluge ist bei den Lieferterminen unzuverlässig. Dann springen die ab und gehen zur Konkurrenz."

Herr Schmitt hat in seiner Erzählung all das genannt, was jedes Unternehmen leistet.

Unternehmen produzieren Sachgüter …
Kluge und Kluge produziert z. B. Maschinen, die in anderen Betrieben eingesetzt werden, um damit ihrerseits Güter herstellen zu können.

Durch den Produktionsprozess entstehen neue Produkte: Maschinen wie im Fall von *Kluge und Kluge*, Brot, Brötchen und anderes Gebäck durch den einer Bäckerei. Viele Unternehmen produzieren unmittelbar für die privaten Haushalte: Nahrungs- und Genussmittel, Haushaltsgeräte, Wasser, Strom usw. Man kann also unterscheiden:
- Produktion von Ge- und Verbrauchsgütern für die Haushalte;
- Herstellung von Produktionsgütern für andere Betriebe.

In großen Firmen gibt es Abteilungen, die nur für den Einkauf tätig sind

Für Unternehmen, die nicht für den Konsum verkaufen, sind Messen wichtige Verkaufsveranstaltungen

… und Dienstleistungen

Neben Unternehmen, die Sachgüter herstellen, gibt es solche, die auf den ersten Blick etwas ganz Merkwürdiges produzieren, etwas, von dem ihr vielleicht sagt, es sei gar keine Produktion: Sie produzieren Dienstleistungen. Dazu gehören, wie ihr wisst, z. B. die Arbeit von Reisebüros oder von Reinigungen.

Unternehmen sind auf Einkaufsmärkten tätig

Die Firma *Kluge und Kluge* stellt Güter her, könnte das aber nicht, wenn sie nicht zuvor Güter und Leistungen eingekauft hätte:
- Arbeitskräfte, die die Produkte herstellen;
- Maschinen (Betriebsmittel) und Materialien (Werkstoffe), die sie für die Produktion benötigt;
- Finanzmittel, um die notwendigen Maschinen kaufen zu können.

Unternehmen verkaufen Güter

Die schönsten und besten Güter sind wertlos, wenn sie nicht verkauft werden können. *Kluge und Kluge* z. B. muss Mehlhersteller in der ganzen Welt als Kunden zu gewinnen versuchen. Andere müssen Konsumenten gewinnen, z. B. euch Jugendliche.

Daher hat jedes Unternehmen eine mehr oder weniger große Verkaufsabteilung. Ihre Aufgabe ist es zum einen, sich über den Markt zu informieren, d. h. herauszufinden, ob es für das Produkt überhaupt Käufer gibt, und zum anderen die Käufer für sein Produkt zu gewinnen, d. h. den Markt zu beeinflussen. Dazu dient z. B. die Werbung.

Arbeitsteilung

Bei uns herrscht heute eine hohe Arbeitsteilung zwischen den einzelnen Unternehmen. Sie führt dazu, dass in den Umwandlungsprozess von natürlichen Rohstoffen wie Kohle, Erze oder Getreide in konsumreife Produkte eine Reihe von Produktionsstufen eingeschaltet sind, z. B. die Verpackungsmaschinen von *Kluge und Kluge*, mit deren Hilfe Mehltüten gefüllt und verschlossen werden.

Beispiel für Arbeitsteilung:

Getreideernte

Mühle

Mehlgroßhandel

Bäckerei

Kfz-Mechatronikerin bei der Reparatur

Arbeitsplatzerkundung

Wenn ihr mehr über Arbeit und Zusammenarbeit erfahren wollt, müsst ihr Arbeitsplätze erkunden, z.B. um zu erfahren, was eine Person an einem Arbeitsplatz macht, unter welchen Bedingungen sie arbeitet, welche Qualifikation sie benötigt usw.

Das Ergebnis fällt zum Teil unterschiedlich aus – je nachdem aus welcher Sicht ihr den Arbeitsplatz betrachtet. Für die Geschäftsleitung, die „Chefin“ oder den „Chef“, ist der Arbeitsplatz in erster Linie eine „Stelle“. Wer auf ihr sitzt, muss bestimmte Aufgaben erledigen. Für die Arbeitsperson ist der Blickwinkel anders.

Die Arbeitsplatzerkundung hat einen klassischen Ablauf:

1. Soll mit dieser Methode erfolgreich gearbeitet werden, ist diese Erkundung sorgfältig vorzubereiten. Als Hilfsmittel der Beobachtung könnt ihr benutzen:

Stellenbeschreibung, Arbeitsplatzanalyse

Für jeden Arbeitsplatz im Betrieb oder in einer Verwaltung gibt es eine Stellenbeschreibung.

Was steht in solch einer Stellenbeschreibung?

Bezeichnung der Stelle: *Reparatur*
Stelleneinordnung: vorgesetzte Stelle(n): *Geschäftsführung*; nachgeordnete Stelle(n): *keine*
Ort der Stelle: *Werkstatt*
Stellenaufgabe: *Reparatur von Pkws*
Stellenziele: *Service für Stammkundschaft verbessern, gelegentliche Mitarbeit bei laufenden Arbeiten*
Befugnisse: *Der Stelleninhaber/die Stelleninhaberin darf eigenständig Aufträge der Stammkundschaft annehmen.*
Anforderungen an den Stelleninhaber/-in:
Ausbildung: *Kfz-Mechatroniker/-in*;
Fachkenntnisse: *EDV-Kenntnisse*;
Erfahrung: *kann eingearbeitet werden*;
Persönliche Eigenschaften: *Kontaktfreudigkeit*
Arbeitszeit: *20 Stunden (halbe Stelle)*

A

1. Stellt Fragen für die Erkundung des Arbeitsplatzes eines Kfz-Mechatronikers zusammen. Erkundet dabei vor allem, wie sich sein Arbeitsplatz unter dem Einfluss neuer Techniken gegenüber früher verändert hat.

2. Informiert euch darüber, welchen Einfluss verschärfte Umweltgesetze auf die Arbeit im Kfz-Handwerk haben. Nehmt dazu Stellung.

3. Welche der genannten Arbeitsplatzmerkmale sind auf dem Foto oben zu erkennen? Begründet eure Auffassung.

Die einzelnen Stellen in einem Betrieb oder einer Verwaltung sind aufgeführt im Stellenplan als der Gesamtübersicht aller Stellen. Er zeigt auch den organisatorischen Aufbau eines Unternehmens.
Eine Stellenbeschreibung wird vor allen Dingen für zwei Aufgaben zusammengestellt:

- Sie bildet die Grundlage für die Personalbeschaffung, d.h., sie umschreibt, wer geeignet zu sein scheint, diesen Arbeitsplatz auch richtig auszufüllen.
- Sie ist eine Grundlage für die Entlohnung.

Merkmale einer Stellenbeschreibung
Wer einen Arbeitsplatz aus der Sicht der Arbeitsperson untersuchen will, sollte sieben Merkmale zur Unterscheidung von Wichtigem und Unwichtigem kennen:

1. Die Arbeitsaufgabe: Reparatur von Personenkraftwagen
2. Die Eingabe (input): Dazu gehören die Materialien und die Informationen, die zur Erfüllung der Arbeitsaufgabe erforderlich sind, etwa Öle, Farben, Schaltpläne usw.
3. Die Betriebsmittel: Geräte, Maschinen, Anlagen, die zur Erfüllung der Arbeitsaufgabe nötig sind
4. Der Arbeitsablauf: die notwendigen Arbeitsschritte, die zu erledigen sind
5. Die Arbeitssituation: z.B. Einzelarbeit oder Teamarbeit
6. Umgebungseinflüsse: Einflüsse, die auf den Arbeitsplatz einwirken, z.B. Lärm, Schmutz, Kälte, Wärme, blendendes Licht
7. Die Ausgabe (output): das Arbeitsergebnis in Form eines Produkts oder einer Dienstleistung

2. Die Arbeitsplatzerkundung wird nach dieser Vorbereitung durchgeführt.

3. Die Ergebnisse dieser Arbeitsplatzerkundung werden dann in der Klasse besprochen, um sie im Unterricht für die weitere Arbeit zu nutzen.

Analyse

Ergebnisse auswerten

Herr Schmitt als Konsument

... und als Produzent

In Deutschland gibt es rund 37 Millionen Haushalte. In den meisten leben Eltern mit ein oder zwei Kindern. Es gibt aber auch Zwei-Personen-Haushalte und viele Single-Haushalte. Wie du siehst, kann man alle Haushalte zu Gruppen zusammenfassen, z. B. alle Haushalte, in denen nur eine Person lebt, zu Single-Haushalten. Das Kennzeichen ist in diesem Fall die Zahl der Personen pro Haushalt.

Im wirtschaftlichen Leben werden alle Haushalte zu der Größe „private Haushalte" z. B. der Bundesrepublik Deutschland zusammengefasst. Ihr Merkmal ist, dass sie alle konsumieren.

In Deutschland gibt es ca. 3.300.000 Unternehmen. Die kleinen und mittleren Betriebe stellen die größte Zahl dar.
Die Unternehmen produzieren Sachgüter und erstellen Dienstleistungen. Im wirtschaftlichen Leben werden alle Unternehmen zu der Größe „Unternehmen" zusammengefasst.

2 Die Verbindung zwischen Haushalten und Unternehmen

In deinem Haushalt werden täglich viele Dinge gebraucht und verbraucht: Haushaltsgeräte, Fernseher, Mineralwasser, Brot, Strom ... Ähnlich ist es in anderen Haushalten auch, wenn dort auch andere Geräte stehen und z. B. andere Produkte gegessen werden.

Wenn auch in den Haushalten produziert, z. B. gekocht wird, so stammen doch fast alle Güter von außerhalb der Haushalte: Sie werden in den Unternehmen produziert und von den Haushalten gekauft – Autos, Kleidung, Fahrräder, Computer, Wurst und Käse usw.

Zwischen Haushalten und Unternehmen gibt es also zwei Beziehungen: (1) Die Haushalte bekommen Konsumgüter und (2) zahlen dafür Konsumausgaben.

Doch woher stammt das Geld für die Konsumausgaben? Wenn man sehr vereinfacht und zunächst einmal fortlässt, dass z. B. manche Haushalte Renten beziehen, dann kann man sagen, dass sie das Geld von den Unternehmen bekommen für Arbeit, die sie in ihnen leisten, für ein Grundstück oder das Kapital, das manche Haushalte den Unternehmen zur Verfügung stellen.

Auch hier gibt es zwei Beziehungen: Haushalte stellen Leistungen zur Verfügung und erhalten dafür Einkommen. Wenn man dies darstellt, erhält man den „einfachen Wirtschaftskreislauf".

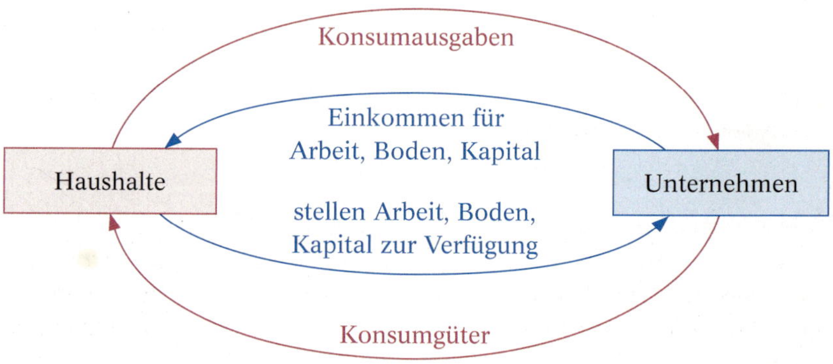

Der einfache Wirtschaftskreislauf

Produktion

Dienstleistung

3 Die Unterscheidung von Unternehmen

Bei der Betrachtung der Unternehmen unserer Region erkennen wir sofort, dass sie unterschiedliche Aufgaben haben. Einige produzieren Sachgüter wie Kleidung, Nahrungsmittel, Zeitungen usw., andere wiederum bieten Dienstleistungen an wie z. B. der Friseur oder ein Reiseunternehmen.

Natürlich produzieren nicht alle Unternehmen unmittelbar für den menschlichen Konsum. Wer z. B. die Gelben Seiten durchblättert, stellt schnell fest, dass sehr viele Unternehmen für andere produzieren. Alle diese Produkte nennt man **Vorleistungen**.

Von ihrem **Sachziel** her lassen sich Unternehmen in vielfältiger Weise gliedern, z. B. nach der Art der erstellten Leistungen oder nach den Wirtschaftszweigen. Die folgende Zusammenstellung zeigt eine Gliederung nach der Art der erstellten Leistungen.

A

1. Sucht aus den Gelben Seiten Unternehmen heraus, die nur für andere produzieren.
2. „Alle Produktion dient letztlich dem Konsum." Begründet diesen Satz und stellt vier unterschiedliche „Produktionsketten" von der Rohstoffgewinnung bis zum Konsum dar.
3. Versucht drei Dienstleistungen zu finden, die ausschließlich produktionsbezogen sind.

Produktionsbetriebe

Primärer Sektor
- **Rohstoffgewinnungsunternehmen** (z. B. Erzbergwerk, Kohlengrube)

Sekundärer Sektor
- **Investitionsgüterunternehmen** (Maschinenfabrik, Walzwerk)
- **Konsumgüterunternehmen**
  - Gebrauchsgüterbetriebe (Möbelfabrik)
  - Verbrauchsgüterbetriebe (Nahrungsmittel-, Getränkeindustrie)

Dienstleistungsunternehmen

Tertiärer Sektor
- **Handelsunternehmen** (z. B. Großhandel, Einzelhandel, Restaurants)
- **Verkehrsunternehmen** (Bus, Eisenbahn, Flugzeug)
- **Bankunternehmen** (Sparkassen, Banken)
- **Versicherungsunternehmen** (Kranken-, Lebens-, Haftpflichtversicherung)
- **sonstige Dienstleistungsunternehmen** (Friseur, Reinigung)

Dienstleistungsunternehmen arbeiten entweder konsumbezogen oder produktionsbezogen, wenn sie ihre Dienstleistungen für andere Unternehmen erbringen.

4 Grundlegende Merkmale von Unternehmen

4.1 Unternehmensziele

Unternehmen können keine Ziele haben, wohl aber die Menschen, die in ihnen arbeiten. Dabei müssen auch die Erwartungen und Gebote berücksichtigt werden, die von außen an die Betriebe herangetragen werden:
Der Gesetzgeber erwartet z. B., dass Sicherheitsvorschriften eingehalten werden, die Kunden, dass sie preisgünstige Leistungen erhalten oder dass umweltbewusst produziert wird. Um zu existieren müssen die meisten Unternehmen Gewinne erwirtschaften. Für dieses Ziel müssen sich alle Unternehmensangehörigen einsetzen.

Eine Klasse hat einmal Betriebsleiter/-innen ihrer Heimatgemeinde folgende Frage gestellt: „Bitte sagen Sie uns, welche Ziele Sie mit Ihrem Unternehmen zu erreichen versuchen." Hier einige Antworten:

Herr Meier, Handwerksmeister: „Also, ich habe eine Schreinerei und beschäftige fünf Gesellen. Mein Unternehmen ist schon seit fast 100 Jahren im Familienbesitz. Ich will, wie mein Großvater schon, qualitativ hochwertige Fenster herstellen. Ich verzichte daher auf Massenware und höre gern, wenn Kunden sagen: ‚Ihre Fenster sind von hoher Qualität und genau die individuelle Lösung, die wir suchten, wenn auch nicht ganz billig.' Ich will mein Unternehmen langsam vergrößern, an meinen Maßstäben festhalten und ökologisch einwandfreie Materialien verwenden. Ich glaube, dass ich nur so mein Ziel, Gewinne zu erzielen, langfristig sichern kann."
Frau Seibert, Inhaberin eines Fotosatzbetriebes: „Ich habe vor etwa zehn Jahren allein angefangen. Mein Ziel ist, dass das Unternehmen ständig auf dem modernsten Stand der Technik ist und wächst.
Frau Henke, Leiterin eines Museums: „Als Heimatmuseum dürfen wir, wie alle Unternehmen der öffentlichen Hand, keinen Gewinn erzielen. Die Eintrittsgebühren decken nur einen kleinen Teil der Kosten. Unser Ziel ist durch eine anschauliche Präsentation der Ausstellungsstücke viele Einwohner mit der Vergangenheit unserer Stadt bekannt zu machen. In der Zeitung wird viel über unsere Veranstaltungen berichtet. Das ist wie ‚kostenlose' Werbung, was uns viel Geld und Mühe erspart."

Nicht nur die Leiter von Unternehmen haben Ziele, sondern auch die Mitarbeiter. Forderungen an Unternehmen haben aber auch Nicht-Betriebsangehörige, wie die Grafik zeigt.

1.
Für mich bedeutet er:
- hoher Gewinn
- geringe Personalkosten
- neue Technik
- …

2.
Für mich ist wichtig:
- sicherer Arbeitsplatz
- guter Verdienst
- nette Kollegen
- …

4.
Für mich bedeutet er:
- hohe Steuereinnahmen für die Stadt
- die Bedeutung der Region steigt
- Auswirkungen auf die Infrastruktur
- …

3.
Für mich ist wichtig:
- saubere Umwelt
- wenig Lärmbelästigung
- keine hässlichen Gebäude
- …

5.
Für mich bedeutet er:
- Macht und Ansehen
- Entscheidungsmöglichkeiten
- Verantwortung
- …

1. In der Grafik gibt es fünf Aussagen. Entscheidet, wer die Ziele formuliert und begründet eure Auffassung.

Privatwirtschaftliches Unternehmen

Öffentliches Unternehmen: Museum

Privatwirtschaftliche und öffentliche Unternehmen
Aus den Antworten der Betriebsleiter/-innen können wichtige Schlüsse gezogen werden: Es gibt zwei Arten von Unternehmen: privatwirtschaftliche und solche der öffentlichen Hand, im weitesten Sinne also des Staates.

Wer von Unternehmen spricht, meint meist privatwirtschaftliche Unternehmen wie z. B. ein Handwerksunternehmen, eine Automobilfabrik, eine Bank … Aber bei der städtischen Müllabfuhr, einer Straßenbaumeisterei, einem städtischen Verkehrsbetrieb, einem Museum, einem Staatstheater usw. handelt es sich auch um Unternehmen.

Die Unterscheidung zwischen beiden Arten von Unternehmen hat die Museumsleiterin genannt: privatwirtschaftliche Unternehmen haben das Ziel Gewinne zu erzielen, öffentliche Unternehmen sollen möglichst kostendeckend arbeiten.

Erreichen privatwirtschaftliche Unternehmen ihr Ziel nicht, müssen sie nach einer gewissen Zeit aufgeben, öffentliche Unternehmen dagegen werden in der Regel mit Steuermitteln unterstützt.

Es gibt mehrere Ziele. So wollen Herr Meier und Frau Seibert ihre Unternehmen vergrößern, Herr Meier außerdem ökologisch produzieren. Da kein Unternehmen ohne Gewinn wachsen kann, gibt es mehrere Zielebenen, die miteinander zusammenhängen.

Da diese Ziele unabhängig von der tatsächlichen Produktion verfolgt werden, spricht man im Gegensatz zu den Sachzielen von **Formalzielen**.

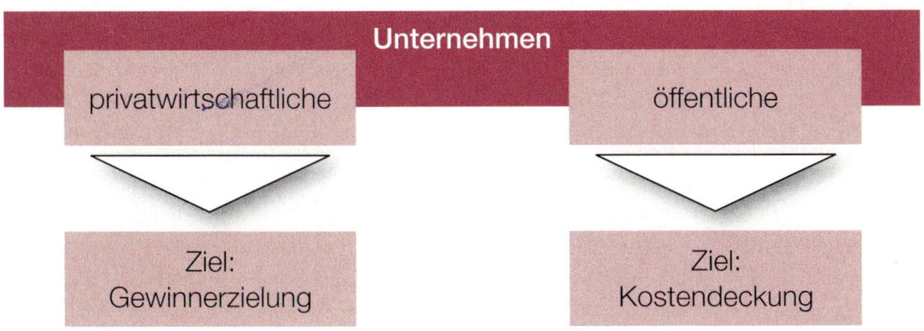

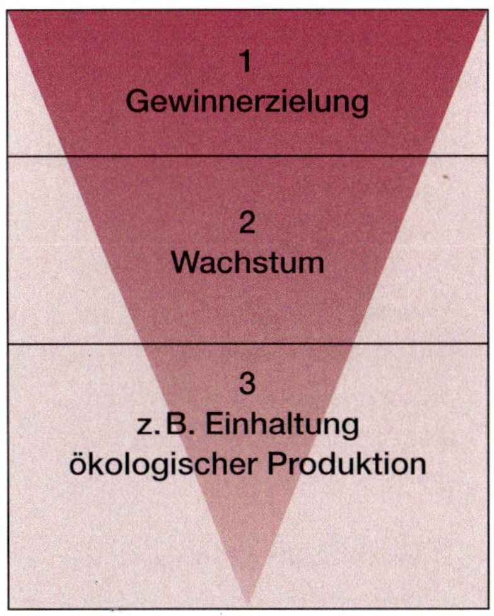

Unterschiedliche Ziele

Das Beispiel Brent Spar: Das Unternehmensziel, die Entsorgung der Ölplattform möglichst wirtschaftlich, d.h. kostengünstig, vorzunehmen, wurde auf Druck der Öffentlichkeit korrigiert.

4.2 Unternehmensziele und die Gesellschaft

„Mein Unternehmen gehört mir und was hier passiert, das entscheide alleine ich. Wem das nicht passt, der kann gehen und sich eine andere Arbeit suchen." Diese Sätze seines Ausbilders hatte Herr Kruse, heute selbst Inhaber eines großen Fotofachgeschäfts mit fünf Filialen, noch immer in den Ohren. Umgesetzt hat er diese Drohung allerdings nie – zu seinem Glück, wie er fand.

Herr Kruse hat Recht, denn dieser „Herr-im-Hause-Standpunkt" ist heute nicht mehr zeitgemäß. Als Eigentümer hat er zwar umfassende Rechte bei der Bestimmung der Ziele. Er kann festlegen, was er produzieren will, unter welchen Bedingungen oder welchen Gewinn er anstreben will, aber dabei muss er mögliche Konfliktsituationen in seine Überlegungen einbeziehen. Diese sind vielfältig. Zum Teil sind sie von außerhalb der Unternehmen gegeben, zum Teil entstehen sie innerhalb der Unternehmen dadurch, dass diese Organisationen sind, in denen viele Personen arbeiten.

Externe (von außen) vorgegebene Einschränkungen:
- Durch zahlreiche Gesetze, z.B. zu sozialen Fragen oder zum Umweltschutz, können der Unternehmensinhaber oder die von den Eigentümern angestellten Manager nicht produzieren, was und wie sie es wollen.
- Für die Arbeitnehmer gibt es Regelungen zum Kündigungsschutz, zum Urlaubsanspruch; einige Gruppen wie Jugendliche, Frauen und Schwerbeschädigte genießen besondere Schutzrechte usw.
- Gefährliche Stoffe dürfen nicht oder nur unter strengen Sicherheitsvorkehrungen hergestellt werden; für Produktionsabläufe existieren zum Schutz der Umwelt zahlreiche Vorschriften; bei Sicherheitsmängeln haftet der Unternehmer.

A

1. In der Bildunterschrift heißt es, dass ein Unternehmensziel auf Druck der Öffentlichkeit geändert werden musste. Welche Ziele hat das Unternehmen verändern müssen und warum?

2. Versucht weitere Beispiele dafür zu finden, wie die öffentliche Meinung Unternehmensziele verändern kann.

- Die Öffentlichkeit erwartet von Unternehmen z.B. soziales und ökologisches Verhalten. Wird dieser Anspruch von Unternehmen missachtet, kann das Ansehen darunter leiden und der Absatz beeinträchtigt werden.
- Kunden kaufen häufig nicht ein beliebiges Produkt, sondern legen Wert auf einen angemessenen Preis, Qualität, guten Kundendienst oder das Ansehen, das mit der Benutzung eines bestimmten Gutes verbunden ist. Werden die Erwartungen der Kunden bei der Festlegung des Unternehmensziels vernachlässigt, schadet das dem Unternehmen.

Unternehmensinterne Einschränkungen

- Eine Einschränkung der Betriebsleitung, die Ziele völlig selbstständig festlegen zu können, stellen die Mitbestimmungsregelungen dar.

Wenn es in einem Unternehmen einen Betriebsrat gibt, kann die Unternehmensleitung ihre Entscheidungen zur Durchsetzung von Zielen nicht völlig selbstständig treffen, sondern muss den Betriebsrat daran beteiligen.

Wenn ein Unternehmen so viele Aufträge hat, dass es nicht möglich ist, diese in der regulären Arbeitszeit zu erfüllen, kann versucht werden, mit Hilfe von Mehrarbeit (Überstunden) die Aufträge zu bewältigen. In diesem Fall muss der Betriebsrat der Mehrarbeit zustimmen, sonst kann sie nicht stattfinden.

Wenn in einem Unternehmen eingestellt oder entlassen wird oder Arbeitnehmer/-innen im Unternehmen umgesetzt werden sollen, muss der Betriebsrat beteiligt werden. Er kann z.B. Entlassungen nicht verhindern, aber er kann dafür sorgen, dass alles korrekt abläuft. Wenn er der Entlassung widerspricht, hat der Arbeitnehmer oder die Arbeitnehmerin bessere Chancen, wenn er oder sie vor dem Arbeitsgericht gegen die Entlassung klagt.

Werden in einem Unternehmen wirtschaftliche Entscheidungen getroffen, z.B. Stilllegung von Betriebsteilen oder Fusion zweier Unternehmen, Einführung neuer Produktionsverfahren, muss der Betriebsrat informiert werden. Er muss Gelegenheit haben, sich zu solchen Maßnahmen zu äußern, aber beeinflussen kann er sie nicht.

Betriebsinterner Protest gegen Rationalisierungen

A

1. Versucht Beispiele dafür zu finden, wie Kunden Unternehmensziele beeinflussen können.
2. Das Bild zeigt den Protest von Mitarbeitern einer Firma gegen Verlagerung. Was könnten Gründe für die Verlagerung sein?

Druckerei

Tischlerei

Großküche

5 Betriebliche Grundfunktionen

5.1 Was passiert in einem Unternehmen?

Carlo: „Als ich am ersten Tag meinen Praktikumsbetrieb, eine Druckerei, betrat, standen um die Druckmaschinen Papierstapel herum, die Maschinen liefen und die Drucker hantierten an verschiedenen Stellen an den Maschinen. Machmal zog einer von ihnen am hinteren Teil der Maschine einen Bogen heraus und kontrollierte ihn. Es war ziemlich laut. Erst als mein Betreuer mich an eine Maschine führte und mir den Ablauf kurz erklärte, sah ich, dass von einem Stapel Papier Bogen für Bogen angesaugt, etwas hochgehoben wurde und dann durch eine Straße von großen Rollen lief. Am Ende der Maschine stapelten sich dann die bedruckten Bogen."

Thea: „In der Tischlerei, in der ich arbeitete, durfte ich am ersten Tag helfen, mit einem elektrischen Schraubgerät vorgefertigte Teile zu Schränkchen zusammenzuschrauben. Dazu mussten zunächst in vorgebohrte Stellen Dübel eingesetzt werden. An der Ständerbohrmaschine, an der die Löcher vorgebohrt wurden, durfte ich nicht arbeiten."

Ingo: „In der Großküche, in der ich mein Praktikum machte, wurde mit vielen verschiedenen Küchenmaschinen gearbeitet. Ich half oft bei der Herstellung von Soßen. Genau abgewogene Mengen von Zutaten, z. B. Kartoffeln, Sellerie, Zwiebeln und Champignons wurden geputzt, klein geschnitten und gar gedünstet. Dann wurde das Gemüse püriert. Zusammen mit Brühe und Gewürzen schüttete es der Koch in ein Gefäß und verquirlte die Masse in ihm. Dann wurde sie auf dem Ofen nochmals erhitzt."

Die drei Schüler haben in ganz unterschiedlichen Unternehmen gearbeitet und von unterschiedlichen Arbeitsabläufen und -ergebnissen berichtet. Und doch kann man die Abläufe einheitlich beschreiben, wobei drei Schritte zu unterscheiden sind.

①	②	③
Carlo: – Papier wird bearbeitet.	– Verarbeitet wird es mit einer Druckmaschine, bedient hat sie ein Drucker.	– Ein bedruckter Bogen Papier ist fertig.
Thea: – Holzteile werden verschraubt bzw. Löcher vorgebohrt.	– Werkzeuge werden eingesetzt von einem Schreiner.	– Ein Schränkchen ist entstanden.
Ingo: – Soßenbestandteile werden zusammengegossen.	– Küchenmaschinen werden von einem Koch benutzt.	– Eine Soße kann serviert werden.

Verallgemeinern kann man für alle Unternehmen:

Materialien werden **ver**braucht.	Werkzeuge und Maschinen werden von Arbeitskräften **ge**braucht.	Ein neues Produkt ist entstanden.

Ganz allgemein sagt man:

Input (Eingabe)	Verarbeitung	Output (Ausgabe)

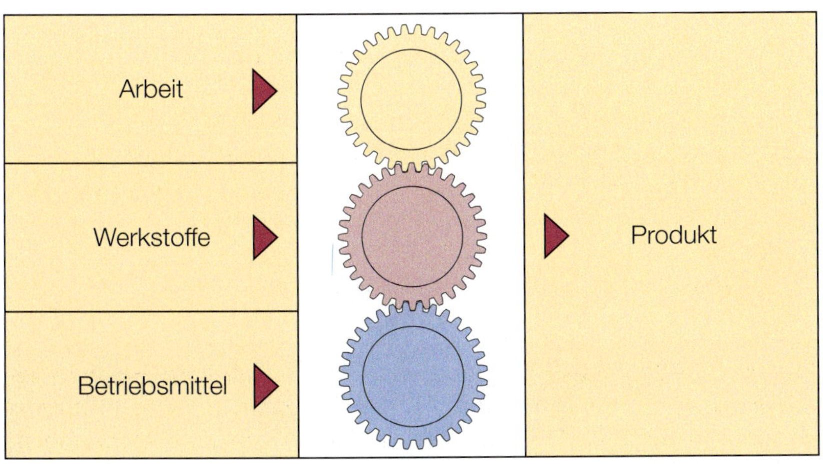

Das Produkt als Ergebnis der Kombination der Produktionsfaktoren

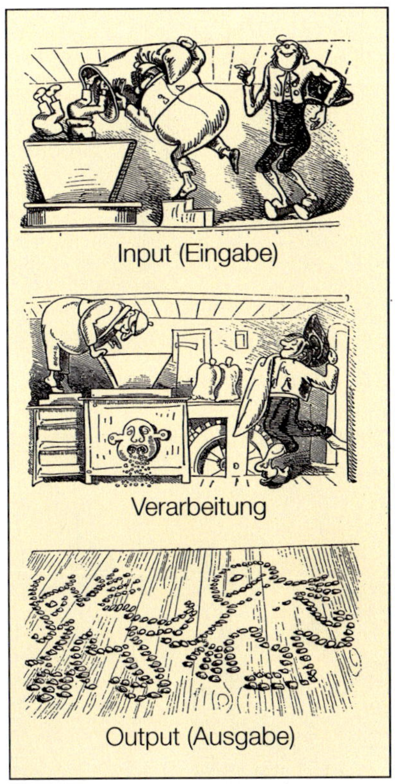

Bösartig, aber einprägsam, hat Wilhelm Busch in Max und Moritz den Produktionsprozess dargestellt.

Betrachten wir den Input genauer: Zum Drucken benötigt der Drucker, der seine Arbeitskraft einsetzt, nicht nur Papier, sondern auch Farbe. Was Carlo nicht beschrieben hat, sind die Druckplatten, von denen Buchstaben und Bilder auf das Papier übertragen werden. Papier und Farbe werden, wie alle Materialien, im Produktionsprozess umgeformt. Die Maschine läuft nicht ohne Strom, die Walzwerke müssen nach dem Druck gereinigt werden, dazu braucht man auch Materialien usw. Schließlich werden die Leistungen der Maschine benötigt. Ordnet man auch hier wieder, dann ist das Ergebnis:

Produktionsfaktor Arbeit

Input

Arbeitskraft	Maschinen-leistung	– Papier als wichtigstes Material – Farbe als Hilfsstoff – Energie und Reinigungsmaterial zum Betrieb der Maschine

Da jeder Produktionsprozess in dieser Form abläuft, spricht man von den **betrieblichen Produktionsfaktoren**.

Arbeit	**Betriebsmittel**	**Werkstoffe**
	– Werkzeuge – Maschinen – Gebäude	– Grundstoffe – Hilfsstoffe – Betriebsstoffe

Betriebsmittel Maschine

Dieser Produktionsprozess, den ihr immer wieder in den Unternehmen beobachten könnt, ist nicht isoliert, wie zwei Fragen zeigen:
- Woher kommen das Papier, die Beschäftigten, die Energie …?
- Wie kommt das Produzierte zu dem, für den produziert wurde?

Die Antworten sind im Grunde genommen einfach:
- Das Papier, ganz allgemein die Werkstoffe, müssen ebenso beschafft werden wie die Arbeitskräfte, die Werkzeuge und Maschinen.
- Jedes Unternehmen muss seine Produkte absetzen.

Daraus ergeben sich die betrieblichen Grundfunktionen.

Werkstoff Papier zum Bedrucken

Grundfunktionen

Beschaffung ▷ Produktion ▷ Absatz

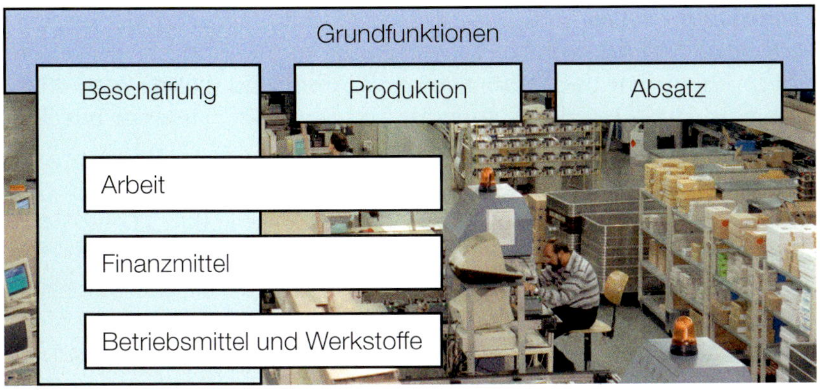

5.2 Beschaffung, Produktion und Absatz

Ein Unternehmen muss drei Aufgaben erfüllen: Es muss die zur Produktion notwendigen Mittel bereitstellen, Sachgüter produzieren oder Dienstleistungen erstellen und diese Leistungen verkaufen, d.h. absetzen. Diese Aufgaben bezeichnet man auch als betriebliche Grundfunktionen **Beschaffung, Produktion und Absatz**.

Beschaffung

Carlo begleitet einen Drucker ins Papierlager. Er staunt über die großen Papierstapel, die dort auf Paletten stehen. „Das reicht bei dem, was wir im Augenblick drucken, gerade mal für drei Wochen. In 14 Tagen kommt die neue Lieferung, denn dieses Papier darf auf keinen Fall ausgehen. Stell dir vor, was bei uns passiert, wenn z.B. Lkw-Fahrer länger streiken würden. Wir säßen dann sehr schnell auf dem Trockenen."

Damit keine Engpässe auftreten, sorgen Personen in allen Unternehmen dafür, dass die benötigten Werkstoffe immer in ausreichender Menge vorhanden sind. Auf der anderen Seite muss darauf geachtet werden, dass nicht zu viele Güter zu lange auf Lager liegen, denn die Lagerhaltung ist sehr teuer. Man muss weiter berücksichtigen, dass für jeden Tag, den Werkstoffe auf Lager liegen, Zinsen anfallen. Um Werkstoffe immer in der gewünschten Qualität und kostengünstig kaufen zu können, müssen die Beschaffungsmärkte ständig beobachtet werden.

Am Anfang des unmittelbaren Arbeitsablaufs in einem Unternehmen steht also die Beschaffung. Zu beschaffen sind in der Regel menschliche Arbeitskraft, Finanzmittel sowie Werkstoffe und Betriebsmittel. Da für die unterschiedlichen Beschaffungsbereiche spezielle Kenntnisse und Fähigkeiten gebraucht werden, sind in den (größeren) Unternehmen verschiedene Beschaffungsstellen vorhanden.

Die Personalabteilung ist für die Einstellung der Arbeitskräfte, die Finanzabteilung für den Kapital- und Kreditverkehr und die Einkaufsabteilung – kurz Einkauf genannt – für die Beschaffung von Werkstoffen und Betriebsmitteln zuständig.

i

Kosten der Beschaffung

Der Kauf von Betriebsmitteln und Werkstoffen kostet Geld. Das sind aber nicht die einzigen Kosten der Beschaffung. Für jedes Unternehmen ist es sehr wichtig, möglichst günstig einzukaufen. Deshalb müssen z.B. Angebote eingeholt und verglichen werden, bevor man sich zum Kauf entschließt. Die Beschaffung als solche verursacht aber ebenfalls Kosten. Auch die Einstellung von Arbeitskräften kostet Geld: Es müssen Anzeigen geschaltet, Bewerbungen überprüft und Bewerber/-innen in Vorstellungsgesprächen ausgewählt werden usw. Bei der Beschaffung von Finanzmitteln ist es nicht anders: Die Angebote von Banken und Sparkassen müssen verglichen werden, bevor ein Kredit aufgenommen wird.

1. Erkundet in einem Betrieb: Was muss beschafft werden, wo wird es beschafft, wer beschafft? Beachtet, dass auch Dienstleistungsbetriebe Werkstoffe (z.B. Strom) und Betriebsmittel (z.B. Computer) benötigen.

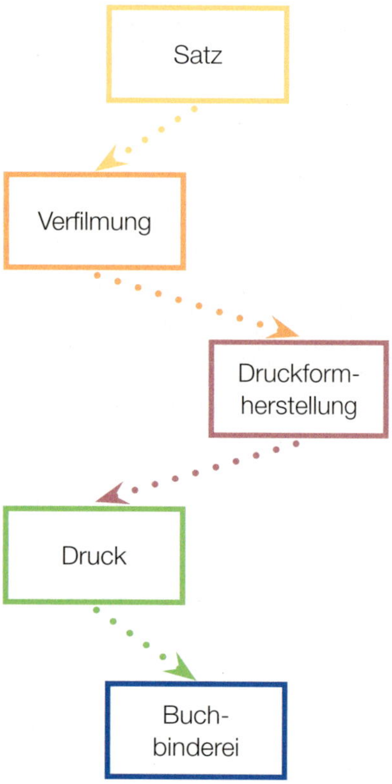

Produktion

1. Reihenfertigung

Schon kurze Zeit nach seinem Praktikumsbeginn wurde Carlo klar, dass eine Druckerei kein isoliertes Unternehmen, sondern nur Teil einer größeren Einheit ist.

Sein Betreuer erzählte ihm: „Weißt du, die Druckplatten, die auf den Rollen eingespannt sind, müssen vorbereitet werden.
Am Beginn steht die Setzerei. Hier werden die Seiten am Computer gestaltet und für den Druck auf Filmen zusammengestellt und ausgegeben. Bei uns werden die Druckplatten direkt vom Satzcomputer für den Druck fertig gestellt, die dann in die Maschine kommen. Es gibt aber auch Betriebe, in denen die Filme noch auf die Druckplatten kopiert werden.
Aber mit dem Drucken ist das Produkt noch nicht fertig. Es kommt in die Buchbinderei und wird dort fertig verarbeitet. Häufig gibt es schon „Buchstraßen“: Hier werden die einzelnen Bogen, die aus der Druckmaschine kommen, automatisch weiter verarbeitet. Bei uns bestehen also noch einzelne Betriebsabteilungen, in anderen Unternehmen sind diese schon fortgefallen.
Übrigens – die einzelnen Produktionsschritte müssen nicht in einem Unternehmen stattfinden. Es kann auch sein, dass die Filme zu einer Druckerei geliefert werden und dass die fertigen Bogen in einen eigenständigen Buchbindereibetrieb gebracht werden.“

Was Carlo kennen gelernt hat, ist eine bestimmte Form der Produktionsorganisation: die „Reihenfertigung“. Die Betriebsmittel und die Arbeitsplätze sind in der Reihenfolge der Arbeitsgänge angeordnet.

Eine besondere Art der Reihenfertigung ist die **Band-** oder **Fließfertigung**, die häufig im Automobilbau, aber auch in anderen Produktionsbetrieben zu sehen ist. Das Charakteristische der Reihenfertigung ist, dass hierbei ein Zeitzwang vorgegeben wird. Das Werkstück läuft auf einem Band an den Arbeitenden in einem bestimmten Zeittakt vorbei. Dabei wird es z. B. Teil für Teil vervollständigt oder kontrolliert.

Fließbandarbeit in einer Brotfabrik und in einer Automobilfabrik

A

1. Die oben dargestellte Reihenfertigung umfasst fünf Schritte. Untersucht, evtl. mit Hilfe von „Beruf aktuell“, ob damit auch fünf Berufe verbunden sind.

2. Der Gegensatz zur Reihenfertigung ist die Einzelfertigung. Überlegt, wie der Produktionsprozess ablaufen müsste, wenn ein Einzelner ein Buch ganz fertig stellen würde.

3. Es gibt Güter, die nicht in Reihenfertigung hergestellt werden. Nennt einige, bei denen Reihenfertigung nicht vorkommt. Begründet, warum dies so ist.

Vorteile der Reihenfertigung (auch Fließfertigung) sind die kurzen Transportwege und ein kürzerer Zeitbedarf. Bei der Fließfertigung müssen gleiche Arbeitsschritte aufgeteilt werden, dadurch ergibt sich eine einfachere Fertigungssteuerung. Der Personalbedarf ist niedriger als bei der Werkstattfertigung und es kann geringer qualifiziertes Personal eingesetzt werden.

Nachteil der Reihenfertigung ist die geringere Flexibilität bei Änderungen des Produktionsprogramms, weil häufig aufwändige Spezialmaschinen und -vorrichtungen eingesetzt werden. Der Ausfall einer Station oder sogar nur einer Maschine kann zum Stillstand der gesamten Produktion führen.

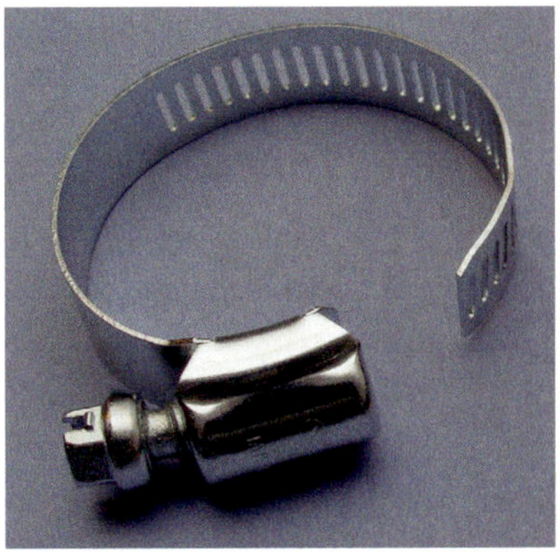

Herstellen einer Schelle mit Reihenfertigung

Am Beispiel der Produktion einer Schelle (siehe Bild) wird eine Reihenfertigung gezeigt:

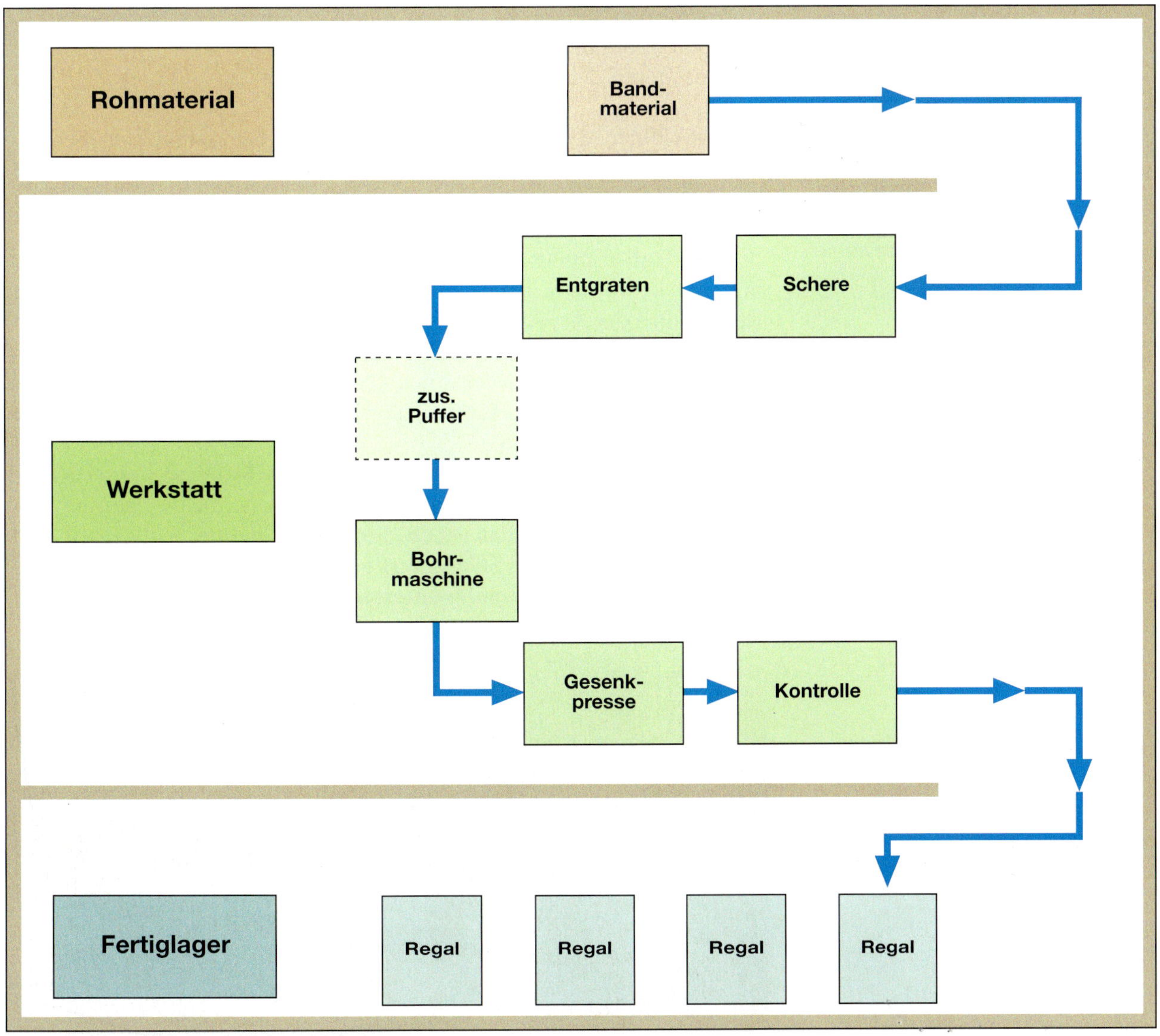

Reihenfertigung

Flechtmaschine

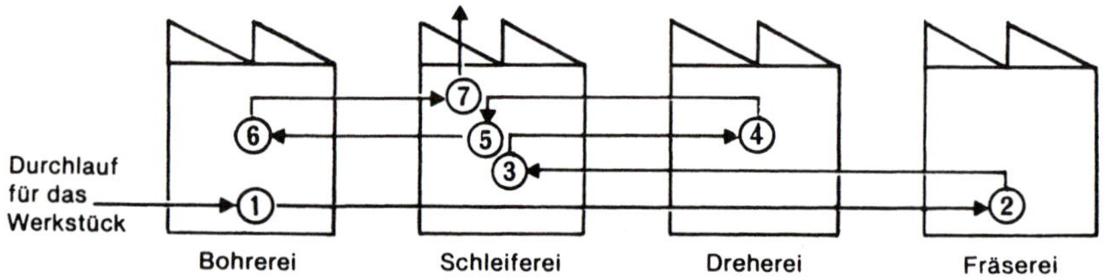

2. Werkstattfertigung

Neben der Reihenfertigung gibt es die „Werkstattfertigung“. Auch dieses Prinzip kann man an einem Beispiel erklären:

Das abgebildete Zahnrad ist Teil einer Flechtmaschine, mit der Seile hergestellt werden. Um aus einem Rohling aus Stahl dieses Zahnrad herzustellen, sind folgende Bearbeitungsvorgänge notwendig:

1. Drehen, um einen maßgenauen glatten Zylinder herzustellen.
2. Verzahnen, um die Zähne des Zahnrads herauszuarbeiten.
3. Bohren, um die mittlere Bohrung anzubringen.
4. Fräsen, um die Nut zu ziehen.

Zahnrad

Die Maschinen, die dazu benötigt werden, sind Bohrmaschinen, Schleifmaschinen, Dreh- und Fräsmaschinen. An den Maschinen sind entsprechend qualifizierte Arbeitskräfte beschäftigt.

Bohr-, Dreh- und Fräsmaschinen sind in bestimmten Bereichen der Fabrikationshalle zu einzelnen Werkstätten zusammengefasst. Die Werkstücke werden von einer Werkstätte zur nächsten transportiert. Die Reihenfolge der Arbeitsgänge ist nicht exakt festgelegt. Möglich wären hier einerseits: Drehen (1), Bohren (3), Fräsen (4) und Verzahnen (2), oder auch: Drehen (1), Verzahnen (2), Bohren (3) und Fräsen (4). Das bedeutet, dass in den Werkstätten gleichzeitig unterschiedliche Produkte gefertigt werden können.

Eine andere Form des Werkstattprinzips ist die Baustellenfertigung. Charakteristisch für diese Organisationsform ist die Anordnung der Produktionsstellen um das Produktionsobjekt herum, wobei zwischen innerbetrieblicher (z.B. Schiffsbau) und außerbetrieblicher (z.B. Brückenbau) Baustellenfertigung unterschieden werden kann.

Brückenbau als außerbetriebliche Baustellenfertigung

Ein Vorteil der Werkstattfertigung ist beispielsweise die hohe Flexibilität des Fertigungsprogramms. Die Umstellung auf ein anderes Produkt geht schnell. Es ist sowohl Einzelfertigung als auch Serienfertigung möglich. Fällt eine Maschine aus, kann trotzdem weiterproduziert werden.

Nachteile der Werkstattfertigung sind z. B. längere Transportwege, das kann einen höheren Zeitbedarf für die Fertigung eines Loses (Anzahl der zu fertigenden Produkte) bedeuten und damit höhere Kosten.

Es müssen unter Umständen Zwischenlager zwischen den Werkstätten eingerichtet werden, wenn in den Werkstätten mit unterschiedlicher Geschwindigkeit produziert wird, auch das erhöht die Kosten. Schließlich ist in der Werkstattfertigung qualifiziertes Personal notwendig.

A

1. Überlegt Beispiele für Produktionsentscheidungen: Welche Produkte, welche Mengen können über welchen Zeitraum bei welchen Fertigungsarten und Fertigungsformen hergestellt werden?

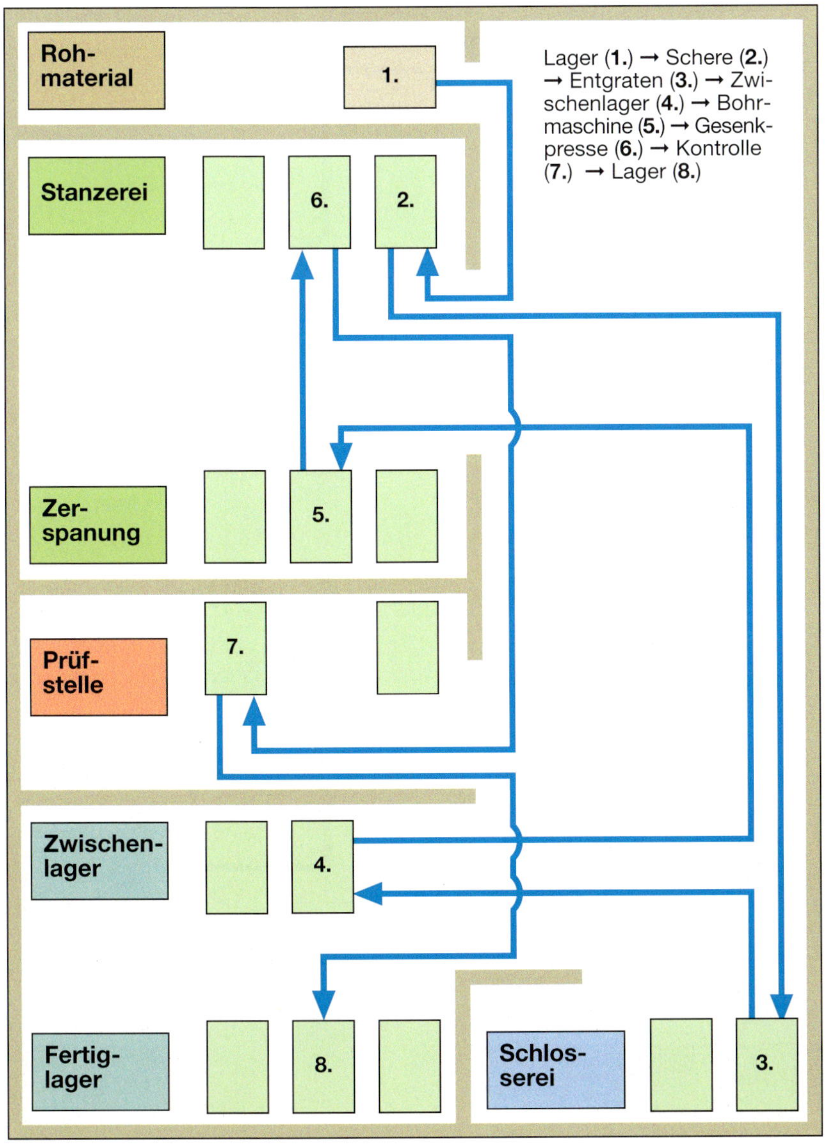

Werkstattfertigung

3. Inselfertigung

Die modernen computergestützten Werkzeugmaschinen (CNC-Maschinen = **c**omputer **n**umerical **c**ontrol), mit denen man bei automatischem Werkzeugwechsel bohren, schleifen, fräsen und polieren kann, ermöglichen eine neuartige Form der Fertigung. Dabei spricht man von Fertigungsinseln oder Fertigungsbereichen. In ihnen steht eine solche Maschine oder es werden mehrere zusammengefasst.

Die Werkstücke, z.B. Zahnräder oder Kettenräder, müssen nicht mehr von einer Werksabteilung zur anderen transportiert werden wie bei der Werkstattfertigung, sondern werden an einem Ort, eben der

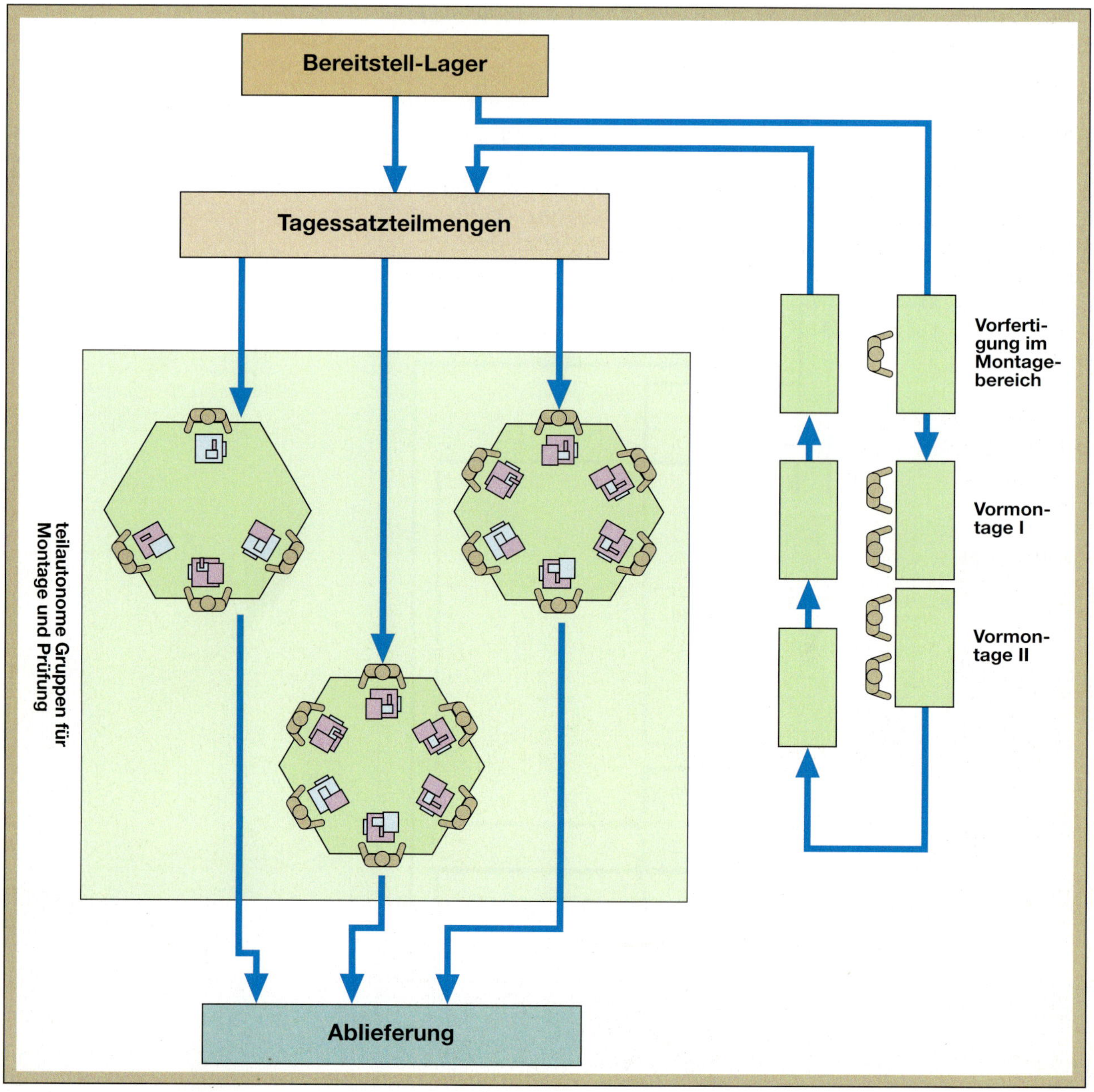

Insel-/Gruppenfertigung

Fertigungsinsel „Zahnrad" oder „Kettenrad" bearbeitet. Dies erspart Zwischenlager, die in den einzelnen Werkstätten nötig waren, und kostspielige Transportwege. Diese Art der Fertigung ist häufig mit Gruppenarbeit verbunden.

Der Personalbedarf ist mittel bis gering, die benötigte Personalqualifikation dagegen ist hoch. Einzel- und Serienfertigung sind möglich.

Nachteile können wie bei der Werkstattfertigung die ungleiche Auslastung der einzelnen Fertigungsinseln sein und dass hohe fachliche Anforderungen an das Personal gestellt werden.

Wir wollen uns die Reihen-, Werkstatt- und Inselfertigung weiter anschauen und uns dabei mit der Frage beschäftigen, welche Fertigungsformen für welche Fertigungstypen (Einzelfertigung, Mehrfachfertigung) eingesetzt werden.

Fertigungstypen

1. Einzelfertigung

Bei der Einzelfertigung werden von einem bestimmten Produkt nur ein Stück oder einige wenige Stücke gefertigt. Im Laufe der Zeit werden möglicherweise ähnliche Teile hergestellt. Ein Beispiel ist ein Schiff eines bestimmten Typs, z.B. Kreuzfahrtschiff. Die Herstellung wird durch eine Bestellung ausgelöst. Das Unternehmen benötigt hochqualifiziertes Personal und braucht universell einsetzbare Maschinen. Jedes Teil muss geplant werden. Die Kosten einzeln gefertigter Teile sind hoch.

2. Mehrfachfertigung

Bei der Mehrfachfertigung können die Massenfertigung, die Sortenfertigung (Chargenfertigung) und die Serienfertigung unterschieden werden.

Schiffbau auf der Meyer Werft in Papenburg

Serienfertigung beim Auto

Tin Lizzy ging 1914 in Serie

Modernes Auto mit Navigationssystem

Von Autos wird häufig behauptet, sie würden in Massenfertigung hergestellt werden. Das Ford T-Modell der 20er Jahre des vorigen Jahrhunderts wird dafür immer gern als Beispiel genommen. Aber schon damals gab es mehrere Ausstattungsvarianten diese Autotyps. Heute ist die Variantenvielfalt bei modernen Autos sehr groß. Das betrifft sowohl die Unterschiede in der Motorleistung als auch die Innenausstattung.

Bei der Autoproduktion kann man deshalb von einer *Serienfertigung* sprechen, bei der es sich um gleichartige Erzeugnisse handelt, bei denen durch Variation einzelner Bauteile unterschiedliche Typen entstehen. Ein sehr großer Teil der Fertigung ist auch hier Auftragsfertigung. Weitere typische Produkte, die in Serienfertigung hergestellt werden, sind Fernsehgeräte oder auch Computer.

Die Produktion von Disketten, CDs oder Büroklammern hingegen ist eine klassische Massenfertigung, weil hier ein gleichbleibendes Produkt in hoher Stückzahl hergestellt wird.

Sortenfertigung (Chargenfertigung) liegt vor, wenn z. B. ein gleichartiger Rohstoff mit unterschiedlicher Größe verarbeitet wird. In der Chemieindustrie werden verschiedene Rohölchargen verarbeitet, die sich hinsichtlich ihrer Zusammensetzung in Abhängigkeit von den Lagerstätten (Nordseeöl, saudi-arabisches Öl) unterscheiden.

Das „schwarze Gold“ enthält bezogen auf sein Gewicht 83 bis 87 Prozent Kohlenstoff, 11 bis 15 Prozent Wasserstoff, 0,1 bis 7 Prozent Schwefel, 0,06 bis 1,5 Prozent Sauerstoff und zwischen 0,1 und 0,5 Prozent Stickstoff sowie Spuren anderer Elemente. Farbe und Geruch der einzelnen Ölsorten unterscheiden sich je nach Herkunft stark.
Der Geruch des Öles hängt von der Menge im Erdöl vorhandener aromatischer Verbindungen und auch von dem gelösten Schwefelwasserstoff ab. Jedes Ölvorkommen unserer Erde besitzt eine eigene, ortsspezifische Zusammensetzung; chemisch absolut identische Öle aus verschiedenen Vorkommen gibt es nicht.
Quelle: www.bpaustria.at/

A

1. Besichtigt, wenn möglich, eine moderne Autoproduktion und erkundet, ob es sich dabei um Massen- oder Serienfertigung handelt. Stellt dazu die Kennzeichen der beiden Fertigungsarten zusammen.

2. Im Internet könnt ihr bei den großen Automobilbauern in Deutschland erkunden, welche Typenvielfalt sie produzieren.

3. Erkundet, ob es in der Textilindustrie Sortenfertigung (z. B. Baumwolle) gibt.

Absatz
Unternehmen produzieren für den Markt, d.h., sie sind darauf angewiesen, dass produzierte Güter und Dienstleistungen von „Verbrauchern" gekauft werden. Verbraucher können Haushalte, andere Unternehmen und der Staat sein. Die Absatzmöglichkeiten eines Produkts oder einer Dienstleistung, also ob das Produkt oder die Dienstleistung auch Käufer finden kann, ist für die Unternehmen eine wichtige Information. Diese verschafft sie sich entweder selbst oder durch ein Unternehmen, das Marktforschung betreibt. Dies können Informationen über die Käufer sein, z.B. ob sie das Produkt zu einem bestimmten Preis kaufen oder nachfragen würden. Es könnten auch Informationen über andere Unternehmen und deren Produkte, Dienstleistungen und Preise sein, mit denen unser Unternehmen im Wettbewerb steht. Man nennt diese Informationen **Marktinformationen**.

Der Marktplatz: der Ort, an dem Wettbewerber sich sofort über die Produkte ihrer Mitbewerber informieren und z.B. durch Preisänderungen den Markt beeinflussen können.

Die Unternehmen versuchen natürlich den Markt zu beeinflussen, um die Absatzmöglichkeiten ihres Produkts oder ihrer Dienstleistung zu verbessern, z.B. durch Werbung oder durch die Preisgestaltung. Das nebenstehende Bild vom Marktplatz ist ein gutes Beispiel für Marktinformation und Marktbeeinflussung.

Die Planungen im Unternehmen, was, wie viel und mit welchen Kosten produziert wird oder eine Dienstleistung angeboten wird, hängt davon ab, welche Absatzmöglichkeiten bestehen.

In einem Unternehmen muss dabei in drei Schritten vorgegangen werden:

1. Es muss zunächst die **Lage** analysiert werden (z.B. Käufer-, Konkurrenzverhalten, Einkommen, Preise).
2. Wenn dies geschehen ist, muss klar sein, welche **Ziele** verfolgt werden sollen: etwa den Marktanteil eines bestimmten Produkts zu erhöhen oder den Umsatz zu steigern oder das Produkt bekannter zu machen und das Unternehmensimage zu steigern.
3. Wenn Lage und Ziele bestimmt worden sind, muss ein Unternehmen entscheiden, mit welchen **Mitteln** dies geschehen soll.

Werbung ist ein absatzpolitisches Instrument.

1. Die nebenstehende Abbildung ist Teil einer ganzseitigen Anzeige für Weihnachts-Süßigkeiten. Welche Überlegungen wird das Kaufhaus vor der Veröffentlichung dieser Anzeige angestellt haben?

2. Welche Arten der Marktbeeinflussung kannst du selbst beobachten?

Instrumente des Marketing

Die Maßnahmen eines Unternehmens betreffen vier Bereiche:

Produktgestaltung

Mit der Produktgestaltung soll vor allem erreicht werden, dass die Käufer das Produkt positiv beurteilen und es Produkten anderer Unternehmen vorziehen. Darum muss das Unternehmen z. B. über die Gestaltung des Produkts, den Namen, und die Verpackung nachdenken. Wichtig ist auch, dass das Produkt dem neuesten technischen Standard entspricht.

Wahl der Absatzwege

Die Produkte und Dienstleistungen müssen die Kunden erreichen. Eine Möglichkeit der Organisation der Absatzwege zeigt die Abbildung links. Daneben gibt es den direkten Absatzweg vom Produzenten zum Konsumenten. Für die Wahl des Absatzweges muss bedacht werden, welche Dienste die einzelnen Glieder einer Absatzkette leisten, um welche Art von Produkten oder Dienstleistungen es sich handelt und welche Kosten eine bestimmte Absatzorganisation verursacht.

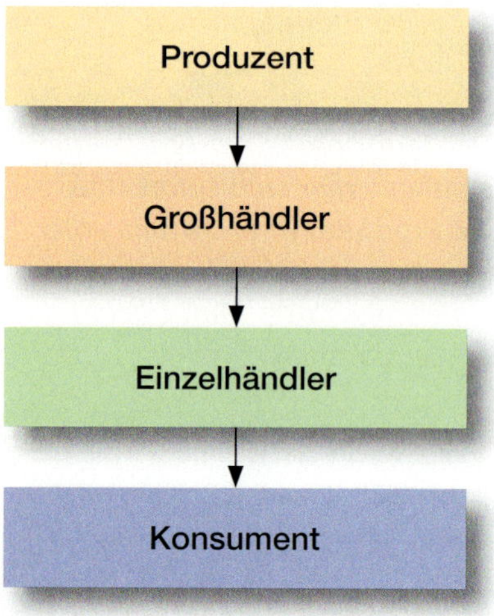

Mehrstufiger Absatzweg

Preisgestaltung

Jedes Unternehmen will einen möglichst großen Anteil der kaufkräftigen Nachfrager auf sich ziehen. Preise sind wichtig für die Kaufentscheidungen der Verbraucher. Preisentscheidungen treffen Unternehmen immer dann, wenn ein neues Produkt oder eine neue Dienstleistung auf den Markt kommt, wenn sich die Nachfrage verändert, wenn die Herstellungskosten höher bzw. geringer werden oder wenn die Konkurrenz ihre Preise ändert. Aber auch die Zahlungsbedingungen wie Rabatte, Skonto oder die Lieferbedingungen (z. B. Lieferung frei Haus) sind ein Teil der Preisgestaltung.

Kommunikationsgestaltung

Bei der Kommunikationsgestaltung wird zwischen Werbung, Verkaufsförderung und Public Relations unterschieden.

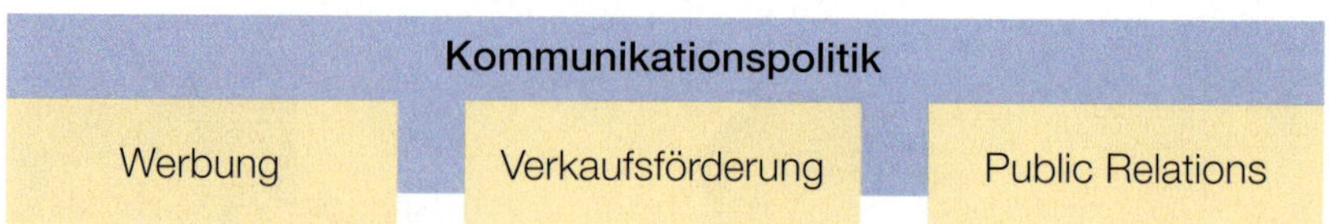

Durch die Werbung sollen die Kunden erfahren, dass es für ihre „Probleme" Lösungen gibt. Ziel der Werbung ist es, den Absatz vorzubereiten, d. h. neue Produkte bekannt zu machen, den Absatz zu erhalten oder ihn zu erweitern. Dazu werden Werbeträger ermittelt und Werbemittel eingesetzt wie Anzeigen, Plakate, Werbespots usw.

Durch die Verkaufsförderung sollen Produktkontakte hergestellt werden. Dazu gehören beispielsweise Proben des Produkts direkt am Verkaufsort (Wein, Käse) oder Produktzugaben (Schlüsselanhänger) oder Sonderveranstaltungen (Modenschauen, Preisrätsel).

Die Public Relations oder Öffentlichkeitsarbeit hat zum Ziel, ein Unternehmen oder eine Branche bekannt zu machen.

A

1. Ein junger Mann eröffnet eine Pflegestation für die Pflege tagsüber. Wie könnte er für sich werben?

P

2. Stelle die Werbung deines Praktikumsbetriebes dar.

Beratung im T-Punkt

Radfahrer des Teams Telekom

Das fertige Produkt

Die Instrumente des Marketing werden für ein Produkt immer zusammen eingesetzt. Man nennt diese Kombination der Instrumente einen Marketing-Mix.

Der Einsatz der Instrumente hängt natürlich von dem Produkt ab, das verkauft werden soll (z.B. Käse oder ein Pkw). Auch spielt eine Rolle, ob die Zielgruppe Privatkunden oder Unternehmen sind.

Eine Marketing-Managerin macht sich Gedanken über den Einsatz verschiedener Marketingpolitiken.

A

1. In der nebenstehenden Abbildung stellt eine Marketing-Managerin Überlegungen an. Welche Überlegung gehört zu welchen Marketing-Instrumenten?

6 Technik verändert alle Lebensbereiche

Der technische Fortschritt hat alle Lebensbereiche des Menschen verändert – angefangen vom Arbeitsplatz im Unternehmen bis hin zum privaten Haushalt. Der technische Fortschritt ist aber nur ein Faktor für die Veränderungen, die ihr in diesem Kapitel kennen lernen werdet.

Zu allen Zeiten haben die Menschen versucht, sich die Natur für ihre Bedürfnisse nutzbar zu machen. Sie haben neue Produkte entwickelt und ihre Arbeitskraft durch die Entwicklung von Maschinen, Geräten und Werkzeugen wirksamer gemacht.

Man braucht sich nur vorzustellen, was passiert, wenn all das mit einem Schlag nicht mehr vorhanden wäre. Bei einigen Menschen würde es schon mit dem Zähneputzen beginnen und Frühstücksei oder Toast ließen sich nicht zubereiten. Viele Tätigkeiten im privaten Haushalt und im Unternehmen sind ohne die moderne Technik überhaupt nicht denkbar.

Landwirtschaft 1950

Zu den frühesten technischen Errungenschaften des Menschen gehörte die Entdeckung des Feuers und die Herstellung einfacher Werkzeuge. Aber die Menschen haben sich selten mit dem einmal erreichten Entwicklungsstand zufriedengegeben. Es können Krankheiten geheilt werden, die in früheren Zeiten unausweichlich zum Tode führten. Dieser technische Wandel, der all unsere Lebensbereiche durchzieht, hat jedoch zwei Gesichter. Das eine Gesicht ist die Erleichterung der menschlichen Arbeit, neue Produkte, neue technische Verfahren und vieles mehr. Das andere Gesicht des technischen Wandels erweckt bei vielen Menschen Angst und Furcht: Maschinen ersetzen Arbeitsplätze, Menschen werden arbeitslos, viele Menschen fühlen sich in ihrem Beruf durch den

Produktion 1950

Dienstleistung 1950

dauernden Zwang, immer etwas Neues lernen zu müssen und sich immer neuen Arbeitsbedingungen anpassen zu müssen, überfordert. Und die Technik dient nicht nur dem menschlichen Fortschritt, sondern sie schafft auch Instrumente, die die Menschen bedrohen: immer perfektere Waffen, Atombomben, Atomraketen.

Technischer Wandel und Fortschritt sind nicht nur ein menschlicher Fortschritt. Der technische Wandel schafft politische, wirtschaftliche und soziale Probleme, die bewältigt werden müssen.

6.1 Unternehmen und technischer Wandel

Industrieroboter – ein Symbol für den technischen Wandel – sind für die einen Wunderwerke der Technik, die keine Nahrung verlangen, keine Pause brauchen und keine Gehaltserhöhungen fordern, für andere sind sie Vernichtungsmittel von Arbeitsplätzen. Wie dem auch sei: Die Unternehmen setzen Roboter ein, um mehr produzieren zu können, ihre Wettbewerbsfähigkeit zu steigern, die Lohnkosten zu senken und um ihren Gewinn zu erhöhen. Natürlich spielt auch die Verringerung der Belastung der Arbeitskräfte eine Rolle: die Entlastung von eintönigen Tätigkeiten, für die zuweilen auch keine geeigneten Arbeitskräfte vorhanden sind. Insgesamt hat der technische Wandel, der sich im Produktionsbereich vollzieht, vielfache Auswirkungen auf Betriebe und Arbeitnehmer.

Landwirtschaft 2005

Die Unternehmen versuchen deshalb, mit anderen Unternehmen im In- und Ausland besser konkurrieren zu können. Für die Beschäftigten ist es notwendig, immer neu hinzuzulernen, um mit dem technischen Wandel Schritt halten zu können.

Produktion 2005

Dienstleistung 2005

6.2 Privater Haushalt

Der technische Wandel hat aber auch weitreichende Auswirkungen auf den privaten Haushalt. Manche modernen Küchen sehen aus wie kleine technische Labors mit einer Vielzahl von Küchengeräten und Maschinen wie Spülmaschinen, Spezialherde, Grillgeräte, Mikrowellen, Mixer, Dampfdrucktöpfe, elektrischen Dosenöffnern, Messern und vielem mehr. Darunter sind auch viele unsinnige Spielereien. Sie kosten viel Geld, sind aber von zweifelhaftem Nutzen.

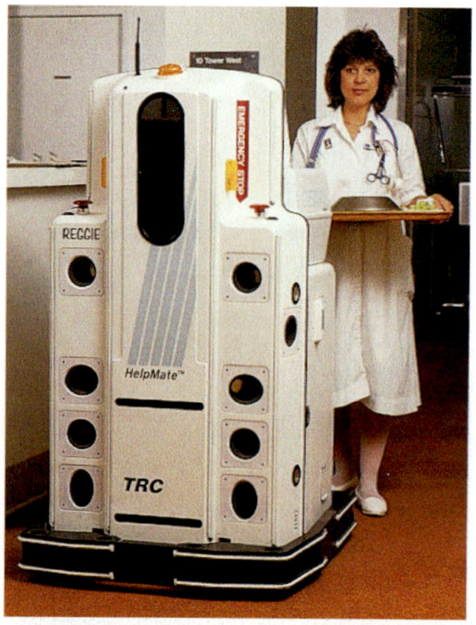

Roboter

6.3 Freizeit und technischer Wandel

Medien aller Art wie Fernsehen, Video, DVD, Radio und Computer sind wichtige Elemente und Instrumente für die Gestaltung der Freizeit vieler Kinder und Jugendlicher. Sehr beliebt sind bei vielen Kindern und Jugendlichen Computerspiele und das Internet. Diese Medien gehören zu unserem Leben und sind daraus nicht wegzudenken. Sie können aber auch missbraucht werden, z. B. durch eine zu intensive oder unsachgemäße Nutzung von z. B. gewaltüberladenen Computerspielen.

Mikrowelle, Mixer

Diese Medien bieten vor allem durch das Internet sehr viele Informationen. Sie können aber auch im gesellschaftlichen Leben eine Rolle spielen, wenn z. B. öffentliche Plätze in den Städten mit Kameras überwacht werden, um Gefahren wie Gewaltanwendungen besser und schneller begegnen zu können.

Der technische Wandel kann immer zwei Seiten haben. Eine positive Seite besteht in der Bereicherung und der Erleichterung des Lebens. Eine negative Seite stellt die Möglichkeiten dar, missbraucht werden zu können. Ob es einen positiven Gebrauch oder einen negativen Missbrauch der neuen Technik gibt, hängt aber immer damit zusammen, wie der Mensch sie einsetzt und damit umgeht.

Surfen im Internet

6.4 Was ist Strukturwandel?

Strukturwandel ist eine dauerhafte Verschiebung in bestimmten Bereichen von Wirtschaft und Gesellschaft im Laufe der Zeit. Die dargestellten Veränderungen haben nicht nur wirtschaftliche, sondern auch soziale und gesellschaftliche Auswirkungen.

Geht z. B. die Arbeitszeit der Erwerbstätigen zurück, dann wächst damit auch die frei verfügbare Zeit. Dies fördert die Entwicklung der Freizeitindustrie (Sportartikel, Auslandsreisen, usw.), aber auch eine mögliche Veränderung des Verhaltens der Menschen. Was macht der Mensch mit seiner Freizeit? Verbringt er sie vor dem Fernsehschirm oder entwickelt er neue Hobbys? Schaut er sich Sportsendungen im Fernsehen an oder treibt er selbst Sport? Chattet er im Internet oder trifft er Freunde persönlich?

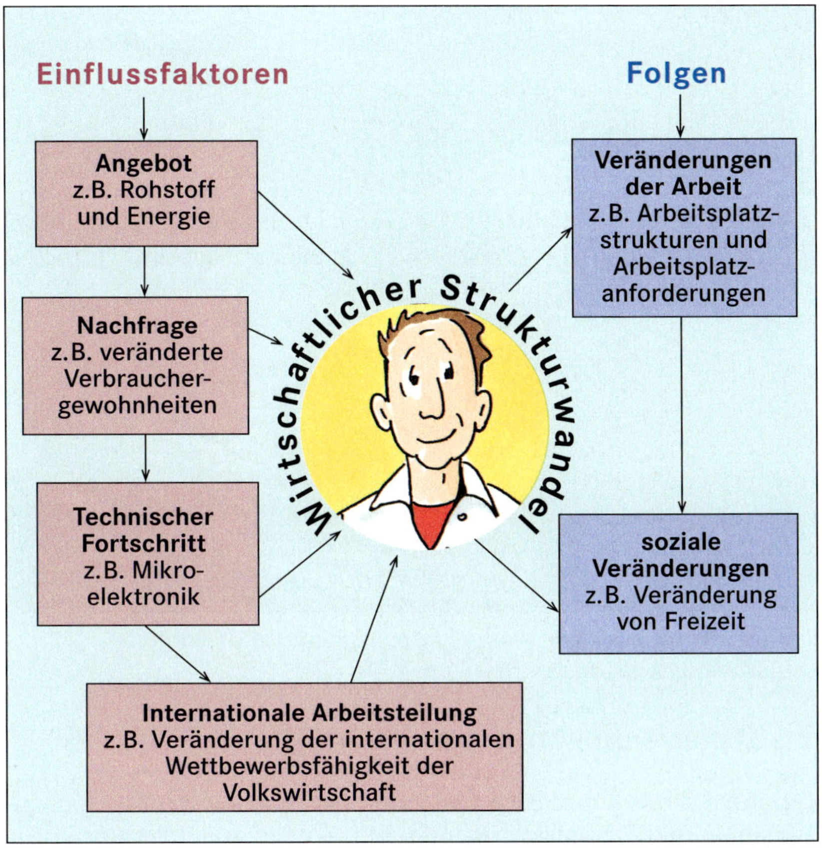

Einflussfaktoren und Folgen des wirtschaftlichen Strukturwandels

Ein weiteres Beispiel: Wird der Anteil der älteren Menschen an der Gesamtbevölkerung immer größer, dann zeugt dies vom guten Gesundheitszustand der Bevölkerung und von einer besseren medizinischen Versorgung, also vom medizinischen Fortschritt. Andererseits steigen aber die Ausgaben für die soziale Sicherung der Menschen in unserer Gesellschaft. Die Ausgaben für die Altersversorgung werden immer höher, immer weniger Menschen müssen mit ihrer Arbeit und ihren Abgaben die soziale Sicherheit garantieren.

Und ein letztes Beispiel: Wenn die Ein-Personen-Haushalte so stark zugenommen haben, dann spricht das für eine gestiegene „Ehe- und Kindermüdigkeit". Großfamilien gaben den Menschen früher z. B. Schutz und soziale Geborgenheit. Heute jedoch verbringen immer mehr Menschen ihren Lebensabend in Altersheimen. Das Zusammenleben von mehreren Generationen in einer Familie förderte auch das gegenseitige Verständnis für die unterschiedlichen Probleme dieser einzelnen Generationen. Heute dagegen sind mehr Menschen auf sich allein gestellt. Sie haben zwar mehr Freiheit, aber auch die Einsamkeit ist gestiegen.

Wir sehen: Der Strukturwandel hat immer mehrere Gesichter. Was sich für eine Gruppe von Menschen als Vorteil herausstellen kann, bedeutet für eine andere Gruppe eine Belastung.

Beispiele für Strukturwandel:

- 40 % aller Erwerbstätigen arbeiteten vor 100 Jahren noch in der Landwirtschaft. Heute sind es nur 5 %. Im Dienstleistungsbereich waren dagegen damals nur 23 % beschäftigt. Heute sind es über 50 %.
  Man sagt: Die Struktur der Erwerbstätigkeit hat sich verändert.
- 1950 waren in der Bundesrepublik 14 % der Menschen 60 Jahre und älter. Durch die erhöhte Lebenserwartung sind es heute schon mehr als 21 %.
  Man sagt: Die Altersstruktur der Gesamtbevölkerung hat sich verändert.
- Die privaten Haushalte müssen für Nahrung und Genussmittel immer weniger aufwenden. 1960 waren es 36 % ihres Einkommens, heute sind es weniger als 25 %. Die Ausgaben für Verkehrszwecke und Nachrichtenübermittlung stiegen im gleichen Zeitraum von 10 auf 16 %.
  Man sagt: Die Struktur der Konsumnachfrage hat sich verändert.
- Auch die Arbeitszeit der Menschen hat sich stark verändert. Arbeiteten sie 1950 durchschnittlich 48 Wochenstunden, so sind es heute weniger als 40 Wochenstunden.
  Man sagt: Die Struktur der Arbeitszeit hat sich verändert.

Durch den technischen Wandel haben sich auch die Arbeitsanforderungen verändert.

Technischer Fortschritt

Traditionelles Handwerk

7 Technischer und gesellschaftlicher Wandel

Durch technischen Wandel verändern sich nicht nur Produkte, technische Verfahren und Organisationsstrukturen, sondern auch die Menschen und die Gesellschaft. Wenn wir uns in eine Welt ohne Autos zurückversetzen, z.B. in das 18. Jahrhundert, dann hatten die Menschen andere Vorstellungen über Zeit, Geschwindigkeit und Reisen. Eine Reise, für die wir heute nur noch Stunden oder Tage benötigen, dauerte früher Wochen oder Monate.

Der Ausdruck „Technischer Fortschritt" hört sich in unserem Sprachgebrauch positiv an. „Fortschritt" ist eigentlich etwas Gutes. Wenn jemand von sich behauptet, er habe Fortschritte gemacht, dann ist er mit sich zufrieden. Er ist auf einem bestimmten Gebiet besser geworden:

Der Sportler kann die 100 Meter schneller laufen, Amira hat sich in ihrem letzten Zeugnis in zwei Fächern verbessert. Für Moritz oder Karoline kann es auch bedeuten, dass sie ihren Mitschülerinnen und Mitschülern gegenüber freundlicher und rücksichtsvoller geworden sind. Für ein Unternehmen kann es bedeuten, dass sich die Gewinnlage verbessert hat. Es stellt sich also immer die Frage: Fortschritt für wen? Wem nützt der Fortschritt?

Viele Menschen kritisieren, was über Jahrzehnte als Fortschritt gepriesen wurde. Zwar haben wir immer bessere und mehr Produkte zur Verfügung – zumindest in den Industrieländern – aber wir müssen feststellen, dass sich daraus auch immer größere Belastungen für die Umwelt ergeben.

Viele Menschen sehnen sich zurück nach dem einfachen Leben „auf dem Lande", sie wollen der Hektik des Fortschritts entfliehen. Aber: Die Technik ist aus dem Leben moderner Industriegesellschaften nicht

Industrieroboter in der Automobilindustrie

„Robbys“, „gefühlvolle Supermänner“, „Industrieroboter“, der „eiserne Kollege“ und viele weitere Namen sind Bezeichnungen für eine Entwicklung, die vor allem in der Autoindustrie mehr und mehr Einzug hält: der Einsatz von Industrierobotern bei der Automobilproduktion.

Sie werden vor allem auf zwei Gebieten eingesetzt:

1. Der Industrieroboter hat die Aufgabe, ein Werkzeug (z. B. Spritzpistole, Bohrer, Punktschweißzange o. Ä.) in eine bestimmte Stellung zu bringen, sodass damit ensprechende Arbeiten durchgeführt werden können (Werkzeughandhabung).
2. Der Roboter hat die Aufgabe, mit Hilfe eines Greifers Werkstücke an einen bestimmten Ort zu transportieren (Werkstückhandhabung).

Industrieroboter übernehmen mechanische Tätigkeiten und entlasten den Menschen von schwerer körperlicher, teilweise auch gesundheitsgefährdender und manchmal stumpfsinniger Arbeit mit zumeist ungünstigen Arbeitsplatzbedingungen, wie z. B. Lärm, Hitze, Schmutz, Dämpfe. Industrieroboter haben natürlich auch noch eine andere Eigenschaft. Sie schaffen mehr als ein Arbeiter. Sie sind „Jobkiller“ und weniger „Jobknüller“. Für einen neuen Arbeitsplatz, der durch die Produktion von Robotern entsteht, fallen fünf Arbeitsplätz weg.

Trotz alledem: Unternehmen, die mit einer starken internationalen Konkurrenz zu kämpfen haben (wie z. B. die Automobilindustrie mit der Konkurrenz aus Japan), können auf den Einsatz von Industrierobotern kaum verzichten.

Industrieroboter

wegzudenken. Um jedoch zu verhindern, dass die Technik uns beherrscht, müssen wir darüber nachdenken, welche Folgen moderne Technologien für den Menschen haben und ob schon alles für den Menschen deshalb gut ist, nur weil es technisch machbar ist.

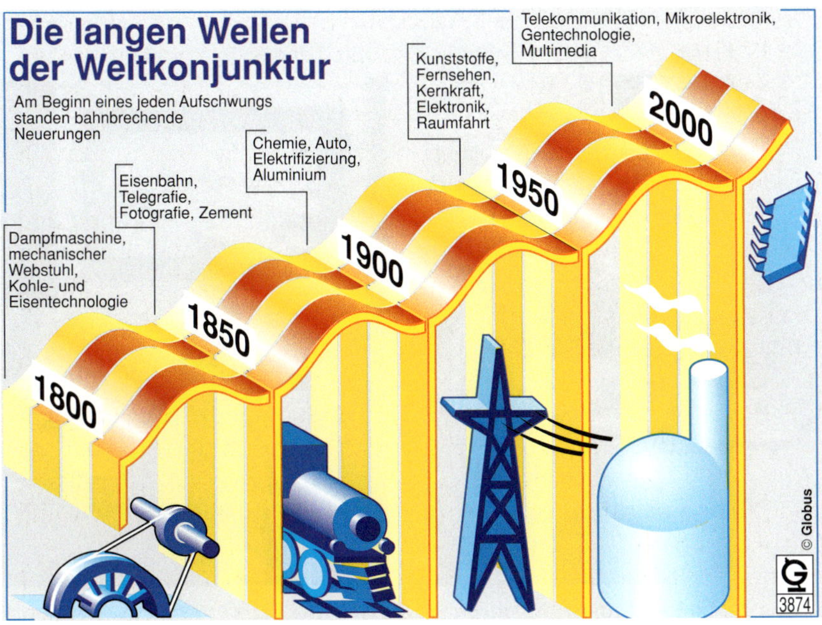

A

1. Begründet, warum die Abhängigkeit vom Auto in einigen Bereichen sehr hoch ist.
2. Was ist mit dem Satz gemeint: „Wenn die Automobilindustrie hustet, bekommen andere Industrien gleich Lungenentzündung.“?
3. Aus welchen Gründen ist es schwierig, den Kraftfahrzeugverkehr einzuschränken?

Moderne Technologien sind:

- Informations- und Kommunikationselektronik
- Bio- und Gentechnik
- Umwelttechnik
- Energietechnik
- Materialtechnik
- Luft- und Raumfahrttechnik
- Verkehrstechnik
- Mikrosystematik
- Laser- und Plasmatechnik
- Medizintechnik

8 Technischer Fortschritt

Technik sollte kritisch betrachtet, aber nicht aus Angst vor Neuem grundsätzlich abgelehnt werden. Die technische Entwicklung lässt sich nicht aufhalten, darum ist es besser, sie zu akzeptieren und auf sie so gut wie möglich vorbereitet zu sein. Eine Volkswirtschaft, deren erfinderische Kräfte erlahmen, verarmt, gleichgültig, wie fleißig die Bevölkerung ist. Deshalb sind neue Ideen der Königsweg zu Wohlstand und Sicherheit.

Auf dem neuen technischen Markt heißt es schnell sein. Fast täglich eröffnen sich neue Geschäftschancen. Für Unternehmen wird es immer wichtiger neue Trends zu erkennen, aber auch selbst anzuregen und zu nutzen.

In diesem Kapitel wird euch beispielhaft für den technischen Fortschritt der Bereich Informations- und Kommunikationstechnik vorgestellt.

Informations- und Kommunikationstechnik

Informations- und Kommunikationstechnik umfasst alle Hard- und Software, die zur Verarbeitung und Weiterleitung von Daten in allen Formen nötig sind. Mit Daten sind Texte, Töne und Bilder gemeint. Hardware ist der Computer, der mit Hilfe von Netzwerken und Modems zu einem kommunikationsfähigen System wird. Weitere Bereiche sind die netzgebundene und mobile Telekommunikation, die satellitengestützte Telekommunikation, die elektronische Unterhaltung und die weltweite Vernetzung (Internet). Außerdem gehören auch die Mikroelektronik, die Entwicklung und Herstellung von Chips und elektronischen Bauteilen sowie alle Dienstleistungen im Informations- und kommunikationstechnischen Bereich dazu.

Informations- und Kommunikationstechnik: Computer, TV, ...

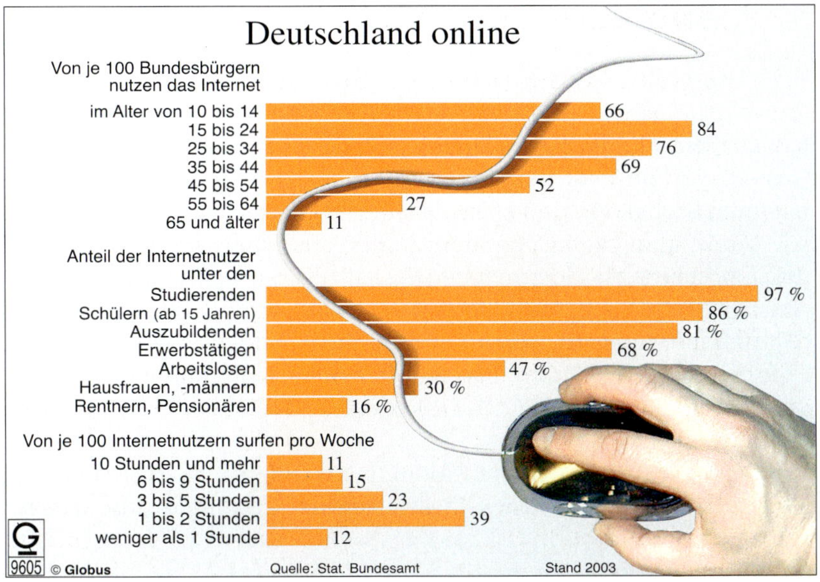

Nicht nur als Telefonkarten, sondern auch für Mobilfunk, für Bankgeschäfte oder für Pay-TV werden Chip-Karten verwendet.

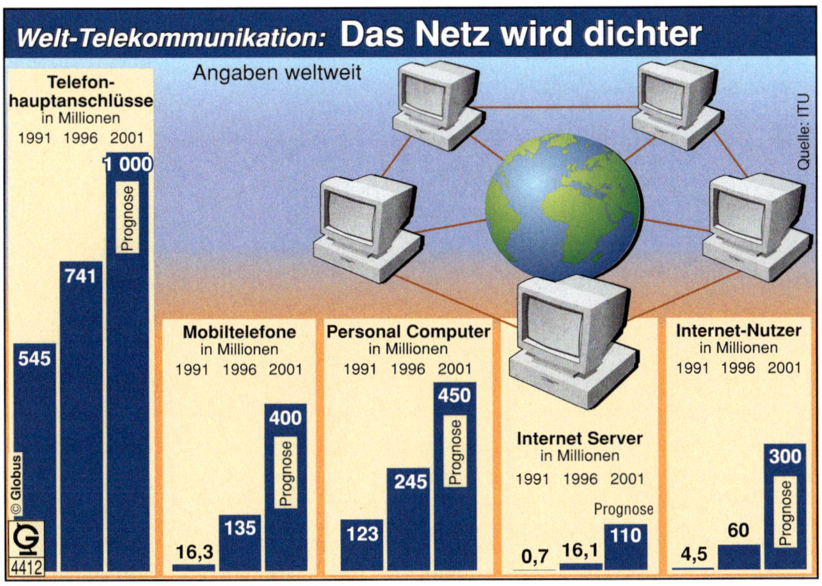

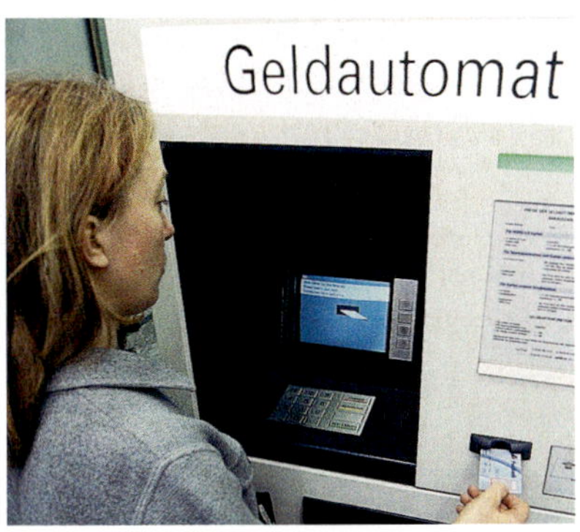

... Handy, Geldautomat

1. Nenne Gründe für die Ablehnung neuer Techniken.

2. Warum wird das Netz der Telekommunikation immer größer? In welchem Bereich sind noch große Zuwächse zu erwarten?

3. Welche Gründe könnte es geben, warum sich Frauen weniger mit dem Computer beschäftigen?

Nachteile für Arbeitnehmer durch einseitige Belastung

9 Auswirkungen der Mikroelektronik

9.1 Auswirkungen auf Unternehmen

Jedes Unternehmen muss danach streben wirtschaftlich zu sein, d.h. Kosten, wo immer es möglich ist, zu verringern, um auf den Märkten mit ihren Sachgütern und Dienstleistungen konkurrenzfähig zu bleiben. Die Verwendung von Computern in der Verwaltung sowie in der Produktion ist für viele Unternehmen deshalb der einzige Weg, um konkurrenzfähig zu bleiben. Vor allem international, weil die Bundesrepublik darauf angewiesen ist, einen Großteil ihrer Produkte ins Ausland zu exportieren (auszuführen). Was erhofft man sich also durch den Einsatz der Mikroelektronik?

Die Mikroelektronik soll die Produktivität steigern, also z.B. mit dem gleichen Aufwand an Arbeit in der gleichen Zeit mehr produzieren. Sie soll
- die Kosten verringern,
- in der Produktion schwere körperliche und gesundheitsgefährdende Arbeit abbauen,
- die Qualität der Produkte erhöhen,
- die Zeit für die Herstellung eines Produktes verringern.

9.2 Auswirkungen auf Arbeitnehmer

Untersuchungen zeigen, dass in Zukunft vermutlich fast 60 % aller Arbeitnehmer an ihrem Arbeitsplatz von den modernen Technologien betroffen sein werden.

Das bedeutet jedoch nicht, dass diese Arbeitnehmer gleich ihren Arbeitsplatz verlieren. Sie werden sich aber umstellen müssen, um mit den neuen Anforderungen fertig zu werden. Sie werden lernen müssen, mit dieser neuen Technik zu arbeiten.

Es besteht kein Zweifel: Die Anwendung der Mikroelektronik im Dienstleistungsbereich (Verwaltung, Banken usw.), im Maschinenbau, in der Druckindustrie, in der Elektrotechnik sowie der Feinmechanik wird zunächst zu Arbeitsplatzverlusten führen. Die Anzahl der Arbeitsplätze, die neu entstehen, wird nach den bisherigen Schätzungen geringer sein, sodass die Arbeitsplatzverluste vorerst nicht auszugleichen sind.

Vor allem die weniger qualifizierten Arbeitskräfte werden von dieser Entwicklung betroffen sein. Eine gute und breit angelegte Berufsausbildung ist zwar noch kein Schutz vor Arbeitslosigkeit, aber immer noch die beste Voraussetzung, um einen Arbeitsplatz zu bekommen und ihn zu behalten.

Die Mikroelektronik wird auch die Arbeitsbedingungen beeinflussen. Die Arbeitsbelastung wird vielfach höher sein, wie z.B. bei der Arbeit

i

Technologische Arbeitslosigkeit wird folgendermaßen erklärt:

- die Entwicklung neuer Materialien als Eingabe in den Produktionsprozess
- die Anwendung neuer Produktionsverfahren bei der Herstellung von Gütern und Dienstleistungen
- die Entwicklung neuer oder qualitativ verbesserter Güter.

Der technische Fortschritt wirkt sich aber nicht nur arbeitssparend sondern auch geldsparend und energiesparend aus.

am Bildschirm im Verwaltungsbereich. Es kann auch eine stärkere Isolierung am Arbeitsplatz auftreten. Durch die einseitigen Belastungen können z. B. Augenschmerzen, Erschöpfung, Rückenschmerzen, Kopfschmerzen, Hautentzündungen auftreten.

Natürlich lässt sich mit Hilfe dieser modernen Technik auch die Arbeit besser kontrollieren und beaufsichtigen. Der Leistungsdruck kann sich erhöhen. Zunächst besteht die Furcht, dass durch den technischen Fortschritt z. B. mit Hilfe der Mikroelektronik die Arbeitslosigkeit noch weiter steigt – mit ihren verheerenden wirtschaftlichen, sozialen und psychischen Folgen für die betroffenen Arbeitnehmer. Deshalb möchten die Gewerkschaften kein Wirtschaftswachstum um jeden Preis, sondern nur dort, wo es angebracht ist und nach ihrer Ansicht verantwortet werden kann, wie z. B. im Umweltschutz oder für den sozialen Wohnungsbau.

Verlangt werden auch bessere Einflussmöglichkeiten auf die Entwicklung und den Einsatz von Technik durch die Arbeitnehmer, um am Arbeitsplatz über die Arbeits- und Leistungsbedingungen auch tatsächlich mitbestimmen zu können. Dort, wo Maschinen den Menschen von schwerer körperlicher Arbeit befreien können, wird dies von den Gewerkschaften begrüßt.

Als besonders wichtig wird es deshalb von den Gewerkschaften angesehen, die Arbeitszeit zu verkürzen, um die Arbeitslosigkeit zu verringern.

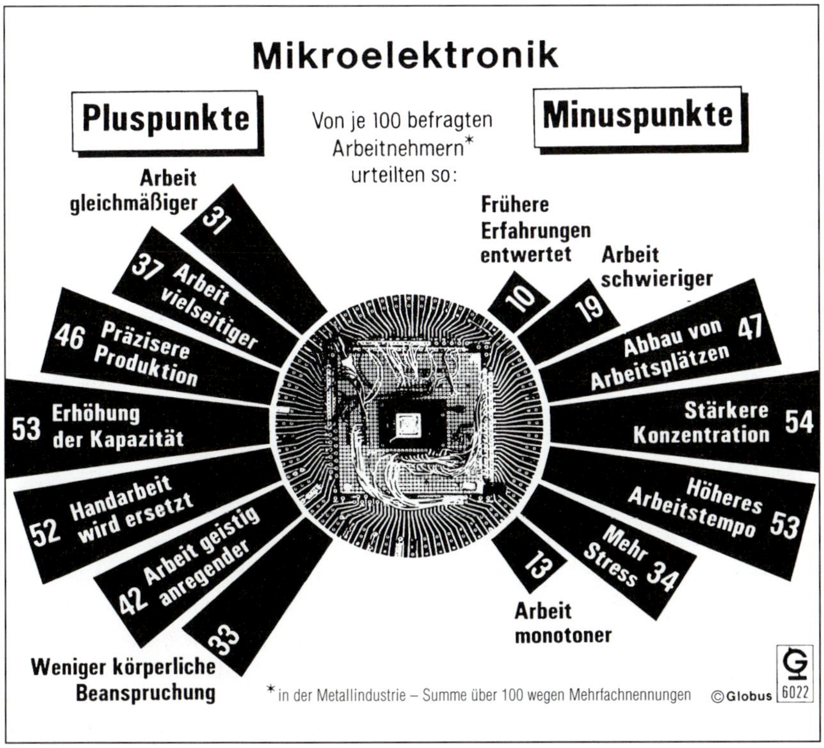

Mikroelektronik am Arbeitsplatz

Irina:
Maschinen einstellen
„Computer und Technik interessieren mich schon immer. Nach der Ausbildung habe ich mich geärgert, dass ich vorwiegend nur die mechanischen Probleme beheben konnte – das war mir zu wenig“, erzählt Irina. Sie wollte aber auch Fehler in der Computersteuerung schnell erkennen und korrigieren können.

Irina hat nach ein paar Jahren Berufserfahrung mehrere Lehrgänge und Seminare besucht. Mit Grundkenntnissen in speicherprogrammierbaren Steuerungen, kurz SPS, und in der Programmierung von Maschinensteuerungen geht sie an das Innenleben des Computers.

„Wenn eine Fehlermeldung auftaucht, muss ich feststellen, wo das Problem liegt. Vielleicht ist es nur ein Bedienungsfehler – der ist schnell behoben.“ Liegt jedoch ein Programmfehler vor, wird es kniffliger. Einfache Bearbeitungsprogramme erstellt Irina selbst. Sie kann auch Programme verbessern. „Es ist immer wieder spannend, wenn ich das Programm eingegeben habe. Macht die Maschine genau das, was ich haben wollte?“

i

Ihr könnt das Thema als mehrtägiges Projekt im Rahmen einer Projektwoche anlegen, aber auch im Rahmen des Fachunterrichts vorbereiten und auswerten und dabei nur an einem Schulvormittag die Erkundungen und Expertengespräche durchführen.

Während der Projektplanung

Projekt: Wandel im Handel durch neue Techniken

1. Zielsetzung

Ziel des Projektes ist es herauszufinden, wie sich das Marktgeschehen aufgrund des Einsatzes neuer Techniken gewandelt hat: Welche wirtschaftlichen und sozialen Auswirkungen für Unternehmen, Beschäftigte und Verbraucher die Computertechnik hat.

Zur Erarbeitung und Eingrenzung des Themas werden die folgenden Leitfragen und Planungshilfen angeboten, die aber nur als Vorschläge und Tipps zu verstehen sind. Gefragt sind eigene Ideen – entscheiden müsst ihr selbst.

Zielsetzung

Leitfragen

- Welche neuen Techniken gibt es im Handel?
- Was hat Betriebe veranlasst, die neuen Techniken einzuführen?
- Was hat sich durch diese neuen Techniken im Handel verändert?
- Welche wirtschaftlichen Auswirkungen haben die neuen Techniken auf die Betriebe?
- Welche sozialen Auswirkungen für die Arbeitskräfte haben die neuen Techniken?
- Inwieweit hat sich das Verbraucherverhalten verändert?

Im Supermarkt

2. Planung

Um die Veränderungen in Einzelhandelsgeschäften vor Ort zu erfahren, müsst ihr euch verschiedene Möglichkeiten der Informationsbeschaffung überlegen und eure Arbeit organisieren.

Möglichkeiten sind z. B.:
- Befragungen in Geschäften, Banken, Institutionen, z. B. Marktleiter, Kassiererin, Käufer;
- Besuch der Verbraucherzentrale;
- Erkundung der Geschäfte, z. B. zur Warenauszeichnung und -anordnung;
- Beobachtung des Käuferverhaltens;
- Umfrage z. B. in der Schule, welche Schüler/Eltern Teleshopping, Homebanking usw. betreiben.

Ihr müsst das Projekt aber nicht nur inhaltlich planen, sondern auch die Organisation:
- Gruppen einteilen;
- Terminplan aufstellen;
- Informationsbeschaffung vorbereiten (z.B. Erkundungsbögen);
- rechtzeitig Termine mit den Betrieben absprechen;
- den Betrieben das genaue Anliegen vortragen, damit sie sich darauf vorbereiten können.
- Geplant werden muss auch die Darstellung des Projekts, z. B. eine Wandzeitung (siehe S. 114/115), damit Materialien beschafft werden.

Planung

Die Ergebnisse werden hier an einem Infostand präsentiert.

Durchführung

Präsentation

Auswertung

3. Durchführung

Mit Hilfe z. B. der vorbereiteten Erkundungsbögen wird jetzt das ausgewählte Projekt durchgeführt.

Ihr müsst einige Grundfertigkeiten beherrschen, damit eure Informationsbeschaffung gut gelingt, z. B.:
- gezielt Fragen stellen können (Interviews);
- stichwortartige Notizen anfertigen.

Informationen auswerten:
- Informationen zusammenfassen;
- Texte schreiben.

4. Darstellung der Ergebnisse

Für die Präsentation der Ergebnisse sind der Fantasie keine Grenzen gesetzt. Eine Idee wäre, die Ergebnisse an einem Infostand in der Schule für alle Schüler und Schülerinnen, Lehrkräfte und Eltern vorzustellen.

5. Auswertung

Es ist hilfreich für weitere Projekte, Befragungen oder Erkundungen, die Ergebnisse der gemeinsamen Arbeit zusammen zu bewerten.

Mögliche Auswertungsschwerpunkte können sein:
- gewonnene Erfahrungen und Erkenntnisse;
- Gründe für aufgetauchte Schwierigkeiten untersuchen;
- Informationswert für die Klasse/für andere Schüler besprechen;
- Planung und Durchführung vergleichen: Welche Ziele haben wir uns gesteckt, was haben wir erreicht?
- Diskussion der Frage: Was war gut, was können wir das nächste Mal besser machen?

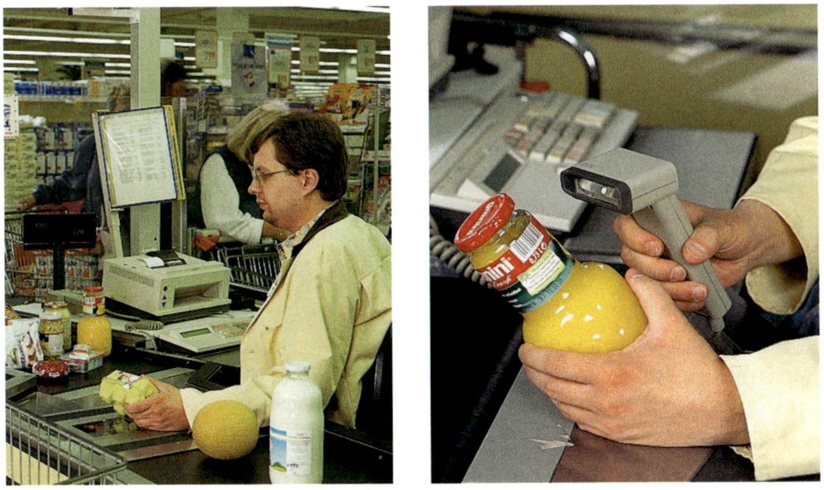

Scannerkassen

9.3 Ein Beispiel: Computer im Warenwirtschaftssystem

Datenkassen und EAN-Code

Vielen von euch wird schon einmal aufgefallen sein, dass die Kassiererin oder der Kassierer im Supermarkt den Preis einer Ware nicht mehr per Hand eingibt. Wie von Geisterhand erscheint der Preis einer Ware auf dem Anzeigenfeld der Kasse, wenn die Ware über ein Glasfenster geschoben wird, unter dem oft rote dünne Lichtstrahlen zu sehen sind.

In anderen Fällen berührt das Personal an einer Kasse die Ware mit einem Gerät, das aussieht wie ein Miniaturstaubsauger oder ein großer Kugelschreiber. Man nennt diese Art von Kassen Computerkassen, Datenkassen oder Scanner-Kassen. Das, was dort über ein Glasfenster geschoben oder mit einem Lesestift berührt wird, ist der sog. Strichcode, der von einem Scanner gelesen wird.

Schon lange besteht die Auszeichnung von Waren im Handel nicht mehr nur aus einem simplen Preisschild. Seit 1977 gibt es den EAN-Code (**E**uropäische **A**rtikel **N**ummerierung).

Auf nahezu allen Waren finden wir heute die Strichcodes. Sie stellen eine maschinenlesbare Ziffernkombination dar. Jeder Ziffernkombination ist dabei in der Datenkasse ein bestimmter Artikel mit seinem Preis und anderen Informationen zugeordnet.

Ein SB-Markt ist in der Regel mit mehreren Datenkassen und den dazugehörigen Lesegeräten (Scannern) ausgestattet. Meist schiebt eine Kassiererin oder ein Kassierer die Waren über eine Lesefläche oder berührt den Strichcode mit einem Lesestift. Damit sind die gekauften Artikel anhand der auf den Waren oder deren Verpackung angebrachten EAN-Nummer identifiziert und registriert. Die Computerkassen erstellen daraus automatisch die Abrechnung (Kassenbon) für die Kunden und errechnen, wenn nötig, das Wechselgeld.

i

4 013756 110738

Der EAN-Code besteht aus 13 Ziffern. Die beiden ersten sind Länderkennziffern, so 40 bis 43 für Deutschland. Die Ziffern 3 bis 7 sind Herstellernummern, die an einen bestimmten Betrieb vergeben werden. Die Ziffern 8 bis 12 sind Artikelnummern, die vom Hersteller einem bestimmten Artikel gegeben werden. Die 13. Ziffer ist eine Prüfziffer, die vom Hersteller nach einem vorgegebenen Muster errechnet werden muss. Diesem Code ordnet das verkaufende Unternehmen einen Verkaufspreis zu.

A

1. Merkt euch während eines Einkaufs die einzelnen Vorgänge und notiert sie später.

Alte Kasse

Datenkassen – Teil eines computergestützten Warenwirtschaftssystems

Die beschriebenen Vorgänge könnt ihr leicht in jedem Kaufhaus mit Datenkassen beobachten. Doch damit ist die Datenverarbeitung in einem SB-Markt noch nicht vollständig erfasst, denn die wichtigsten Dinge laufen für Außenstehende unsichtbar ab.

Beim Kassiervorgang an einer Datenkasse wird nicht nur automatisch abgerechnet. Die eingenommenen Summen, die Art und Menge der verkauften Artikel werden an einen Computer im SB-Markt (Filiale) auf elektronischem Wege weitergeleitet. Die maschinenlesbare Kennzeichnung ermöglicht damit eine vollständige Erfassung des Warenausgangs (Verkaufs) an einer Ladenkasse. Nahezu zeitgleich mit dem Verkauf sind bereits Menge, Art und Preise der verkauften Artikel und die Menge des in der Kasse befindlichen Bargeldes im Computer gespeichert und abrufbar.

Verknüpfungen und Einrichtungen in einem WWS

Diese elektronische Erfassung der Warenbewegungen ist ein Grundbaustein eines computerunterstützten Warenwirtschaftssystems, kurz WWS. In einem solchen WWS melden die Kassen einer Filiale die Daten an den Filialcomputer weiter, der diese zunächst speichert. Mit diesen Daten kann die Geschäftsleitung arbeiten, z.B. schnell etwas nachbestellen oder veranlassen, dass ein Geldbote einen Teil der Einnahmen aus einer bestimmten Kasse nimmt.

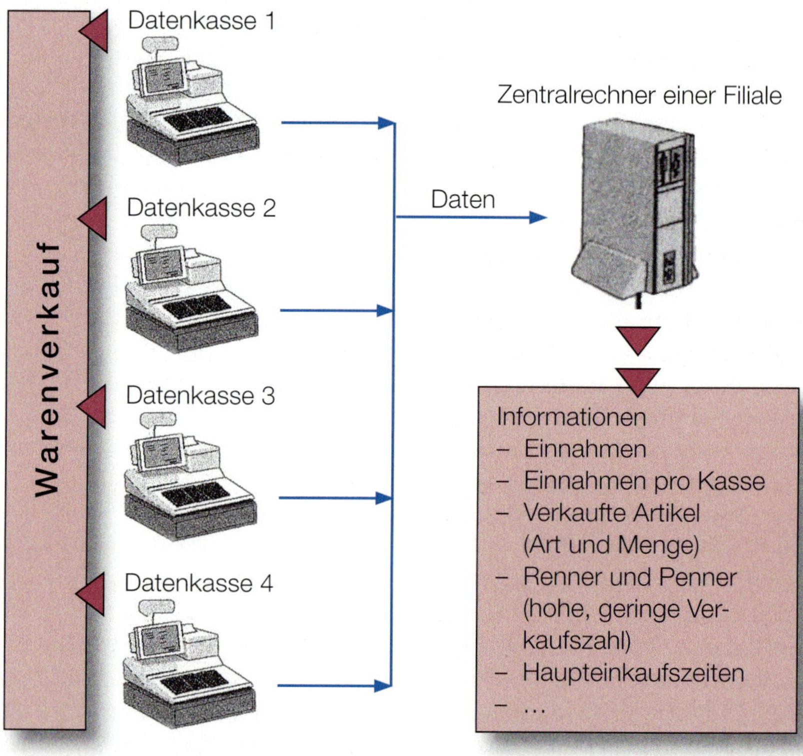

Schemazeichnung eines Warenwirtschaftssystems

A

1. Schildert in eigenen Worten, warum solche Kassen für einen Betrieb vorteilhaft sein könnten.

2. Seht euch die Abbildung des Warenwirtschaftssystems an und beschreibt die Zusammenhänge.

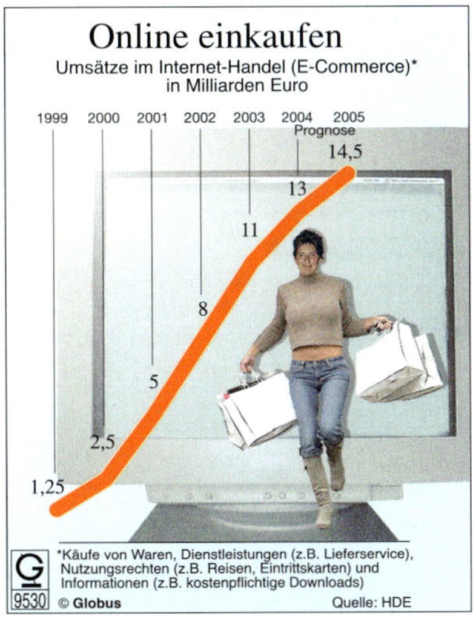

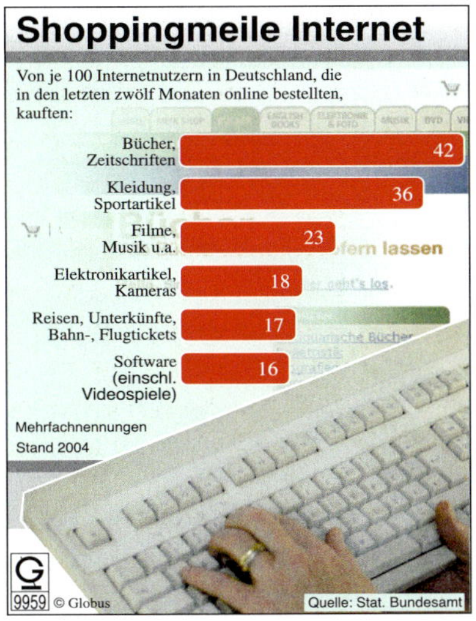

9.4 Kaufen im Internet

Kurz vor dem Schlafengehen hörte Carla noch ihren Lieblingssender. Plötzlich war sie wieder hellwach: gespielt wurde ein neuer Song von Sarah Connor. Die CD mit diesem Song musste sie haben – sofort. Sie stand auf, schaltete den den PC ein, ging ins Internet, wählte die Adresse eines CD-Shops und bestellte diese Muss-CD. Danach ging sie schlafen. Sie wusste, dass zwei Tage später geliefert würde, ohne dass sie in die Stadt fahren müsste und obendrein noch riskierte, dass der Weg umsonst sei, da die CD ausverkauft sei.

Carlas Vorgehen ist nicht ungewöhnlich: Bisher haben die Internetnutzer im Word Wide Web (www) eher nach Informationen gesucht und die Spielmöglichkeiten genutzt. Seit einiger Zeit gibt es immer mehr Anbieter, die mit ihren Waren und Dienstleistungen im Internet vertreten sind und wachsenden Zuspruch haben.

Das Angebot im Internet reicht von Banken und Buchhändlern über Reiseveranstalter zu Immobilienmaklern und Gebrauchtwagenhändlern. In Online-Auktionshäusern wie eBay oder Hood kann man alles Mögliche ersteigern und versteigern.

Wie die oberen Abbildungen zeigen, steigt die Zahl derjenigen, die über das Internet einkaufen, seit Jahren beständig an.

Es gibt, wie Carlas Beispiel zeigt, keine zeitliche Begrenzung beim Durchmustern der Angebote. Das Internet ist rund um die Uhr geöffnet. Ebenso wenig gibt es Ländergrenzen: Wer in amerikanischen oder französischen Angeboten herumstöbern will, kann dies so leicht und schnell tun wie bei deutschen Anbietern. Probleme kann es allenfalls beim Bezahlen geben – aber das kann auch für Käufe im deutschen Internetangebot zutreffen.

A

1. Veranstaltet eine Umfrage, z.B.:
   - Kaufen Sie/kaufst du über das Internet? Welche Artikel?
   - Würden Sie/würdest du über das Internet kaufen? Welche Artikel?

www.schenkbar.de

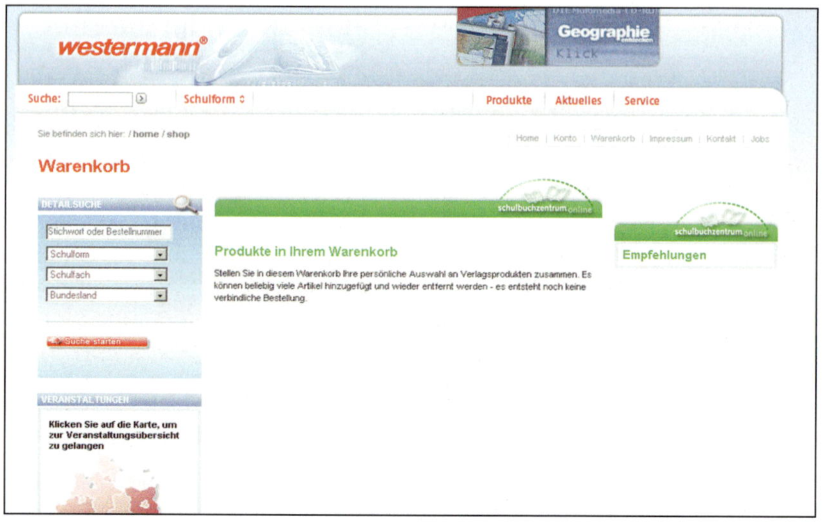

„Warenkorb"-Seite vom Westermann Schulbuchverlag

Welche wirtschaftlichen Veränderungen bringt das Internet?
Es ist sicher: das Internet wird eine Revolution im Handel auslösen. Die Internetgemeinde vergrößert sich alle zwei Wochen um 2.000.000 Menschen. Das bedeutet, dass zahlreiche Waren und Dienstleistungen über das Internet umgesetzt werden. Das so genannte E-Commerce (elektronischer Handel) steht vor gewaltigen Wachstumsschüben.

Die Pessimisten glauben, dass ganze Wirtschaftszweige durch das www untergehen werden. Sie führen z. B. Buchhandlungen als Beleg an. In Internet-Buchläden kann man zwischen einer Million und mehr Büchern auswählen. In großen Buchhandlungen dagegen stehen „nur" einige tausend Bücher, die meisten Bücher müssen ohnehin bestellt werden. Gegen ein solches Angebot sind die Buchhandlungen, so heißt es weiter, machtlos – sie werden schließen.

Allerdings bietet der Internetbuchhandel keine Beratung. Viele Menschen gehen z. B. auch beim samstäglichen Stadtbummel in ihre Buchhandlung, um mal zu stöbern. Die persönliche Beratung ist dabei genauso wichtig wie das Blättern in den ausliegenden Büchern. Richtig ist wohl, dass es in Zukunft beides geben wird: den Internetbuchhandel und den traditionellen Buchladen.

Unbestreitbar bietet das Internet aber auch Vorteile für den Konsumenten:
- Wer z. B. eine Reise buchen will, kann sich ohne großen Zeitaufwand alle Angebote ansehen und das für ihn günstigste aussuchen.
- Ein anderes Beispiel: Wer einen Gebrauchtwagen sucht, kann zum einen genau das in die Suchmaske eingeben, was man sich unter dem „neuen" Gebrauchten vorstellt: z. B. Marke, Alter, Farbe, Ausstattung, gefahrene Kilometer, Preisvorstellungen usw. Zum anderen ist der Kunde nicht auf Informationen aus seiner Region angewiesen, sondern kann bundesweit Angebote vergleichen.

A

1. Befragt Anbieter von hochwertigen Gütern und Dienstleistungen, z. B. Computerhändler, Buchhändler, Reisebüros, ob das Internet für sie eine Konkurrenz darstellt.

9.5 RFID – Das Einkaufswunder

Die Familie des 13jährigen Markus erhält am Wochenende Besuch von Verwandten aus Rheinberg. Markus hört, wie sein Onkel etwas von einem neuen Supermarkt erzählt. Er will wissen, was es mit diesem Supermarkt auf sich hat. Onkel Hans berichtet: „Im Future Store – so heißt der neue Supermarkt – werden Technologien eingesetzt, die es in anderen Supermärkten nicht gibt. Beim Betreten des Future Stores bekommt der Kunde einen Kleincomputer. Dieser heißt „Persönlicher Einkaufsberater“. Damit kann der Kunde eine Einkaufsliste aufrufen, die sich aus seinen Einkäufen der letzten Woche zusammensetzt. Auch das Selbst-Einscannen von Produkten ist mit dem Gerät möglich. Das spart Zeit an der Kasse, denn lange Schlangen können so verhindert werden.“

Gemeinsam mit zahlreichen anderen Unternehmen entwickelt die METRO Group im Rahmen der Future Store Initiative den Supermarkt der Zukunft. Als „Zukunftswerkstatt“ dient dabei ein Markt der Vertriebslinie Extra im nordrhein-westfälischen Rheinberg. Dort werden unter realen Bedingungen Einsatz und Akzeptanz von neuen Technologien im Handel getestet.
(Quelle: http://www.future-store.org/servlet/PB/-s/pdwmjw8trxnp14pv17b1uyl6sj52zllb/menu/1000373_l1/1128950984937).

Die RFID-Technologie des Future Stores macht viele Abläufe einfacher. Zum Beispiel erkennt das Personal schneller, wenn die Produkte in den Regalen zur Neige gehen. Sie können dadurch früher als bisher die Regale auffüllen und damit Leerstände vermeiden. Es können auch Fehler bei der Preisauszeichnung ausgeschlossen werden. Im Future Store funktioniert dies auf elektronischem Wege. Ein einheitliches System sorgt dafür, dass die an den Regalen auf elektronischen Displays angegebenen Preise mit denen, die in den Kassen hinterlegt sind, übereinstimmen. Ändert sich ein Preis, so wird er am Regal, auf den Produkten und in den Kassen automatisch und zeitgleich neu ausgezeichnet.

Wenn Onkel Hans nach einem bestimmten Produkt sucht, hilft ihm dabei auch sein „persönlicher Einkaufsberater“. Der Kleincomputer zeigt ihm auf Knopfdruck an, in welcher Abteilung und in welchem Regal er die gewünschte Ware findet. Erleichterung beim Einkauf bieten auch die so genannten „intelligenten Waagen“: Onkel Hans braucht sich keine Nummern mehr zu merken. Die automatischen Waagen erkennen die Obst- und Gemüseprodukte selbstständig. Deutlich schneller und bequemer geht es im Future Store auch an den Kassen zu. Onkel Hans kann mit seinem Kleincomputer zahlen und braucht dabei seine Waren nicht mehr aus dem Einkaufswagen zu räumen. Oder er zahlt an der Selbstzahlerkasse – ganz ohne Kassiererin.

Der persönliche Einkaufsberater

Die „intelligente Waage“

RFID
= **R**adio **F**reqency **I**dentification.

Jeder Artikel erhält einen Chip, der Informationen an Lager, Kasse und den Persönlichen Einkaufsberater sendet.

Lagerverwaltung

Es tut nicht weh, sagen die Experten. Örtliche Betäubung, ein kleiner Schnitt mit dem Skalpell, ein flinker Handgriff des Chirurgen, und schon sitzt der reiskorngroße Sender unter der Haut. Der so ausgestattete Patient muss beispielsweise künftig beim Arzt nur noch durch eine mit Lesegerät ausgerüstete Schranke gehen – und der Funkchip schickt alle Krankendaten auf den Bildschirm. Keine Zukunftsvision, die RFID-Technik macht es möglich. Dies und vieles mehr und theoretisch auch die Durchleuchtung der Privatsphäre (http://www.onlinekosten.de/news/artikel/18749).

Selbstzahler-Kasse

Ein Schwerpunkt ist die Entwicklung neuer Prozesse in der Lagerverwaltung. Die RFID-Technologie ermöglicht es, Warenbewegungen und Buchungsvorgänge zu erfassen und zu dokumentieren, im Zentrallager ebenso wie bei der Warenlieferung und -bevorratung oder der Regalbefüllung. Auf diese Weise lassen sich Weg und Standort jedes einzelnen Produkts lückenlos verfolgen. Waren können so bedarfsgerecht nachbestellt werden, und die Zahl der Fehllieferungen reduziert sich deutlich. Der Standort der Waren kann über die gesamte Transportkette hinweg verfolgt werden – bis in den Verkaufsraum des Supermarktes.

Es gibt aber auch Einwände gegen die Anwendung der RFID-Technologie: Ihre Eigenschaften können so genutzt werden, dass sie Privatsphäre, Bürgerrechte und Datenschutz gefährden:

Versteckte Anbringung von Etiketten

RFID-Etiketten können in oder an Objekten und Dokumenten angebracht werden, ohne dass die Person, die diese Objekte erwirbt, davon weiß. Funkwellen können ganz leicht und geräuschlos durch Gewebe, Plastik und andere Materialien dringen. Es ist also möglich, RFID-Etiketten auszulesen, die in die Kleidung eingenäht oder auf Objekten angebracht sind, die sich in Geldbörsen und Brieftaschen befinden, in Einkaufstaschen, Koffern usw.

Versteckte Lesegeräte

Die Etiketten können aus einiger Entfernung von Lesegeräten ausgelesen werden, die unsichtbar in nahezu jeder Umgebung angebracht werden können. Man hat RFID-Lesegeräte bereits versuchshalber in Fußbodenbretter eingebaut, in Teppiche und Bodenmatten eingewebt, in Türrahmen versteckt und unauffällig an Einzelhandelsregalen und Verkaufspulten angebracht. Dadurch wurde es für den Verbraucher nahezu unmöglich zu erfahren, wann oder ob er oder sie „gescannt" wurde.

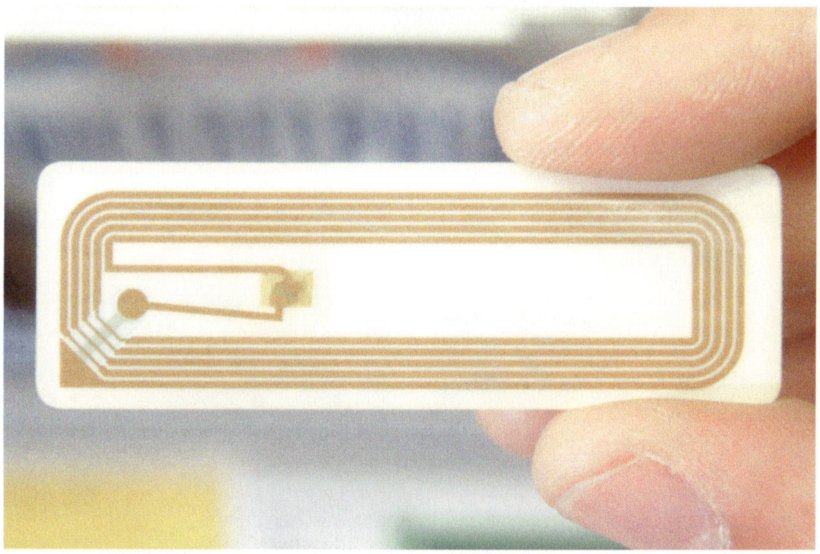

RFID-Chip

Wir haben uns das wirtschaftliche Handeln in Unternehmen angesehen und dabei festgestellt, dass die Produktion von Sachgütern und Dienstleistungen die wesentliche Leistung der Unternehmen darstellen. Des Weiteren sind sie auf unterschiedlichen Märkten tätig. Das wirtschaftliche Handeln auf diesen Märkten ist die Voraussetzung dafür, dass Unternehmen existieren können.

Einkaufsmärkte:
Arbeitskräfte, Betriebsmittel und Werkstoffe, Finanzmittel

→

Unternehmen:
Produktion von Sachgütern und Dienstleistungen mit Arbeitsteilung

→

Absatzmärkte:
Sachgüter und Dienstleistungen an Haushalte und Unternehmen

Zwischen Haushalten und Unternehmen bestehen Beziehungen:
- Haushalte stellen den Unternehmen Arbeit, Boden und Kapital zur Verfügung und erhalten dafür Einkommen.
- Unternehmen produzieren Sachgüter und Dienstleistungen für den Konsum der Haushalte.
- Die Haushalte konsumieren die Güter und zahlen mit ihrem Einkommen.

Wir haben Unternehmen unterschieden, sie in Produktionsbetriebe und Dienstleistungsbetriebe aufgeteilt und gleichzeitig die Unternehmen den drei Wirtschaftssektoren zugeordnet. Die folgende Grafik zeigt die Entwicklung der Beschäftigung in den Wirtschaftssektoren.

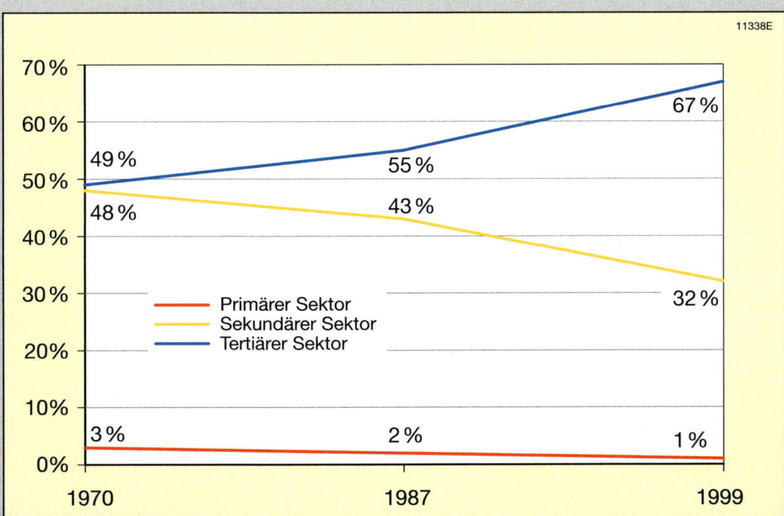

Quelle: Arbeitsstättenzählung, Erwerbstätigenrechnung des Bundes und der Länder 2002

A

1. Die obere Grafik fasst das Unterkapitel 1 zusammen. Die Pfeile stehen für Dinge, die in das Unternehmen hineinkommen oder herauskommen. Gibt es für jeden Pfeil auch einen, der in umgekehrter Richtung läuft und was stellt dieser Pfeil dar?

2. Welche Verbindungen bestehen zwischen Haushalten und Unternehmen? Zeichnet den einfachen Wirtschaftskreislauf und erklärt mit ihm.

3. Was sagt die untere Grafik über die Entwicklung der Beschäftigung in den drei Wirtschaftssektoren aus?

1. Welche Ziele verfolgt das Unternehmen und in welchem Zielkonflikt will es ausgleichen?

2. Macht einen Vorschlag, wie Beschaffung, Produktion und Absatz in einem Unternehmen, das Fahrräder herstellt, organisiert sein müssten. Was sind dabei grundlegende Fragestellungen?

3. In der Grafik „PC-Kenntnisse" werden unterschiedliche Stufen der Kenntnisse genannt. Sind die PC-Kenntnisse in Deutschland eher weit verbreitet oder weniger?
Eine weitere Information: An ca. 70% der Arbeitsplätze in Deutschland werden computergesteuerte Arbeitsmittel eingesetzt. Bringt diese Information zu der Grafik in Beziehung.

Hinweis zum Projekt: Versucht in eurer Region solche Supermärkte der Zukunft oder andere Geschäfte, die mit neuen Technologien arbeiten, zu finden.

Wir haben grundlegende Merkmale von Unternehmen kennen gelernt: Sie und die Mitarbeiter in den Unternehmen haben Ziele und müssen diese im Betrieb, aber auch mit der Umwelt und mit der Gesellschaft abstimmen.

Unternehmensziele eines Ingenieurbüros (Bauplanung, Bauleitung)
Wir haben unser Unternehmensziel darauf ausgerichtet, integrierte Gesamtleistungen sowohl in der Planungs- als auch in der Ausführungsphase zu erbringen, die den ökonomischen und ökologischen Belangen gerecht werden. Unser Team erbringt alle Ingenieurleistungen selbst. Seit fünfzehn Jahren werden bei uns alle Planungsleistungen digital an modernen EDV-Arbeitsplätzen bearbeitet. Dieses ermöglicht eine effiziente Bearbeitung mit hoher Qualität.
Quelle: www.sms-ing.de/unternehmensziele.htm

Ganz wichtig für ein Unternehmen sind die betrieblichen Grundfunktionen Beschaffung, Produktion, Absatz. Diese Grundfunktionen müssen gewährleistet sein, damit ein Unternehmen existieren kann.

Technik verändert alle Lebensbereiche. Das betrifft Unternehmen, private Haushalte und die Gestaltung der Freizeit. Das Schlüsselwort dafür ist Strukturwandel. Als Strukturwandel bezeichnet man eine dauerhafte Veränderung in den genannten Bereichen und in der Gesellschaft. Ein wesentlicher Faktor des Strukturwandels ist die Technik. Technik wird in allen Bereichen des Lebens und in der Gesellschaft eingesetzt. Sie kann vorteilhaft sein, kann aber auch Gefahren mit sich bringen. Insbesondere die Entwicklung der Informations- und Kommunikationstechnik spielt in allen Lebensbereichen eine immer größere Rolle.

Bezogen auf die Arbeits- und Wirtschaftswelt hat die Mikroelektronik Auswirkung auf die Unternehmen, insbesondere unter dem Gesichtspunkt der Kosten. Für die Arbeitnehmer kann es zum Wegfall von Arbeitsplätzen führen, die nicht durch die Schaffung neuer Arbeitsplätze ausgeglichen werden. An den Arbeitsplätzen werden die Anforderungen an die Qualifikation höher.

Im Handel in den Warenwirtschaftssystemen, z. B. beim EAN-Code, sind Computer nicht mehr wegzudenken. In diesem Bereich finden immer weitere Entwicklungen statt, wie beim Supermarkt der Zukunft gesehen werden konnte. Die gesamte Kommunikation mit dem Kunden wird neu ausgerichtet: Info-Terminals, elektronische Preisschilder und Werbedisplays informieren über die angebotenen Produkte und beraten bei der Auswahl der Waren.

Electronic Cash und Kaufen im Internet sind weitere Stichworte für die Möglichkeiten des Einsatzes der Informations- und Kommunikationstechnologien.

V Berufsorientierung und Berufswahl

Bevor wir uns eurer Berufswahl zuwenden, erfahrt ihr zunächst etwas über die Bedingungen der Arbeitswelt. Ihr lernt kennen, was Arbeit bedeuten kann und erfahrt, wie sich die Berufs- und Arbeitswelt durch Arbeitsteilung, technischen Fortschritt und moderne Wirtschaftsformen verändert. Berufe wandeln sich, fallen weg, neue entstehen. An den Einzelnen werden immer neue Anforderungen gestellt.

Arbeiten als Schweißer

Arbeit am Fließband

Erzieher

1 Arbeit und Beruf

1.1 Was Arbeit bedeuten kann

Würde man einem Arbeiter und einem Unternehmer die Frage stellen: „Was bedeutet für Sie Arbeit?“, so würde vielleicht der eine antworten: „Lebensunterhalt, Verdienst, Geld“, und der andere: „Arbeit ist ein Produktionsfaktor.“

Beide Antworten erklären „Arbeit“ aber nur unvollständig, denn Arbeit hat für den Menschen eine viel wichtigere Bedeutung: Sie kann Mühe, Plackerei und Zwang sein, eintönig und menschenunwürdig erscheinen. Sie kann aber auch Freude bereiten, Anerkennung und Ansehen bringen. In der Arbeit kann der Mensch die Erfüllung seines Lebens finden. Dieses Kapitel soll euch helfen möglichst den Beruf zu finden, der euren Neigungen und Fähigkeiten entspricht und euch Spaß macht.

Wenn man keine Arbeit hat

Was für den Menschen die Arbeit bedeutet, wird nur dem in vollem Umfang klar, der schon einmal arbeitslos war. Dazu stellt der britische Arzt, Professor L. Rees, fest: „Zunächst betrachtet der Arbeitslose den Verlust seines Arbeitsplatzes als vorübergehende Erscheinung und richtet sich auf einen ‚verdienten Erholungsurlaub‘ ein. Sobald aber dieses Gefühl schwindet, geraten die Betroffenen in einen Zustand der Erschöpfung. Die Spannungen innerhalb der Familie wachsen und kleine Meinungsverschiedenheiten werden zu handfesten Auseinandersetzungen. In einem dritten Stadium ergreift den Arbeitslosen dann ein Gefühl der Hoffnungslosigkeit. Aus finanziellen Gründen wird das gesellschaftliche Leben eingeschränkt. Die Arbeitslosen fühlen sich minderwertig und unfähig für ihre Familien zu sorgen.“

(aus: Süddeutsche Zeitung)

A

1. Beschreibt die Tätigkeiten auf den drei Bildern. Welche Auswirkungen hat die jeweils dargestellte Arbeit auf Menschen?

2. Stellt zusammen, welche Bedeutung Arbeit und Beruf für euch persönlich haben.

3. Was kann es für jemanden bedeuten arbeitslos zu sein?

1.2 Arbeitsteilung: Entwicklung, Formen und Folgen

Arbeitsteilung kennt ihr sicherlich aus euren Familien, wo alle Mitglieder ihren Anteil an der Hausarbeit leisten (sollten). Arbeitsteilung war und ist aber auch eine wesentliche Ursache für die Entstehung von Berufen. Und diese Arbeitsteilung schreitet ständig voran. Sie hat sich in den letzten fünfzig Jahren beschleunigt und zu erheblichen Veränderungen auf dem Arbeitsmarkt geführt. Berufe haben sich gewandelt, einige sind ganz verschwunden, neue sind entstanden.

Das Beispiel Hausbau: Über Jahrhunderte waren am Hausbau vor allem Maurer, Zimmerer und Dachdecker beteiligt. Heute werden neben den traditionellen Berufen Tiefbaufacharbeiter, Trockenbaumonteure, Heizungsbauer und Elektroniker benötigt.

Besonders charakteristisch für die letzten Jahrzehnte ist die internationale Arbeitsteilung. Die immer schnellere Globalisierung des Welthandels, die immer engeren Verflechtungen der Unternehmen haben dazu geführt, dass viele Waren nicht mehr in einem Land hergestellt werden, sondern dass Unternehmen aus mehreren Ländern an der Produktion beteiligt sind. Typisch dafür ist die Fertigung des Airbus, ein Produkt der EU, an dem Unternehmen aus Großbritannien, Frankreich, Spanien und Deutschland beteiligt sind. Ebenso ist der Skoda kein rein tschechisches Produkt mehr, denn die Motoren und viele andere Bauteile werden von VW geliefert.

Globalisierung bedeutet aber auch, dass die deutsche Wirtschaft in harter Konkurrenz zu anderen Länder steht. Viele Produkte werden im preiswerteren Ausland gekauft. Und wenn z.B. im Nachbarland die Löhne niedriger sind als bei uns, vergeben deutsche Unternehmen Arbeiten dorthin oder sie bauen dort Zweigwerke.

Für die deutschen Arbeitnehmer/-innen bedeutet das: lernbereit, gut ausgebildet, anpassungsfähig (flexibel) und beweglich (mobil) sein.

Arbeitsteilung in der Familie

Hausbau

A

1. Beschreibt, in welcher Weise in eurer Familie die Arbeitsteilung erfolgt.

2. Tragt Argumente für eine Diskussion zu den Vorteilen und Problemen einer internationalen Arbeitsteilung zusammen.

1.3 Arbeitsteilung, technischer Fortschritt, Strukturwandel: Berufe verändern sich

Arbeitsteilung ist eine Ursache für die Entstehung, Entwicklung und Veränderung von Berufen. Eine weitere Ursache ist der technische Fortschritt und der damit verbundene Strukturwandel in Wirtschaft und Gesellschaft. Darüber wurde im vorangegangenen Kapitel „Produktion, technischer Fortschritt und Strukturwandel" berichtet. Arbeitsteilung, technischer Fortschritt und Strukturwandel beeinflussen sich auch gegenseitig. Verfolgen wir dazu einmal, wie sich die Berufe im Kfz-Handwerk in den letzten Jahrzehnten verändert haben:

Nach dem Ersten Weltkrieg stieg der Autobestand rasch an und die Autotechnik wurde immer komplizierter. So entstanden die Berufe „Kfz-Mechaniker/-in" und „Kfz-Elektriker/-in", die sich meist aus dem Schmiedehandwerk heraus entwickelten. Zunächst mussten nämlich viele Ersatzteile selbst angefertigt werden, insbesondere bei der Motoreninstandsetzung. Das hat sich dann aber grundlegend geändert; die Fehlersuche und der Austausch von Ersatzteilen wurde immer wichtiger, sodass 1973 eine neue Ausbildung für „Kfz-Mechaniker/-innen" und „Kfz-Elektriker/-innen" entstand. Vor allem die elektronischen Bauteile setzten sich immer mehr durch. So genannte „mechatronische Systeme" sind mittlerweile Standard. Es gibt kaum einen Pkw, der nicht mit ABS, Katalysator, Airbag, Zentralverriegelung oder Pneumatik ausgerüstet ist.

Aus diesem Grund wurden am 1. August 2003 die Ausbildungsberufe „Kfz-Mechaniker/in", „Kfz-Elektriker/-in" und „Automobilmechaniker/-in" zum neu geschaffenen Beruf „Kfz-Mechatroniker/-in" zusammengeschlossen. Die klassischen Reparaturarbeiten gibt es zwar immer noch, z. B. Bremsen, Kupplungen, Auspufftöpfe erneuern. Jedoch ist der Mechatroniker zunehmend in der Wartung, Prüfung, Aus- und Umrüstung von Pkw tätig. Der Beruf ist interessanter, aber auch anspruchsvoller geworden. Es gilt, mit Hilfe von automatischen Mess- und Prüfungsgeräten selbstständig Fehler zu finden und nach Lösungen für ihre Beseitigung zu suchen. Auch auf kompetente Kundenbetreuung wird erhöhter Wert gelegt.

i

Was sind mechatronische Fahrzeugsysteme?

Zur Ausstattung eines Fahrzeuges gehören heute eine Reihe mechatronischer Systeme, wie z. B. Motormanagement, Bremssysteme, Lenksysteme, Automatikgetriebe, Fahrwerksysteme, die elektronisch vernetzt sind und durch eine komplexe Wechselwirkung zwischen elektronischen und mechanischen Komponenten gekennzeichnet sind.
(Quelle: www.bibb.de)

A

1. Nennt Beispiele, wie sich mit der Entwicklung der Autoindustrie auch neue Berufe entwickelt haben.

Kfz-Werkstatt früher …

… und heute

Beispiele für Dienstleistungsberufe

1.4 Immer mehr Dienstleistungen

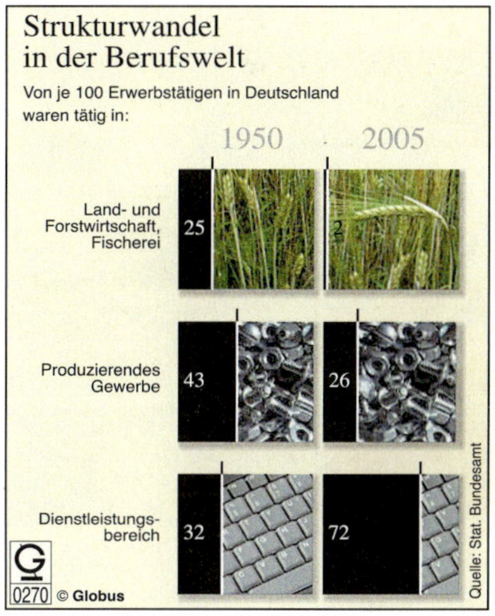

Immer mehr Dienstleistungen
Schuhfabriken produzieren Schuhe, VW produziert Autos. Aber was produziert ein Taxiunternehmen? Nichts? Doch! Neben Unternehmen, die Sachgüter/Waren herstellen, gibt es Betriebe, die so genannte Dienstleistungen „produzieren".

Zu den Dienstleistungen zählen vor allem Tätigkeiten im Handel, im Verkehr und bei den staatlichen Organisationen. Klassische Dienstleistungen finden sich in Reisebüros, Banken, Versicherungen, bei Friseuren, Behörden, Speditionen, Reinigungen, in der Kommunikationsbranche, im Gesundheitswesen, bei Fluggesellschaften, in Hotels, Restaurants, bei Krankenkassen, Arbeitsagenturen sowie im Bildungsbereich. Auch Rechtsanwälte, Steuerberater, Makler und Künstler üben Dienstleistungsberufe aus.

Eine Versicherungsgesellschaft bietet beispielsweise finanziellen Schutz bei bestimmten Gefahren, ein Rechtsanwaltsbüro die Vertretung bei Rechtsstreitigkeiten. Ein Modegeschäft verkauft Kleider, Blusen, Hosen, die es nicht selbst hergestellt hat.

Nicht nur Verbraucher nehmen Dienstleistungen in Anspruch, sondern auch Unternehmen. Sie benötigen z.B. die Hilfe von Anwälten in Rechtsstreitigkeiten oder bedienen sich der Leistungen von Transportunternehmen.

Aus der nebenstehenden Statistik könnt ihr ablesen, dass der Anteil der Dienstleistungen in unserer Volkswirtschaft ständig steigt. Wenn ihr dazu einmal die Grafik auf Seite 113 auswertet, werdet ihr erkennen, welchen Stellenwert der Dienstleistungsbereich in eurer Berufsfindung haben könnte.

Dienstleistungen werden in verschiedenen Bereichen angeboten:
- **distributive** Dienstleistungen (z.B. Transport, Lagerhaltung),
- **wirtschaftsbezogene** Dienstleistungen (z.B. Rechts- und Wirtschaftsberatung),
- **haushaltsbezogene** Dienste (z.B. Handel, Gaststätten, Hotels),
- **gesellschaftsbezogene** Dienstleistungen (z.B. Ausbildungs- und Gesundheitswesen).

A

1. Welche Dienstleistungsberufe sind oben abgebildet?

2. Welche Dienstleistungsberufe fallen euch ein, die
   a) den im Text genannten vier Dienstleistungsbereichen zugeordnet werden können?
   b) bei euch am Orte vorkommen?

3. Ordnet die Berufe aus der Grafik auf Seite 113 „Die Top Ten der Ausbildungsberufe" den Bereichen „Produzierendes Gewerbe" und „Dienstleistungen" zu. Was fällt auf?

Kommunikationselektroniker

Mediengestalterin für Digital- und Printmedien

1.5 Berufe in der IT-Branche

Der Bereich der Kommunikations- und Informationstechnologie (IT) hat sich in den letzten Jahren geradezu stürmisch entwickelt. Viele neue Berufe sind entstanden und werden noch entstehen und für neue Arbeitsplätze sorgen. Es gibt heute kaum noch einen Betrieb, in dem Kommunikations- und Informationstechniken nicht angewendet werden. Dementsprechend steigt auch der Bedarf an Leuten, die

- die notwendigen Computer bauen, d.h. die Hardware entwickeln und programmieren,
- die notwendigen Programme für die Computer schreiben, d.h. die Software entwickeln,
- die eingesetzte Software warten und pflegen,
- den Einsatz von Software planen und weiterentwickeln,
- am Verkauf der Hardware und Software beteiligt sind,
- Beratungs- und Schulungsdienstleistungen für diejenigen anbieten, die mit der Technik und den dazugehörenden Programmen umgehen,
- im Beruf täglich die neuen Techniken und Programme anwenden.

Beispiel Kommunikations- und Medienbereich

Gerade im Medienbereich (z.B. bei Zeitungen, Zeitschriften- und Buchverlagen, in der Werbung, bei Funk und Fernsehen) sind viele neue Unternehmen gegründet worden, denen gute Wachstumschancen vorausgesagt werden und die neue Arbeitsplätze schaffen werden.

Das folgende Beispiel stellt einen typischen Beruf aus diesem Bereich dar. Die Kurzbeschreibung zeigt die vielseitigen Tätigkeitsmöglichkeiten in diesem Beruf. Genauere Angaben zu den Berufsanforderungen könnt ihr im Berufsinformationszentrum der für euch zuständigen Arbeitsagentur erfragen.

Mediengestalter/Mediengestalterin für Digital- und Printmedien

Mediengestalter/in für Digital- und Printmedien sind zuständig für die Gestaltung von digitalen oder gedruckten Informationsmitteln. Ihr Tätigkeitsbereich erstreckt sich von der Kundenberatung über das Erstellen von Konzepten bis hin zum Durchführen der Projekte und dem Erstellen des fertigen Produktes.

Mediengestalter/in für Digital- und Printmedien ist ein anerkannter Ausbildungsberuf nach dem Berufsbildungsgesetz (BBiG). Er ist keinem Berufsfeld zugeordnet. Dieser Beruf wird in Unternehmen der Medien- und Kommunikationsbranche in den folgenden Fachrichtungen ausgebildet:

- Medienberatung
- Mediendesign
- Medienoperating
- Medientechnik

Ausführliche Berufsbeschreibungen finden Sie in den Berufsinformationszentren der Agenturen für Arbeit sowie im BERUFEnet unter www.arbeitsagentur.de

Die Ausbildung dauert 3 Jahre.

Tätigkeitsfeld des Berufes siehe Seite 514.

Beruf aktuell, Ausgabe 2005/2006

1. Erkundigt euch beispielsweise bei der Berufsberatung oder bei der Industrie- und Handelskammer, welche Berufe im Bereich Kommunikation und Medien in eurer Region aktuell sind.
2. Stellt zusammen, warum die Berufe gute Zukunftsaussichten haben.

Schreiner

Einzelhandelskaufmann

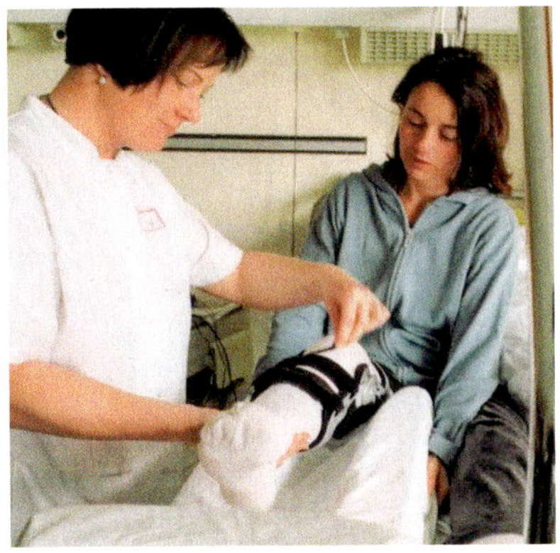

Gesundheits- und Krankenpflegerin

2 Der Startberuf: Ein Fundament für die Zukunft

Um es gleich vorweg zu schicken: Dieses Kapitel kann euch nicht die Verantwortung für eure persönliche Berufswahl abnehmen. Auch könnt ihr nicht erwarten, dass der Unterricht für eure speziellen Berufswahlprobleme immer die passende Lösung bereit hält. Er will euch vielmehr bei der Wahl eures Erstberufes oder Startberufes helfen.

Machen euch die Begriffe „Erstberuf" oder „Startberuf" stutzig? Man hat diese Begriffe eingeführt, weil die Zeiten, in denen man den „Beruf fürs Leben" lernte, Vergangenheit sind. Das liegt an der sich rasant verändernden Arbeitswelt, kann aber auch persönliche Gründe haben.

Bis ihr einmal in Rente geht, werdet ihr eine abwechslungsreiche Berufslaufbahn hinter euch gebracht haben. Ihr werdet euch also auf ein lebenslanges Lernen einstellen müssen, wobei der Startberuf das Fundament für eure Berufslaufbahn darstellt. Darauf könnt ihr aufbauen.

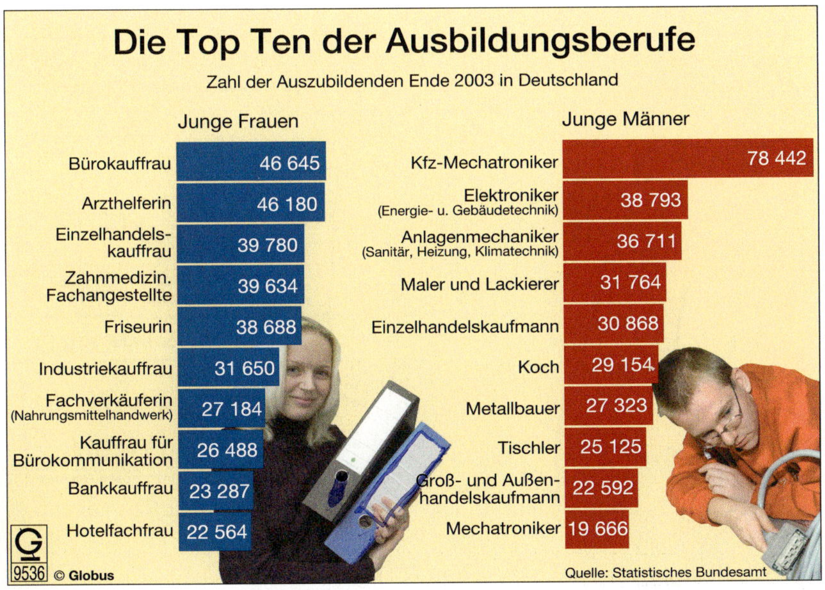

A

1. Nennt Beispiele für persönliche Gründe, die berufliche Veränderungen mit sich bringen können. Damit im Zusammenhang könnten stehen: Euer Partner, eure Familie, eure Einkommensvorstellungen, die allgemeine Wirtschaftslage und die Möglichkeiten an eurem Wohnort.

Eine Wandzeitung gestalten

Neben einer Mappe „Berufswahlvorbereitung“, die jeder für sich anlegen sollte, könnt ihr auch eine Wandzeitung gestalten, damit die allgemeinen Informationen für jeden immer abrufbar sind. Gleichzeitig kann sie auch als Repräsentation eurer Ergebnisse (z.B. eines Praktikums) für andere, wie Eltern, Parallelklassen etc. dienen.

Was ist eine Wandzeitung?

Zeitungen haben die Aufgabe uns zu informieren. Da es aber ausgeschlossen ist, ähnlich wie bei der Tageszeitung für jeden eine Zeitung zu vervielfältigen, wird in diesem Fall ein Exemplar gestaltet, das alle lesen können.

Wandzeitungen können enthalten:
- Informationen, die ihr euch beschafft und verarbeitet.
- Ergebnisse von Diskussionen.
- Meinungen: Jeder kann darauf seine Meinung äußern. Die Wandzeitung dient dann als Diskussionshilfe.

Zu unserem Thema dient die Wandzeitung hauptsächlich der Information. Dabei solltet ihr euch aus Platzgründen auf das Wesentliche beschränken.

Schüler beim Gestalten einer Wandzeitung

Eine Wandzeitung soll auffallen und zum Lesen herausfordern. Gestaltet sie deshalb so, dass ihre Inhalte ins Auge fallen.

Thema eurer Wandzeitung könnte z. B. „Lebensplanung und Beruf" sein. Sie wird im Laufe des Berufswahlunterrichts ständig ergänzt. Zeitungen haben fast immer einen „Aufmacher": Eine Überschrift oder ein Bild, das zum Kauf der Zeitung anregen soll. Mit einem Aufmacher, dem dann viel Text folgt, könnt ihr bei eurer Wandzeitung nicht arbeiten. Übernehmen könnt ihr aber die Idee: Die Wandzeitung soll auffallen und zum Lesen auffordern. Gestaltet sie also so, dass ihre Inhalte ins Auge fallen. Das Thema „Lebensplanung und Beruf" wird hier über viele Seiten hinweg behandelt. Ihr müsst die Wandzeitung also ständig ergänzen.

Gestaltungsmerkmale

- Alle Texte einer Wandzeitung sollte man auch aus der Entfernung leicht lesen können. Wählt daher eine große Schrift.
- Eine Wandzeitung sollte dazu anregen, sich aktiv mit ihr auseinanderzusetzen, z. B. durch Aufnahme von Rätseln.
- Schrift und Bilder sollten so angeordnet werden, dass man schnell einen Überblick gewinnt.
- Die Handschrift auf der Wandzeitung muss gut lesbar sein.
- Setzt unterschiedliche grafische Elemente ein: Fotos, Grafiken, Zeichnungen, Zeitungsausschnitte, Tabellen, Karikaturen usw.
- Nehmt gutes Material (sauberen, stabilen Karton als Untergrund, farbiges Papier usw.).

Achtung!

Die Piktogramme sollen euch bei der Gestaltung einer Wandzeitung helfen. Die abgedruckte Wandzeitung stellt nur ein Beispiel dar und soll euch Anregungen geben. Eure eigene wird sicherlich ganz anders aussehen!

Überlegt euch zuerst, wie ihr die Zeitung anlegen wollt und vergesst nicht, dass ihr sie fortsetzen müsst.

Wandzeitung gestalten

Wandzeitung präsentieren

Auf den Anschluss warten

3 Berufswahl und Berufswegplanung

3.1 Berufswahl – Ein Entscheidungsprozess

Drei Schritte müsst ihr immer wiederholen:

1. Informieren

2. Analysieren

3. Abwägen und entscheiden

Ein Zug läuft ein. Durchsage: „Endstation. Alles aussteigen." So ähnlich könnte auch die Durchsage am Ende eurer Schulzeit lauten. Und weiter: „Hier die nächsten Anschlüsse …" und das bedeutet: Entweder ihr beginnt eine Berufsausbildung oder ihr geht weiter zur Schule. Hier müsst ihr mit euren Eltern eine erste Entscheidung fällen.

Gehen wir davon aus, dass ihr euch für eine bestimmte Berufsausbildung entscheidet, so stehen jetzt folgende Fragen auf eurem Fahrplan:
- Was kann meine Berufswahl beeinflussen?
- Welche Voraussetzungen bringe ich mit?
- Welche Anforderungen stellt der Beruf?
- Welche Informationsquellen gibt es?
- Wie plane ich meinen Berufsweg?

A

1. Legt euch eine Bewerbungsmappe an, in die ihr alles das eintragt und sammelt, was für euch in den nächsten Kapiteln wichtig ist.
2. Welche Aussage beinhaltet die Karikatur?
3. Job oder Ausbildung? Eure Antwort? Begründet!

Job oder Ausbildung – das ist die Frage.

Schulabschluss

Stellenvermittlung „Skatabend“

Artikel 12 Abs. 1 Grundgesetz

Alle Deutschen haben das Recht, Beruf, Arbeitsplatz und Ausbildungsstätte frei zu wählen. Die Berufsausübung kann durch Gesetz oder auf Grund eines Gesetzes geregelt werden.

3.2 Was meine Berufswahl beeinflussen kann

Unser Grundgesetz garantiert in Artikel 12 jedem die freie Wahl der Ausbildungsstätte.

Aber: Niemand kann gezwungen werden, euch auszubilden. Ob ihr einen Arbeitsplatz bekommt oder nicht, hängt auch von Faktoren ab, auf die ihr keinen Einfluss habt. Welche das sind, könnt ihr selbst folgenden Beispielen entnehmen.

1. Antwort des Lehrers auf eine Schülerfrage in der Hauptschule: „Ob du Bauingenieur werden kannst? Aber natürlich. Das hängt von deinen künftigen Zensuren, Schulabschlüssen und Prüfungsergebnissen ab. Wenn du möchtest, kann ich dir die verschiedenen Möglichkeiten erklären.“

2. Lehrer im Unterricht „Berufswahlvorbereitung“: „Die Chancen für Schulabgänger waren früher besser. Damals haben sich die Firmen geradezu um die Auszubildenden gerissen. Natürlich haben sie nur erzählt, wie toll der Beruf und wie toll ihr Betrieb sei. Heute haben sie das nicht mehr nötig. Die Ausbildungsplätze sind knapp, die Konkurrenz groß. Da müsst ihr schon selbst was tun, um euch zu empfehlen.“

3. Kfz-Meister Hallmann zu Kollegen: „Der Mehmet macht sich wirklich gut: pünktlich, fleißig, geschickt, will alles genau wissen. Seinem Lehrer zuliebe hatte ich ihm eine Praktikumsstelle gegeben und merkte sofort, was er drauf hat. Ob ich allerdings sonst einem Türken einen Ausbildungsplatz gegeben hätte? Ich weiß nicht …“

4. Herr Kröger, Bäckermeister mit gutgehendem Café zu Herrn Marks, Maschinenfabrikant, beim Skatabend: „Deine Britta und mein Sven kommen ja nächstes Jahr aus der Schule. Nimmst du meinen, nehme ich deine, abgemacht? Ich mache aus Britta eine fähige Bäckerin und Sven lernt bei dir Zerspanungsmechaniker.“

1. Schreibt zu jedem der vier Beispiele auf, wodurch eine Berufswahl beeinflusst werden kann.

2. Ihr sucht einen Ausbildungsplatz: Worauf solltet ihr achten und wie solltet ihr handeln, wenn
   - viele Ausbildungsstellen frei sind, aber nur wenige Jugendliche eine Stelle suchen?
   - nur wenige Ausbildungsstellen zur Verfügung stehen, auf die sich aber viele Jugendliche bewerben?

   Lest dazu noch einmal Beispiel 2.

4 Welche Voraussetzungen bringe ich mit?

Es gibt zurzeit über 350 Ausbildungsberufe. Es ist also nicht leicht, sich für einen Beruf zu entscheiden, denn jeder zeichnet sich durch besondere Merkmale aus, die ihn von anderen unterscheiden.

Aber nicht jeder Beruf eignet sich für jeden. Durch eure persönlichen Interessen und Fähigkeiten werden bestimmte Berufsgruppen von vornherein ausgeschlossen: Wer nicht schwindelfrei ist, kann nicht Dachdecker/-in lernen, wer nicht gern mit Menschen umgeht, wird nicht gerade Kauffrau/-mann im Einzelhandel.

Welche Interessen habe ich?
Was euch interessiert, wisst ihr selbst am besten. Um aber Interessen auf die Spur zu kommen, die auch Bedeutung für eure Berufswahl haben, solltet ihr euch zunächst zwei Fragen stellen:
- Welche Schulfächer machen mir Spaß?
- Welche Hobbys habe ich?

Schaut euch dazu auch die unten stehende Grafik „Interessen zur Selbsteinschätzung“ an. Achtet darauf: Es gibt Interessen, die sich gegenseitig ergänzen können und solche, die einander ausschließen.

Interessen zur Selbsteinschätzung

Im Büro arbeiten

Mit Pflanzen oder Tieren umgehen

Mit Menschen zu tun haben

Gestalterisch arbeiten

Im Freien arbeiten

Körperlich tätig sein

Handwerklich arbeiten

Verkaufen, kaufen

Produktionsanlagen überwachen

Im Labor arbeiten

Anderen helfen

Auf technischem Gebiet arbeiten

Saubere Arbeit

Maschinen zusammenbauen, reparieren

Mit Metall umgehen

Mit Elektrizität, Elektronik zu tun haben

Mit Baumaterialien umgehen

Jeder Mensch verfügt über besondere Fähigkeiten

Fähigkeiten
Interesse an einem Beruf zu haben ist wichtig, andererseits muss man auch Fähigkeiten mitbringen. Nur wenn beide Faktoren im Einklang stehen, wird der Beruf Spaß machen.

Das zeigt die folgende Geschichte:

Ronny als Verkäufer
Ronny, Musik-Fan, bewarb sich bei „Hammer Music“ als Einzelhandelskaufmann. Und so hatte er sich das vorgestellt: Das Hobby zum Beruf machen, immer die neuesten Hits hören, verbilligt CDs zum Mitarbeiterpreis bekommen. Er bekam den Ausbildungsvertrag, doch noch in der Probezeit kündigte er. Seiner Clique erklärte er: „ Mein Chef fand ja ganz gut, dass ich Bescheid wusste, aber er nörgelte immer: ‚Junge, du musst den Mund aufmachen, die Leute wollen von dir was hören. Mit ‚is Klasse‘, ‚nö, würd ich nich kaufen‘ kannst du nie ein guter Verkäufer werden. Du musst anständig reden können, die Kunden überzeugen, mit den verschiedenen Kunden unterschiedlich sprechen.‘ Da kam ich mir wie im Deutschunterricht vor, wenn die Renner immer sagte: ‚Sprich in ganzen Sätzen, verwende auch mal andere Worte.‘ Außerdem habe ich das dauernde Stehen nicht ausgehalten. Auch unser Hausarzt meinte, dieser Beruf sei nichts für meine Wirbelsäule.“

A

1. Welche Interessen sollte man für folgende Berufe mitbringen:
   - Gärtner/-in
   - Gesundheits- und Krankenpfleger/-in
   - Anlagenmechaniker/-in für Sanitär-, Heizungs- und Klimatechnik?
2. Welche Fähigkeiten sind in den Abbildungen oben dargestellt?
3. Welche Fähigkeiten wurden von Ronny erwartet? Ist die Kritik an ihm berechtigt? Begründet eure Meinung.

Ronny hätte sich diese Erfahrung ersparen können, wenn er auch seine Fähigkeiten getestet hätte. Dabei helfen:
- Die Selbsteinschätzung: Wie sehe ich mich selbst?
- Die Fremdeinschätzung: Wie sehen mich andere (Eltern, Verwandte, Freunde, Lehrer)?
- Die Arbeitsplatzerkundung oder das Praktikum: Ihr schätzt eure Fähigkeiten ab oder probiert sie sogar aus.

Für die *Selbsteinschätzung* könnt ihr die folgende Tabelle zu Hilfe nehmen:

Fähigkeiten	kann ich/ist bei mir		
	gut	geht so	nicht gut
Körperliche Leistungsfähigkeit	?	?	?
Gesundheit	?	?	?
Räumliches Vorstellungsvermögen	?	?	?
Rechnerisches Denken	?	?	?
Sprachbeherrschung	?	?	?
Logisches Denken	?	?	?
Kontaktfähigkeit	?	?	?
Gewissenhaftigkeit	?	?	?
Ausdauer	?	?	?
Ideenreichtum	?	?	?
Hand- und Fingergeschick	?	?	?

A

1. Beginnt mit dem Selbsttest. Übertragt die Tabelle in eure Bewerbungsmappe und füllt sie aus.

2. Legt die Tabelle anderen vor und lasst euch beurteilen.

3. Vergleicht die Ergebnisse. Fühlt ihr euch gerecht beurteilt?

5 Über 350 Ausbildungsberufe! Wer blickt da noch durch?

Wenn ihr die Schriften der Arbeitsagentur „Mach's richtig" und „Beruf aktuell" durcharbeitet, werdet ihr feststellen, dass dort die Berufe in **Tätigkeitsfelder** eingeteilt sind. Andererseits ist von **Berufsfeldern** die Rede, wenn es um berufliche Bildungswege geht. Wozu diese Einteilung? Und warum macht man es einmal so und dann so?

Wenn man alle Berufe unberücksichtigt lässt, die man nur durch den Besuch einer Berufsfachschule, Fachschule, Fachoberschule oder Hochschule erreichen kann, so bleiben immer noch über 350 anerkannte Ausbildungsberufe übrig, die man nach dem Schulbesuch erlernen kann.

Einerseits ist es vorteilhaft, wenn man unter so vielen Berufen wählen kann, andererseits werdet ihr euch fragen: Wie soll man die alle kennen lernen? Aus diesem Grund hat die Bundesagentur für Arbeit in „Mach's richtig" und „Beruf aktuell" Berufe mit ähnlichen Tätigkeiten jeweils einem Tätigkeitsfeld zugeordnet. Wie ihr im Kasten rechts seht, sind es insgesamt zwölf Tätigkeitsfelder.

Die Einteilung der Berufe nach Tätigkeitsfeldern berücksichtigt jedoch nicht, dass mit der Einführung der Berufsgrundbildung im Berufsschulbereich die Berufe in 13 Berufsfeldern zusammengefasst sind. Zwar bereitet auch hier die Zuordnung Schwierigkeiten, dennoch ist eine Orientierung auf der Basis der Berufsfelder besonders wichtig, weil die Berufsausbildung ein bedeutsamer Abschnitt auf dem Weg zum Beruf ist und man sich mit Hilfe der Berufsfelder einen ersten Überblick über die grundlegenden Anforderungen, die in der Berufsausbildung verlangt werden, verschaffen kann.

Die zwölf Tätigkeitsfelder

1. Material verarbeiten
2. Zusammenbauen, montieren
3. Gestalten
4. Bedienen und überwachen von Maschinen und Anlagen
5. Bebauen und züchten
6. Untersuchen und messen
7. Gestalten von Medienprodukten und Zeichnen
8. Bedienen und beraten
9. Wirtschaften
10. Verwalten
11. Sichern, in Ordnung halten
12. Versorgen und betreuen

Die dreizehn Berufsfelder

A

1. Ordnet folgende Berufe den jeweiligen Tätigkeitsfeldern und Berufsfeldern zu:
   - Industriekaufmann/-frau
   - Elektroniker/-in
   - Gärtner/-in
   - Holzmechaniker/-in
   - Tischler/-in
   - Hauswirtschafter/-in
   - Dachdecker/-in
   - Maßschneider/-in
   - Koch/Köchin
   - Kfz-Mechatroniker/-in
   - Maurer/-in

A

1. Legt eine Tabelle nach folgendem Muster an und tragt die Merkmale aus der Beschreibung für die Fachverkäufer/-in im Nahrungsmittelhandwerk
   a) im Schwerpunkt Bäckerei/Konditorei oder
   b) im Schwerpunkt Fleischerei ein.

Berufsmerkmale	Antwort
Was sind meine Aufgaben und meine Tätigkeiten?	
Wo arbeite ich? (im Freien, im Gebäude, usw.)	
Mit welchen Arbeitsmitteln muss ich umgehen? (Werkzeuge, Geräte usw.)	
Was ist der Gegenstand, mit dem ich umgehe? (Menschen, Pflanzen usw.)	
Welche beruflichen Anforderungen werden gestellt?	

5.1 Berufsmerkmale und Anforderungen

Bei Arbeitsplatzerkundungen werdet ihr schnell feststellen, dass fast alle Berufe unterschiedliche Anforderungen an die Bewerber stellen. Welche Anforderungen das z. B. beim Beruf „Fachverkäufer/in im Nahrungsmittelhandwerk" sind, könnt ihr der folgenden Berufsbeschreibung aus „Beruf aktuell" entnehmen.

Fachverkäufer im Nahrungsmittelhandwerk/
Fachverkäuferin im Nahrungsmittelhandwerk

Fachverkäufer/innen im Nahrungsmittelhandwerk sind für die Präsentation und den Verkauf von Nahrungs- und Genussmitteln in Bäckereien, Fleischereien oder Konditoreien zuständig.

Fachverkäufer/in im Nahrungsmittelhandwerk ist ein anerkannter Ausbildungsberuf nach dem Berufsbildungsgesetz (BBiG). Er ist dem Berufsfeld Ernährung und Hauswirtschaft zugeordnet. Dieser Beruf wird im Handwerk in den folgenden Schwerpunkten angeboten:

- Bäckerei/Konditorei
- Fleischerei

Die Ausbildung dauert 3 Jahre.

Im Schwerpunkt Bäckerei/Konditorei verkaufen Fachverkäufer/innen im Nahrungsmittelhandwerk Bäckerei- und Konditoreierzeugnisse. Doch zum Verkauf gehört mehr, als nur die Ware über den Ladentisch zu reichen und das Geld entgegenzunehmen: Freundlich und aufmerksam wollen die Kunden bedient und zum Teil auch beraten werden, trotzdem soll es schnell gehen, selbst wenn größter Andrang herrscht. Auch die Waren ansprechend zu präsentieren und für Ordnung und Sauberkeit im Verkaufsraum zu sorgen, ist Aufgabe der Fachverkäufer/innen. Für all diese Tätigkeiten sind gute Warenkenntnisse, einschließlich Lagerung und Haltbarkeit, ebenso notwendig wie Kenntnisse der in der Herstellung verwendeten Grundstoffe.

Fachverkäufer/innen im Nahrungsmittelhandwerk mit dem Schwerpunkt Bäckerei/Konditorei arbeiten in handwerklichen Bäckereien oder Konditoreien sowie auch in Bäckerei- und Konditoreiabteilungen von Supermärkten oder Kaufhäusern. Überwiegend sind sie dabei im Verkaufsraum tätig.

Im Schwerpunkt Fleischerei verkaufen Fachverkäufer/innen im Nahrungsmittelhandwerk Fleisch- und Wurstwaren. Dazu gehört nicht nur, die Ware auszugeben und im Gegenzug das Geld zu kassieren. Gründliche Warenkenntnisse sind ebenso wichtig wie Kenntnisse über Grundstoffe der Herstellung, über fachgerechte Lagerung und Haltbarkeit. Die Fachverkäufer/innen sorgen für eine ansprechende Präsentation der Waren im Verkaufsraum, beraten die Kunden fachgerecht über das Angebot, stellen Platten nach Kundenwünschen zusammen und bedienen vor allem immer schnell und freundlich, selbst wenn großer Andrang herrscht. Außerdem halten sie die Verkaufseinrichtungen hygienisch sauber.

Fachverkäufer/innen im Nahrungsmittelhandwerk mit dem Schwerpunkt Fleischerei arbeiten in handwerklichen Fleischereien oder auch in Fleisch- und Wurstabteilungen von Supermärkten oder Kaufhäusern. Überwiegend sind sie dabei im Verkaufsraum tätig.

Auszubildende 28 688 (Industrie).

Tätigkeitsfeld des Berufes siehe Seite 517.

Eure Aufgabe ist nun, eure Fähigkeiten mit den Anforderungen, die eure Wunschberufe an euch stellen, zu vergleichen. Auf diese Weise könnt ihr von vornherein Fehlentscheidungen vermeiden.

Natürlich müsst ihr auch prüfen, welcher Schulabschluss für eure Wunschberufe jeweils erforderlich sind. Informationen dazu findet ihr in „Beruf aktuell".

5.2 Berufskundliche Informationsquellen, die für euch immer erreichbar sind

Personen:
- Eltern, Geschwister, Freunde, Bekannte, Nachbarn, Lehrer, Handwerker und Händler, mit denen ihr regelmäßig zu tun habt.
- z. B. Berufsberater, Berufspraktiker, Ausbilder.

Institutionen:
- Betriebe, Kammern, Wirtschaftsverbände, Gewerkschaften
- Polizei, Bundeswehr, Verwaltungen, Sparkassen usw.
- Regierungen (Bundes-, Landesregierung)

Schulen:
- Berufsschulen, Schulen im Sekundarbereich II
- Schulaufsichtsämter von Städten und Kreisen informieren über regionale Ausbildungsmöglichkeiten nach dem jeweiligen Schulabschluss. Dort könnt ihr auch die jeweiligen Anmeldetermine, gesetzlichen Vorgaben und die Adressen erfahren. Diese Informationen sind genau auf eure Region zugeschnitten.

Medien:
- Zeitungen, Zeitschriften, Hörfunk, Fernsehen
- Berufskundliche Filme der Landesbildstelle und der Berufsberatung
- Internet

Die Bundesagentur für Arbeit (Berufsberatung): siehe S. 125 ff.

Berufskundliche Informationsschriften anderer Stellen:
Viele Institutionen (Banken, Sparkassen, Versicherungen, Betriebe, Kammern, Innungen, Gewerkschaften, Arbeitgeberverbände) geben Schriften zur Berufswahlorientierung und zur Bewerbung heraus. Die Schriften informieren über Ausbildungsberufe, über Bewerbungs- und Testverfahren, über den Ausbildungsvertrag, die Anforderungen der Betriebe und geben euch Ratschläge, wie ihr euch in einzelnen Stadien eures Entscheidungsprozesses verhalten sollt.

Gespräch mit den Eltern

Girls'Day
Mädchen-Zukunftstag

Gespräch mit der Berufsberaterin

A

1. Schreibt auf, welche Informationsquellen ihr bereits kennen gelernt habt und welche ihr (siehe Text) noch nutzen könnt.

Blindlings entscheiden?

Stellenanzeigen richtig lesen!

Um euch einen Überblick über das Stellenangebot in eurer Region zu verschaffen, solltet ihr regelmäßig die heimatliche Tageszeitung oder Wochenzeitschriften studieren, in denen oftmals auch Ausbildungsplätze angeboten werden. Trotz aller Schwierigkeiten, einen Ausbildungsplatz zu finden, solltet ihr diese Anzeigen „mit Verstand“ lesen, um die „Wahrheit“ herauszubekommen. Die Verfasser der Anzeigen vermitteln nur, was ihnen selbst wichtig erscheint und präsentieren sich selbstverständlich von der besten Seite.

An Ausbildungsstellenangebote müsst ihr deshalb folgende Fragen stellen:

- Wer bietet die Ausbildungsplätze an?
- Werden sich dort viele Bewerber melden, oder werden nur wenige an dieser Ausbildung interessiert sein?
- Ist der Betrieb in der Region angesehen?
- Welche Tätigkeiten, welche Eigenschaften des Berufes werden genannt, welche nicht?

Übrigens: Auch staatliche Stellen (Bund, Land, Gemeinden) sind Betriebe, die Ausbildungsstellen anbieten.

A

1. Vergleicht die Anzeigen und schreibt auf, was sie über die Ausbildung und den Beruf aussagen. Notiert, was ihr noch wissen möchtet.

2. Es gibt nur wenige Firmen, die per Anzeige in der Tageszeitung Auszubildende suchen. Überlegt euch die Gründe.

Standortverwaltung Bonn

Als ein kompetenter Dienstleister für die Streitkräfte stellen wir zum 1. August 20 . . Auszubildende in folgenden Berufen ein:

Verwaltungfachangestellte/r

Fachangestellte/r für Medien- und Informationsdienste
- Fachrichtung Bibliothek -

Arzthelfer/in

Mediengestalter/in für Digital- und Printmedien
- Fachrichtung Mediendesign -

Mediengestalter/in für Bild und Ton

Wir erwarten einen guten Hauptschulabschluss oder Realschulabschluss.

Wir bieten Ihnen eine vielseitige und interessante Berufsausbildung.

Auf Ihre schriftliche Bewerbung mit Lebenslauf, Kopie Ihres Schulzeugnisses und Passbild freuen wir uns.

Auf die Einsendung von Bewerbungsmappen bitten wir zu verzichten.

Schwerbehinderte Menschen werden bei gleicher Eignung bevorzugt berücksichtigt; von Ihnen wird nur ein Mindestmaß an körperlicher Eignung verlangt.

Des Weiteren hat sich die Standortverwaltung Bonn die berufliche Förderung von Frauen zum Ziel gesetzt und ist daher an Bewerbungen von Frauen besonders interessiert.

Ausbildungsplätze in der Natur

Landschaftsgärtner

Eine Ausbildung für Jungen und Mädchen, die Spaß haben an der Arbeit draußen in der Natur.
Ein Beruf mit Zukunft und sicheren Arbeitsplätzen, der Leistungen fordert und Chancen bietet. Ein ideales Tätigkeitsfeld für junge Leute, die mit ihrer Arbeit etwas Sinnvolles tun wollen, für sich selbst und für unsere grüne Umwelt von morgen.

Informieren Sie sich: Fordern Sie unsere Ausbildungsbroschüre sowie Lehrstellenangebote in Ihrem Einzugsgebiet an:

Verband Garten-, Landschafts- und Sportplatzbau

Wir suchen Auszubildende

Interessieren Sie sich für einen der interessantesten Ausbildungsberufe in dem erfolgreichsten Küchenfachmarkt Deutschlands?

Einzelhandels-kaufmann/frau

Haben Sie Freude am Kontakt mit Menschen, sind Sie kreativ, arbeiten Sie gerne computerunterstützt, wollen Sie einen modernen und gesicherten Arbeitsplatz mit Perspektive? Dann bewerben Sie sich schriftlich bei Herrn Haferlach oder rufen Sie uns ganz einfach an.

Wir sind einer der größten und modernsten Lackierbetriebe am unteren Niederrhein und suchen für sofort

1 Auszubildenden zur Ausbildung zum Fahrzeuglackierer

Bei uns finden Sie einen Arbeitsplatz auf höchstem technischen Standard vor. Ihre aussagefähige schriftliche Bewerbung richten Sie bitte an:

Blick in ein Berufsinformationszentrum (BIZ) einer Agentur für Arbeit

5.3 Die Berufsberatung

Agenturen für Arbeit sind Dienststellen der Bundesagentur für Arbeit in Nürnberg. Zu ihren Aufgaben gehört neben der Arbeitsvermittlung, der Arbeitslosenversicherung und der Förderung der beruflichen Bildung auch die Berufsberatung.

Berufsberatung und Schule arbeiten seit Jahren eng zusammen. In einer ersten Schulbesprechung, etwa zwei Jahre vor Schulabschluss, stellen sich die Mitarbeiter von der Berufsberatung in der Schule vor und informieren über das Beratungsangebot, Ausbildungsmöglichkeiten und Berufschancen. Bis zu eurer Schulentlassung schließen sich an:
- ein gemeinsamer Besuch des Berufsinformationszentrums, wo ihr euch anhand von Filmen, Dia-Serien, Büchern, interaktiven Computerprogrammen, Disketten usw. über alle Fragen der Berufswahl und der Berufe informieren könnt,
- Sprechstunden,
- Gruppenberatungen,
- Einzelberatungen.

Dabei
- **informiert** euch die Berufsberatung,
- **berät** und **hilft** sie euch bei euren Entscheidungen, die ihr jedoch selbst treffen müsst und die euch niemand abnehmen kann,
- hilft sie euch bei der **Verwirklichung** eurer Entscheidungen und berät euch über Möglichkeiten einer finanziellen **Förderung**.

Aufgaben der Berufsberatung

Berufsorientierung

unterrichtet über
- Anforderungen und Aussichten von Berufen,
- Aus- und Fortbildungsmöglichkeiten
- die Lage am Arbeitsmarkt

Vermittlung

vermittelt
- Ausbildungsstellen

Einzelberatung

klärt auf über
- Eignung,
- Interessen,
- Chancen bei der Suche nach einer Ausbildungsstelle

Berufsförderung

hilft bei der Überwindung
- finanzieller und
- örtlicher Hindernisse.

1. Besorgt euch bei der Beratungsstelle der Agentur für Arbeit den Berufswahlordner „Mach's richtig“. Die Arbeitshefte des Ordners sind eine wichtige Hilfe bei der Berufswahl.

2. Stellt mit Hilfe der Karte auf Seite 129 fest, wo das nächste Berufsinformationszentrum ist und erkundet es (siehe S. 128).

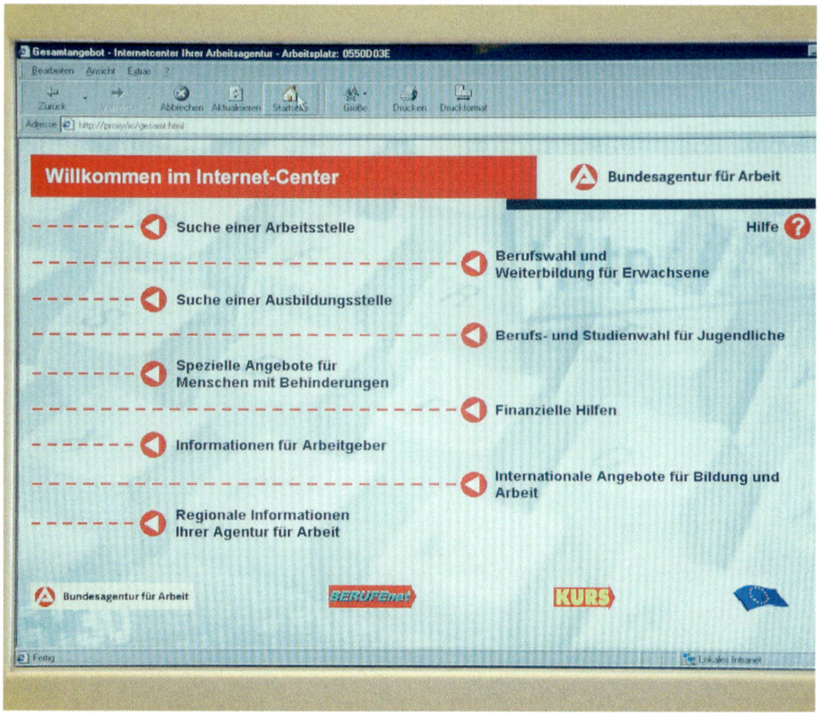

Service-Portal BIZ

5.4 Informationen im BIZ, im BIZ-Mobil

Im BIZ, dem Berufsinformationszentrum der Agentur für Arbeit, findet ihr alles, was ihr über Ausbildung, Beruf und Chancen wissen wollt. Im BIZ könnt ihr euch mit Hilfe vielfältiger Medien selbst informieren, könnt mit den verschiedenen Medien arbeiten und so oft kommen, wie ihr es möchtet.

An der Info-Theke bekommt ihr Tipps zum Umgang mit den Medien und Antworten auf eure Fragen. Ein BIZ gibt es zurzeit in über 180 Agenturen für Arbeit. Wenn es in der Agentur eurer Heimatregion noch kein BIZ gibt oder das nächste nur schwer erreichbar ist, wird für einige Zeit ein BIZ-Mobil mit dem gleichen Angebot wie im Berufsinformationszentrum eingesetzt.

Für euch sind folgende Angebote des BIZ wichtig:
- die Info-Mappen mit berufskundlichen Beschreibungen,
- die Kurzbeschreibungen zu Berufsbildern,
- die Info-Mappen zu Ausbildung und Arbeit im Ausland und
- das Internet-Center. Hier erhaltet ihr in speziellen Programmen Informationen zu (fast) allen Problemen und Fragen der Berufswahl.

Oben ist das Service-Portal des Internet-Centers abgebildet. Darin ist zunächst der Punkt „Berufs- und Studienwahl für Jugendliche“ besonders interessant. Wenn ihr diesen anklickt, erscheint das Portal, das ihr auf der nächsten Seite sehen könnt.

i

In eurer Schule gibt es bestimmt auch die CD-ROM „Mach's richtig“. Vielleicht könnt ihr sie mit eurem Lehrer gemeinsam nutzen. Auch die einzelnen Hefte von „Mach's richtig“ helfen euch sicherlich weiter. Sie ersetzen aber nicht den Besuch im BIZ.

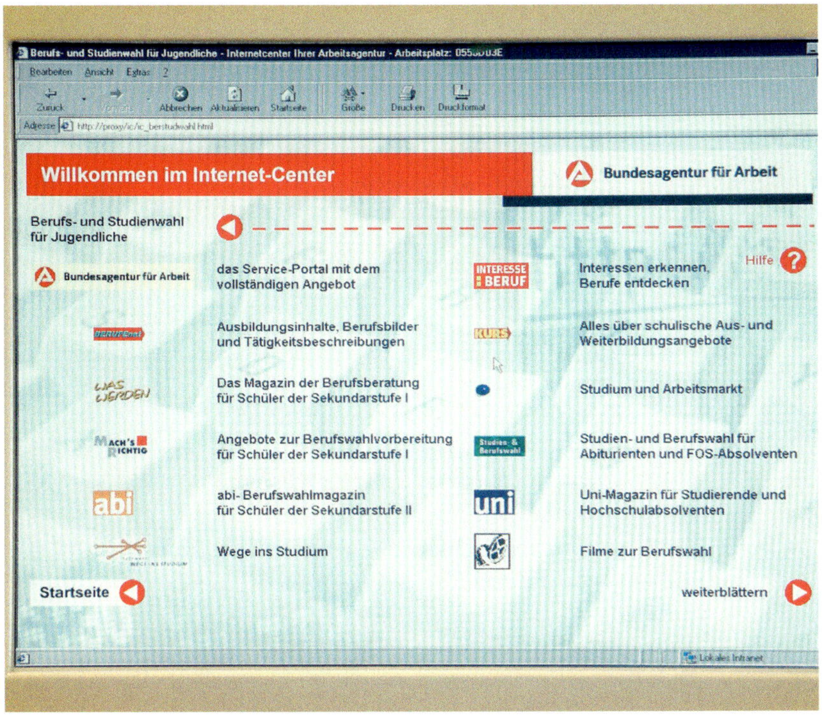

Portal „Berufs- und Studienwahl für Jugendliche“ BIZ

Die beschriebenen Materialien sind bei der Bundesagentur für Arbeit in Nürnberg kostenlos zu beziehen.

Ergänzt wird das Programm auf der CD noch durch Lehrerinformationen und durch neueste Informationen aus dem Berufsbereich. Die aktuellsten Informationen bieten jedoch immer nur die entsprechenden Seiten im Internet. (www.arbeitsagentur.de)

Hier einige wichtige Angebote:
- BERUFEnet: beschreibt Berufe, Berufsbereiche und Alternativen zum Wunschberuf viel ausführlicher als „Beruf aktuell“; wird von Bildern und Filmen unterstützt.
- INTERESSE: BERUF: hilft euch gezielt nach Alternativen zu eurem Wunschberuf zu suchen.
- KURS: enthält Infos zu allgemeinbildenden und berufsbildenden Schulen sowie zu Weiterbildungsangeboten bis hin zum Studium.

Ferner könnt ihr euch über das BIZ/Internetcenter schnell Informationen aus der Broschüre „Mach’s richtig“ und aus der Zeitschrift „Was werden“ beschaffen.

Weitere Informationsquellen der Bundesagentur für Arbeit
Neben dem Angebot im BIZ stehen euch weitere Angebote der Bundesagentur für Arbeit zur Verfügung. So das spezielle Berufswahlprogramm auf CD-ROM (Interessen erkennen – Berufe erkunden) und die Internet-Seite www.arbeitsagentur.de.

Das Programm auf der CD-ROM bietet mit „InfoBase – Berufe unter der Lupe“ eine interaktive Datenbank zum Erforschen von über 400 Berufen. Im Bereich „Interessen, Wunschberuf, Alternativen“ werden Alternativen zu eurem jeweiligen Wunschberuf beschrieben. Außerdem könnt ihr den Umgang mit dem System der Interessenmerkmale trainieren. Im „BerufeQuiz“ könnt ihr Berufen durch richtiges Anwenden der Berufedatenbank auf die Spur kommen.

Vorbereitung

Durchführung

Auswertung

Erkundung eines BIZ

Mit Sicherheit werdet ihr während eurer Schulzeit einmal das Berufsinformationszentrum (BIZ) aufsuchen. Oft geschieht das auf Einladung der Berufsberatung der Agentur für Arbeit, falls nicht, solltet ihr es auf jeden Fall erkunden.

1. Zur Vorbereitung der Erkundung

1. Findet heraus, wo das für euch zuständige BIZ (Adresse, Telefonnummer) liegt.
2. Erfragt, wer euer Ansprechpartner im BIZ ist.
3. Vereinbart einen Termin.
4. Legt eure Erkundungsschwerpunkte auf einem Erkundungsbogen fest, beispielsweise:
   - Welche Informationsmöglichkeiten bietet das BIZ?
   - Wie sind die Informations-Angebote zu handhaben und zu nutzen?
   - Welche technischen Fertigkeiten müsst ihr beherrschen?
   - An welchen Berufen wollt ihr die Möglichkeiten, die das BIZ bietet, persönlich bzw. allgemein erproben?
   - Welche weiteren Fragen habt ihr an die Berufsberatung?

2. Durchführung der Erkundung im BIZ

1. Den Berufsberater interviewen,
2. die Nutzung der Angebote des BIZ erklären lassen,
3. Erkundungen hinsichtlich der ausgewählten Berufe durchführen.

3. Auswertung der Erkundungsergebnisse

1. Ergebnisse diskutieren und auswerten, z. B. auf einer Info-Wand, in einem Bericht in der Schülerzeitung, durch den Entwurf eines Merkblattes „Tipps für den BIZ-Besuch".
2. Bewertung der Erkundung in einer Abschlussdiskussion:
   - Habt ihr eure Erkundungsziele alle erreicht? Wenn nicht, woran lag es? Nehmt den Erkundungsbogen dazu.
   - Hat es Schwierigkeiten gegeben und wie habt ihr euch dabei verhalten?
   - Welche Bedeutung haben die Informationen, die jeder zu seinen Wunschberufen erhielt, für seine Berufswahl?
   - Welche Bedeutung hat der BIZ-Besuch auf euer weiteres Berufswahlverhalten?

Arbeit am BIZ-Computer

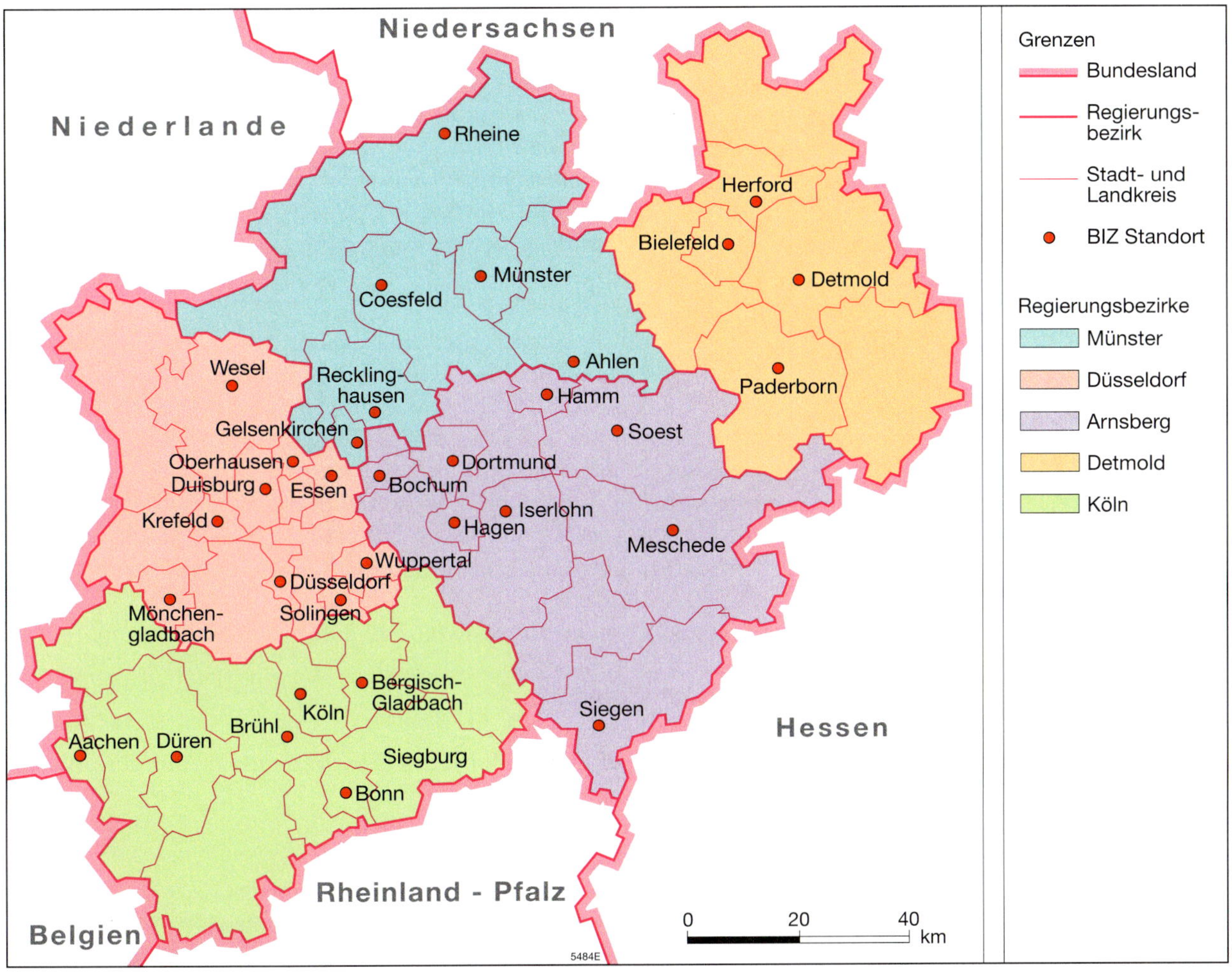
Niedersachsen
Niederlande
Rheine
Herford
Bielefeld
Münster
Coesfeld
Detmold
Ahlen
Wesel
Reckling-
hausen
Hamm
Paderborn
Soest
Gelsenkirchen
Oberhausen
Dortmund
Duisburg
Essen
Bochum
Iserlohn
Krefeld
Hagen
Meschede
Wuppertal
Düsseldorf
Mönchen-
gladbach
Solingen
Bergisch-
Gladbach
Köln
Brühl
Siegen
Hessen
Aachen
Düren
Siegburg
Bonn
Rheinland - Pfalz
Belgien
0
20
40
km
5484E
Grenzen
Bundesland
Regierungs-
bezirk
Stadt- und
Landkreis
BIZ Standort
Regierungsbezirke
Münster
Düsseldorf
Arnsberg
Detmold
Köln

INFO-QUELLEN
BUNDESAGENTUR
FÜR
ARBEIT
BERUF AKTUELL
Mach's richtig!
Ihre berufliche Zukunft
BLÄTTER ZUR BERUFSKUNDE
Die Agentur für Arbeit informiert
MEDIEN
Zeitschriften
Zeitungen
INSTITUTIONEN
BIZ
BETRIEBE
GEWERK-
SCHAFTEN
IHK
VERBÄNDE
SPARKASSEN
PERSONEN
SCHULEN
ÄMTER

5.5 Probieren geht über Studieren

Theoretisch habt ihr schon eine Menge über die Arbeitswelt im Allgemeinen und über einzelne Berufe erfahren. Viel besser ist jedoch, wenn ihr die Arbeit in den Betrieben „live“ erlebt, sie euch anseht und dort mitarbeitet. Drei Methoden sind besonders geeignet, die Wirklichkeit der Arbeitswelt kennen zu lernen: die Arbeitsplatzerkundung, die Betriebserkundung und das Betriebspraktikum.

Die Arbeitsplatzerkundung

- Vorbereitung: Stellenbeschreibung des zu erkundenden Betriebes nutzen (gibt es in jedem Betrieb zu jedem Arbeitsplatz)
- Erkunden: die Arbeitsaufgabe, die Eingabe/Input (Materialien und Informationen, die zur Erfüllung der Aufgabe erforderlich sind), die Betriebsmittel (Geräte, Maschinen, Anlagen), den Arbeitsablauf/die Arbeitsschritte, die Arbeitssituation (Einzelarbeit, Teamarbeit), die Umwelteinflüsse (Lärm, Schmutz, Kälte, Wärme, Staub) und die Ausgabe/Output (das Arbeitsergebnis in Form eines Produkts oder einer Dienstleistung).
- Dokumentation der Ergebnisse: z. B. auf einer Wandzeitung.

Die Betriebserkundung

Hier soll erkundet werden

- die Hauptaufgaben des Betriebes (Beschaffung, Produktion, Absatz und Verwaltung)
- der Aufbau des Betriebes
- die Arbeit in den verschiedenen Berufen

  Dazu könnt ihr euch folgende Fragen stellen:
  - Welche Berufe gibt es in dem erkundeten Betrieb?
  - Welche typischen Tätigkeiten werden in den erkundeten Betrieben ausgeübt?
  - Welche Anforderungen stellen die Berufe an die Beschäftigten?
  - Welche Voraussetzungen muss man für diese Berufe mitbringen?

Arbeitsplatzerkundung

1. Befragt Schüler der 9. Klassen eurer Schule nach ihren Erfahrungen aus den Betriebserkundungen und den Betriebspraktika. Eine Möglichkeit wäre, sie in eure Klasse einzuladen. Beachtet dabei, dass ihr den persönlichen Eindruck der Befragten nicht unbedingt verallgemeinern könnt.

Das Praktikum – eine schwierige Entscheidung

5.6 Das Betriebspraktikum

Die Phasen des Betriebspraktikums
Ebenso wie die Arbeitsplatzerkundung verläuft das Betriebspraktikum in drei Schritten:

Vorbereitung
1. Organisatorische Vorbereitungen z.B. zu folgenden Fragen:
- Welche Praktikumsbetriebe stehen uns zur Verfügung?
- In welchen Praktikumsbetrieb wollen die einzelnen Schüler?
- Welche rechtlichen Gesichtspunkte sind vorher zu klären, z.B. Unfallverhütungsvorschriften?
- Wie verhalten wir uns in bestimmten schwierigen Situationen, wenn z.B. Probleme mit dem betrieblichen Betreuer, Konflikte mit den Betriebsangehörigen auftreten?

2. Technische Vorbereitungen:
Über welche Arbeitstechniken müssen wir verfügen? (z.B. Skizzen anfertigen, einen Arbeitsplatz beschreiben, ein Protokoll erstellen, einen Tagesbericht abfassen, ein Diagramm zeichnen, einen Produktionsablauf darstellen.)

3. Inhaltliche Vorbereitungen:
Ohne ein Hintergrundwissen ist ein Betriebspraktikum nicht besonders ergiebig: Wer z.B. nichts mit den Begriffen „Absatz“ oder „Aufbauorganisation“ verbindet, wird im Betrieb all die Dinge übersehen, die sich dahinter verbergen und ohne die Betriebsabläufe nicht verstanden werden können.

i

Während des Praktikums, aber auch danach, müsst ihr damit rechnen, dass euch Lehrer, Mitschüler und Eltern Fragen zu eurem Praktikumsbetrieb stellen, z.B.
- Wie lange besteht der Betrieb schon und welche Zukunft hat er?
- Wie haben sich in den letzten Jahren die Arbeitsplätze entwickelt?
- Was wird dort hergestellt und wie wird es verkauft?
- Wie ist der Aufbau des Betriebs?
- Wie sieht der Herstellungsablauf aus?
- Welche Abteilungen gibt es?
- Was ist das Betriebsziel?

Das bedeutet für euch: Augen auf und nachfragen! Sonst könnt ihr nicht beurteilen, ob der Betrieb für eine spätere Bewerbung infrage kommt.
Ihr müsst auch darauf vorbereitet sein, Fragen zu eurer Schule zu beantworten.

Vorbereitung

Praktikum

Auswertung

Im Praktikum

Wie erfolgreich dein Praktikum verläuft, hängt nicht nur von deinem Praktikumsbetrieb ab, sondern auch von dir selbst:

Wie du in der Lage bist, dich in eine neue Situation einzufühlen; wie du lernst, mit anderen Menschen umzugehen und wie genau du beobachtest und Fragen stellst und natürlich auch, wie engagiert du die dir übertragenen Aufgaben erledigst. Denk daran, auch die Betriebsangehörigen müssen sich auf dich einstellen, denn auch für sie ist es keine alltägliche Situation, einen Praktikanten bei sich zu haben. Natürlich können auch mal Konflikte auftreten. Es ist wichtig, dass du dich in Konfliktsituationen richtig verhältst. Von deinem Verhalten kann es abhängen, ob der Betrieb auch weiterhin Praktikanten eurer Schule aufnimmt.

Auswertung des Praktikums

Wer sich mit den Ergebnissen des Praktikums sorgfältig auseinandersetzen will, muss dessen Verlauf dokumentieren.

Sehr verbreitet ist der Praktikumsbericht, obwohl viele Schüler darüber stöhnen und häufig nicht berichten, was sie getan haben, sondern „was sie hätten tun können". Aber es gibt keinen Zweifel: Der Wert des Praktikums wird davon beeinflusst, wie ernsthaft ihr euch damit auseinandersetzt, was ihr im Praktikum tatsächlich gesehen, erfahren, empfunden habt und welche Erkenntnisse sich daraus, auch im Hinblick auf eure Berufswahl, ergeben. Deshalb dürft ihr vom Beginn bis zum Ende des Praktikums die Präsentation oder Auswertung nicht aus den Augen verlieren.

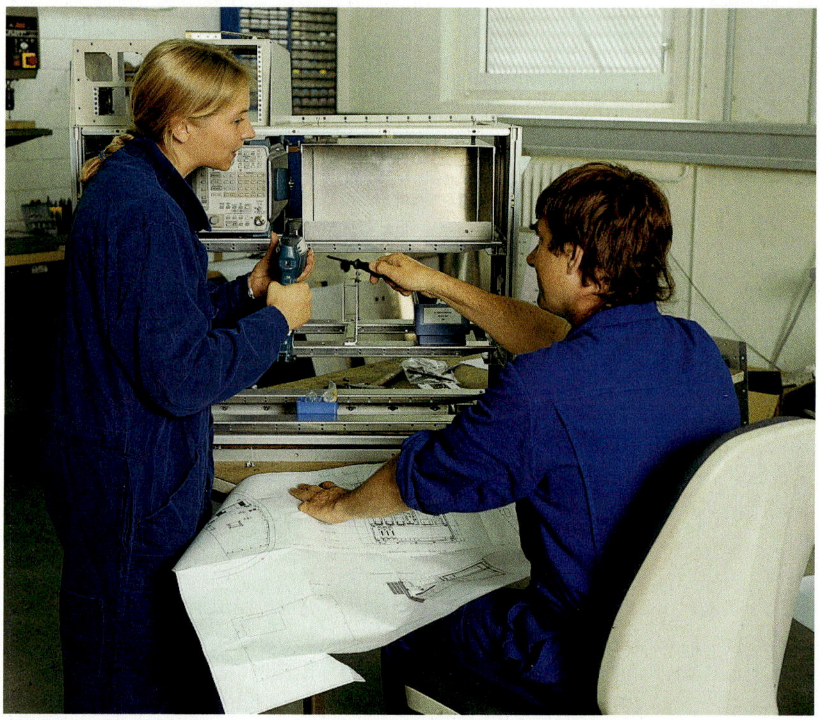

Praktikum in einem physikalisch-technischen Versuchslabor

Wie finde ich die richtige Praktikumsstelle?
Ob man die richtige Praktikumsstelle gefunden hatte, weiß man eigentlich erst hinterher. Die „Ausbeute" des Betriebspraktikums hängt von sehr vielen Faktoren ab, z. B.
- Gefallen die Mitarbeiter?
- Habe ich genug zu tun?
- Welchen Einblick in das Betriebsgeschehen habe ich bekommen?

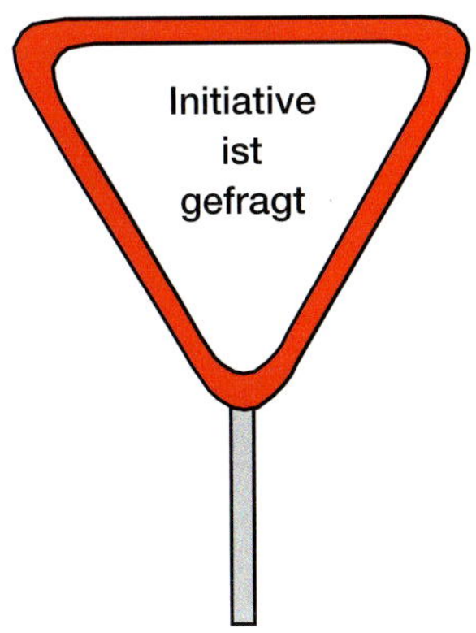

Wer sich bei der Suche nach einer Praktikumsstelle zu lange Zeit lässt, läuft Gefahr zu spät zu kommen. Das gilt besonders für Stellen in Computerläden oder in Modeberufen wie z. B. Goldschmied/-in. Deswegen: Frühzeitig Initiative ergreifen, Gespräche mit Eltern, Lehrern, Berufsberatern usw. führen, eigene Wünsche genau erkennen, Kontakte nutzen und frühzeitig auf die Suche gehen.

Diese Erfahrungen könnt ihr auch später bei der Suche nach einem Ausbildungsplatz nutzen.

Die Expertenbefragung

Kompetente Auskünfte zu Fragen der Berufswahl könnt ihr bekommen, wenn ihr euch an eine Frau oder einen Mann „vom Fach“ wendet, wenn ihr also eine Expertenbefragung durchführt. Ihr könnt z.B. Auszubildende zu ihrer Berufsausbildung, Ausbilder zu ihren Erwartungen an künftige Auszubildende, Facharbeiter zu Veränderungen und Entwicklungen in ihrem Beruf, Rentner zu ihrem früheren Berufsleben, Vertreter der Handelskammern zur Ausbildungssituation in der Region usw. befragen.

Ebenso wie andere Methoden ist auch die Expertenbefragung in mehrere Schritte unterteilt:

1. Vorbereitung
Ihr müsst den Experten im Vorfeld genau darüber informieren, was ihr erreichen wollt und wie die Expertenbefragung abläuft. Außerdem solltet ihr einen Fragenkatalog aufstellen und Schwerpunkte bilden.

Solltet ihr jemanden aus der Betriebsleitung mit jemandem aus der Jugendvertretung zusammen befragen, kann es zu Meinungsverschiedenheiten kommen. Bittet die Experten auch, sich mit Fachvokabular auf Schüler als Zuhörer einzustellen.

2. Arbeitstechnik festlegen
Vorab solltet ihr eurem Gast eine Ausfertigung eures Fragenkatalogs zuschicken, damit er sich auf die Befragung vorbereiten kann.

Dann solltet ihr folgende Fragen klären:
- Wer leitet die Expertenbefragung, wer stellt das Thema vor?
- Wer stellt welche Frage? (Stellt keine Fragen, die der Gast bereits beantwortet hat. Fragt aber nach, wenn etwas unklar geblieben ist.)
- Wie sollen die Ergebnisse festgehalten werden (z.B. schriftliches Protokoll, Audiokassette, Videofilm)?

3. Durchführung
Die Durchführung hängt von euch ab, vor allem davon, welche der o.g. Vorgehensweisen ihr gewählt habt.

4. Auswertung
Vielleicht entschließt ihr euch, das Expertengespräch in Form eines Protokolls auszuwerten.

Vergesst nicht, euer Protokoll auch an den Experten zu schicken. Er kann so sehen, wie seine Ausführungen „angekommen“ sind. Er wird sich über eure Höflichkeit freuen.

Die Auswertung muss aber auch hier wieder die Kritik an euch selbst einbeziehen: Was haben wir gut gemacht, was können wir besser machen?

6 Wie plane ich meinen Berufsweg?

Ihr verlasst die Hauptschule nach zehn Schuljahren. Die Abschlüsse, die ihr dann erreichen könnt, sind
- der Hauptschulabschluss nach Klasse 9,
- der Sekundarabschluss I, Hauptschulabschluss nach Klasse 10, Typ A,
- der Sekundarabschluss I, Fachoberschulreife, eventuell mit Qualifikationsvermerk für den Besuch der gymnasialen Oberstufe nach Klasse 10, Typ B.

Wer keinen Abschluss erreicht, erhält ein Abgangszeugnis. Ganz gleich, welchen Abschluss und welches Zeugnis ihr bekommt, im Prinzip stehen jedem von euch noch alle Möglichkeiten im Hinblick auf die Berufswahl offen. In der jeweils neuen Auflage von „Beruf akuell“ findet ihr unter dem Kapitel „Bildungssysteme“ eine Übersicht über die derzeit gültigen Bildungswege.

Doch lassen wir einmal Moritz zu Wort kommen, der 2004 aus dem 8. Schuljahr – also ohne Hauptschulabschluss – entlassen wurde: „Zuerst wollte ich Hilfsarbeiter werden, aber die Zeiten sind ja wohl vorbei, als es noch hieß: Wozu eine Ausbildung? Kurz angelernt und dann ran ans dicke Geld! Bald merkte ich auch, dass ich ziemlich dumm herumstand, wenn sich die anderen über Berufswahl und so unterhielten. Also habe ich mich beim Berufsberater und bei den beruflichen Schulen in unserer Kreisstadt erkundigt. Und so soll es bei mir weiterlaufen: zuerst gehe ich in die Vorklasse zum Berufsgrundbildungsjahr, Berufsfeld Metalltechnik, dann mache ich das Berufsgrundbildungsjahr und danach eine Ausbildung zum Werkzeugmechaniker. Und vielleicht mach ich dann noch weiter.“

Ein Wegweiser in einer berufsbildenden Schule

A

1. Erkundigt euch bei den beruflichen Schulen eures Kreises bzw. eurer Stadt, welche Bildungsgänge dort an welchen Schulen möglich sind. Die beruflichen Schulen geben in der Regel Merkblätter dazu heraus.

Informationsquellen nutzen

Beratung

Praktikum/Erkundung

Auswertung

Entscheidung

Ein Fahrplan zur Berufsorientierung

1. Nutze Informationsquellen
z.B. „Beruf Aktuell“, „Mach's richtig“, „Blätter zur Berufskunde“, Internetsuche, Berufsberatung und BIZ.

2. Was willst du, was kannst du? Berufsberatung:
Prüfe, welche Erwartungen, Interessen und Fähigkeiten du hast und lass dich beraten, welcher Ausbildungsweg oder Beruf infrage kommt. Nutze eine Beratung in der Schule oder in der Agentur für Arbeit.

3. Praktikum/Erkundung
Praktische Erfahrungen zu sammeln, z.B. im Betriebspraktikum, ist wichtig. Auch die Befragung von Experten kann weiterhelfen. Augen auf und beobachten im Praktikum oder bei Betriebs- und Arbeitsplatzerkundungen!

4. Auswertung
Werte aus, ob die Erfahrungen im Praktikum, durch Erkundungen oder Expertenbefragungen übereinstimmen mit dem, was du von deinem zukünftigen Beruf erwartest und was du kannst. Überlege, welche Alternativen es gibt.

5. Entscheidung
Wenn deine Entscheidung für einen Ausbildungsweg oder einen Beruf relativ sicher ist, solltest du den regionalen Ausbildungsmarkt erkunden. Was ist möglich und wo?

6. Bewerbung/Anmeldung
Bewerbungsgespräche und schriftliche Anmeldungen solltest du in der Schule vorbereiten. Beachte die Anmeldungsfristen für weiterführende Schulen in der Region.

Uwe am Bau

Claudia im Frisörsalon

Unterricht, der euch helfen soll den richtigen Startberuf zu finden, findet nicht nur im 7./8. Schuljahr statt, sondern wird im 9./10. Schuljahr fortgesetzt. Dann werdet ihr euch mit der konkreten Stellensuche befassen.

Im Kern geht es um die Beantwortung der folgenden vier Fragen:
- Was kann ich?
- Was will ich werden?
- Wie plane ich meinen Berufseinstieg?
- Wie bewerbe ich mich?

Die Themen in diesem Kapitel sind eine wichtige Vorbereitung auf den nachfolgenden Berufswahlunterricht. Fassen wir also zusammen, auf welche Informationen, Überlegungen und Erkenntnisse ihr dann in den nächsten Schuljahren aufbauen könnt:

1. Arbeit bedeutet einerseits Lebensunterhalt, anderseits ist sie ein Produktionsfaktor. Was Arbeit bedeuten kann, wird besonders dem deutlich, der keine Arbeit hat.
   Stichwörter: **Zwang, Plackerei, aber auch Anerkennung, Erfüllung des Lebens,**
   Arbeitslosigkeit: Erholungsurlaub, aber auch Hoffnungslosigkeit, Minderwertigkeitsgefühl

2. Die internationale Arbeitsteilung hat in den letzten Jahrzehnten stark zugenommen.
   Stichwörter: **Airbus, Skoda**

3. Die deutschen Unternehmen stehen in harter Konkurrenz zu den Unternehmen anderer Länder.
   Stichwörter: **Niedrigere Löhne, preiswertere Produkte, Abwanderungen**

4. Diese Entwicklung hat Folgen für die deutschen Arbeitnehmer/innen.
   Stichwörter: **Lernbereitschaft, Qualifizierung, Flexibilität, Mobilität**

5. Nationale und internationale Arbeitsteilung, technischer Fortschritt und Strukturwandel sind Ursachen für die Entstehung und Veränderung von Berufen.
   Stichwörter: **Kfz-Mechaniker/-in – Kfz-Mechatroniker/-in**

6. Der Anteil der Dienstleistungen steigt ständig.
   Stichwörter: **Dienstleistungen 1950–2006**

7. Viele Berufe sind im IT-Bereich entstanden.
   Stichwörter: **Hardware – Software,**
   planen, weiterentwickeln, warten und pflegen, verkaufen, beraten, anwenden

A

1. Zu den einzelnen Punkten der Zusammenfassung sind jeweils fettgedruckt Stichwörter angegeben. Eure Aufgabe soll es sein, zu diesen Stichwörtern das zu sagen, was euch spontan einfällt. Falls das nicht so recht gelingen will und ihr keine Zusammenhänge erkennen könnt: Zurückblättern und nachsehen!

1. Auch hier sind fettgedruckte Stichwörter angegeben. Was fällt euch dazu spontan ein? Falls das nicht so recht gelingen will und ihr keine Zusammenhänge erkennen könnt: Zurückblättern und nachsehen!

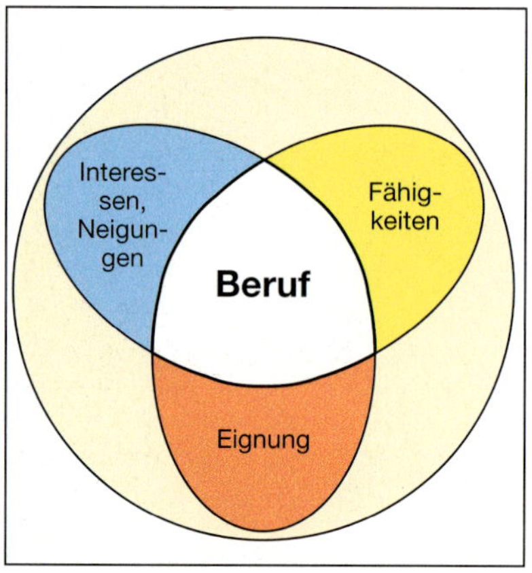

Die Erkenntnisse, die ihr aus den Punkten 1 bis 7 gewonnen habt, solltet nun bei euch „gespeichert“ sein, denn ihr müsst sie im weiteren Verlauf eurer Berufswahl stets mitbedenken und anwenden.

Die Suche nach dem Startberuf betrifft euch ganz persönlich und niemand kann euch diese Entscheidungen abnehmen. Allerdings könnt ihr euch helfen lassen. Dazu solltet ihr in jetzt noch folgende Schritte erledigen:

1. Überlegen: Was kann meine Berufswahl beeinflussen?
   Stichwörter: **Wirtschaftslage, Herkunft, Praktikum, Beziehungen**

2. Herausfinden: Welche Voraussetzungen bringe ich mit?
   Stichwörter: **Interessen – Hobbys, Fähigkeiten – Schulnoten, Selbsteinschätzung – Fremdeinschätzung**

3. Prüfen und vergleichen: Welche Anforderungen stellen meine Wunschberufe an mich?
   Stichwörter: **Anforderungen (Beruf aktuell) – meine Fähigkeiten**

4. Informieren: Welche Informationsquellen kann ich für mich nutzen?
   Stichwörter: **Personen, Institutionen, Agentur für Arbeit**

5. Probieren: Wie kann ich einen Beruf „live“ erleben?
   Stichwörter: **Erkundungen, Praktikum**

Wenn ihr diese Punkte abgearbeitet habt, dürftet ihr gut gerüstet sein, um eure Berufswahl konkret und erfolgreich anzugehen.

Im letzten Abschnitt dieses Kapitels sind die möglichen Hauptschulabschlüsse dargestellt. Auch daran solltet ihr arbeiten, denn eins ist klar: Je qualifizierter euer Schulabschluss ist, desto besser sind eure Chancen!

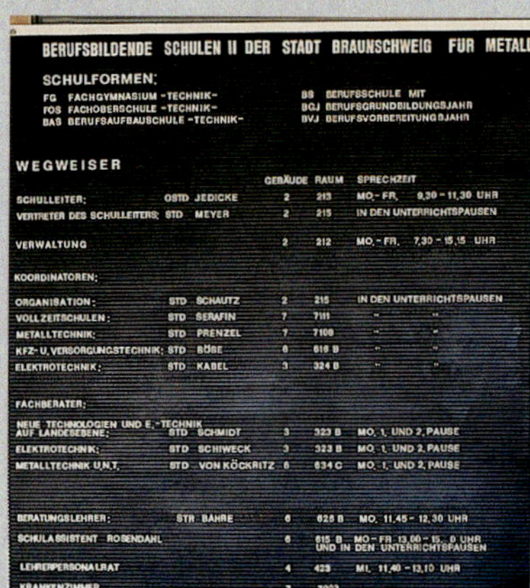

VI Staat und Wirtschaft

In diesem Kapitel lernt ihr,
- *warum die Wirtschaft eines Landes Regelungen benötigt,*
- *welche Bereiche einer Volkswirtschaft geregelt werden müssen,*
- *welche Idee unserer Wirtschaftsordnung zugrunde liegt,*
- *wie unsere Wirtschaftsordnung entstanden ist und*
- *welche Unterschiede es zwischen einem marktwirtschaftlichen und einem planwirtschaftlichen System gibt.*

1 Wirtschaftsordnung - wozu?

Ein Basketballspiel verläuft nach Regeln.

Der Sinn von Regeln

Normalerweise weiß jeder, wie ein Basketballspiel abläuft. Er weiß, wie viele Personen mitspielen, wie viele Ersatzleute erlaubt sind, wie groß ein Basketballfeld ist. Dass dieses Basketballfeld zwei Hälften hat und in jeder Hälfte ein Korb steht; weiterhin, wie hoch dieser Korb hängt. Er weiß, dass es das vorrangige Ziel ist, den Ball mit den Händen in den Korb zu werfen, wenn man ein Spiel gewinnen will; dass man kein Foul begehen darf, dass es bei Regelverletzungen Strafen gibt, beispielsweise einen Freiwurf. Bei sehr groben und unsportlichen Regelverletzungen, bei denen ein Spieler verletzt wird, kann man vom Spiel ausgeschlossen werden. Insgesamt heißt das, dass ein Basketballspieler weiß, nach welchen Regeln dieses Spiel gespielt wird und welches Ziel dieses Spiel hat. Er weiß, dass er diese Regeln einzuhalten hat, wenn er keine Bestrafung in Kauf nehmen will. Mit welcher Qualität und mit welcher Taktik, mit welchem Geschick er Basketball spielt, bleibt ihm überlassen.

Es wird dem Fußballspieler auch nicht vorgeschrieben, auf welche Art und Weise als Mittelfeldspieler er seinen Außenstürmer anspielen soll oder dass er sich als Linksaußen nur in einem Umkreis von neun Metern am linken Spielrand bewegen darf. Dies alles ist der vielmehr der Spielsituation anzupassen. Und natürlich kann der Linksaußen, wenn erforderlich, auch auf der rechten Spielfeldseite auftauchen.

Diese Regeln gelten für eine Mannschaft in der Kreisklasse ebenso wie für eine Mannschaft in der Bundesliga.

Solche Regeln bieten **Sicherheit**: Jeder Spieler weiß, wie andere sich verhalten sollen und dass Verstöße bestraft werden.

Dies ist auch für die Wirtschaft eines Landes erforderlich: Eine Wirtschaftsordnung hat ebenfalls „Spielregeln", die man kennen muss, wenn man ihre Funktionsweise verstehen will.

Auch im Verkehr gelten Regeln, die jeder einhalten muss.

Ich biete … ich möchte haben

2 Was ist eine Wirtschaftsordnung?

Warum benötigen wir eine Wirtschaftsordnung?
In Deutschland gibt es rund 82 Millionen Menschen. Sie wollen essen, trinken, sie benötigen Kleidung, der eine will Jeans, der andere einen Frack. Frau Meyer möchte Kinderkleidung oder sie sucht eine Bluse für ein Fest, Herr Wenger kauft sich eine CD, benötigt einen Schlagbohrer für seine Hobbyarbeiten am Wochenende, Jenny kauft eine Zeitschrift um endlich die Reportage über ihre Lieblingsgruppe zu lesen.

Hunderttausende unterschiedlicher Produkte und Dienstleistungen werden von den 82 Millionen Menschen benötigt. Zählt man die vielen Rohstoffe und Betriebsstoffe hinzu, die Unternehmen für ihre Produktion benötigen, sind es noch wesentlich mehr. Diese werden nicht von einem Betrieb hergestellt und verteilt, sondern von vielen tausend Betrieben.

Sie produzieren, verkaufen und transportieren, damit immer zur richtigen Zeit, am richtigen Ort Produkte und Dienstleistungen zur Verfügung stehen und die Menschen ihre Bedürfnisse befriedigen können oder Unternehmen z. B. die benötigten Maschinen kaufen können. Wie ärgerlich es sein kann, dass das, was man benötigt, nicht zu finden ist, weiß jeder aus eigener Erfahrung.

Für uns ergibt sich daraus die Frage: Wie muss eine Wirtschaft organisiert sein, wie werden die unzähligen wirtschaftlichen Handlungen durch Regeln so beeinflusst, dass alle Menschen mit Sachgütern und Dienstleistungen versorgt werden können, die benötigten Arbeitskräfte zur Verfügung stehen, sie so viel Einkommen erzielen, dass sie ein menschenwürdiges Leben führen können?

A

1. So wie ein Fußballspiel nach bestimmten Regeln abläuft, so gibt es in vielen gesellschaftlichen Bereichen Regelungen, mit denen erst ein friedliches, reibungsloses Zusammenleben möglich wird.

   Stellt Beispiele zusammen für „Ordnungen“ bzw. „Regelungen“, denen wir tagtäglich begegnen.

Volkswirtschaft

Damit wird die Wirtschaft eines ganzen Landes bezeichnet, z. B. die Wirtschaft der Bundesrepublik Deutschland.

Grundfragen jeder Wirtschaftsordnung

Wirtschaftliche Grundfragen

Wir wissen schon aus den bisherigen Kapiteln: Menschen haben Bedürfnisse, die durch wirtschaftliche Tätigkeiten befriedigt werden müssen. Dies soll durch das Angebot von Sachgütern und Dienstleistungen geschehen.

Allerdings ist die verfügbare Menge an Konsumgütern in einer Volkswirtschaft immer geringer als die Summe der Konsumwünsche aller Konsumenten. Dies stellt jede Volkswirtschaft vor die Aufgabe, vier Grundfragen zu lösen:

1. Was soll produziert werden?
   Welche Güter und Dienstleistungen sollen hergestellt werden?
2. Für wen soll produziert werden?
   Wer soll die produzierten Güter und Dienstleistungen erhalten? Wer kann sie kaufen?
3. In welcher Menge soll produziert werden?
4. Wie soll produziert werden?
   Mit welchen Rohstoffen, mit welchen Maschinen und in welchen Produktionsstätten sollen die Güter gefertigt werden?

1. Wenn du in einen Supermarkt gehst, siehst du eine unglaubliche Anzahl von Gütern, häufig in großen Mengen. Wie kann man trotzdem von Knappheit sprechen? Begründe deine Meinung.

2. Wilhelm Busch hat in einem Gedicht über Bedürfnisse zum Schluss gereimt: „Ein jeder Wunsch, wenn er erfüllt, kriegt augenblicklich Junge!“ Erkläre, was er damit gemeint hat.

Ordnungselemente und Wirtschaftsformen *)

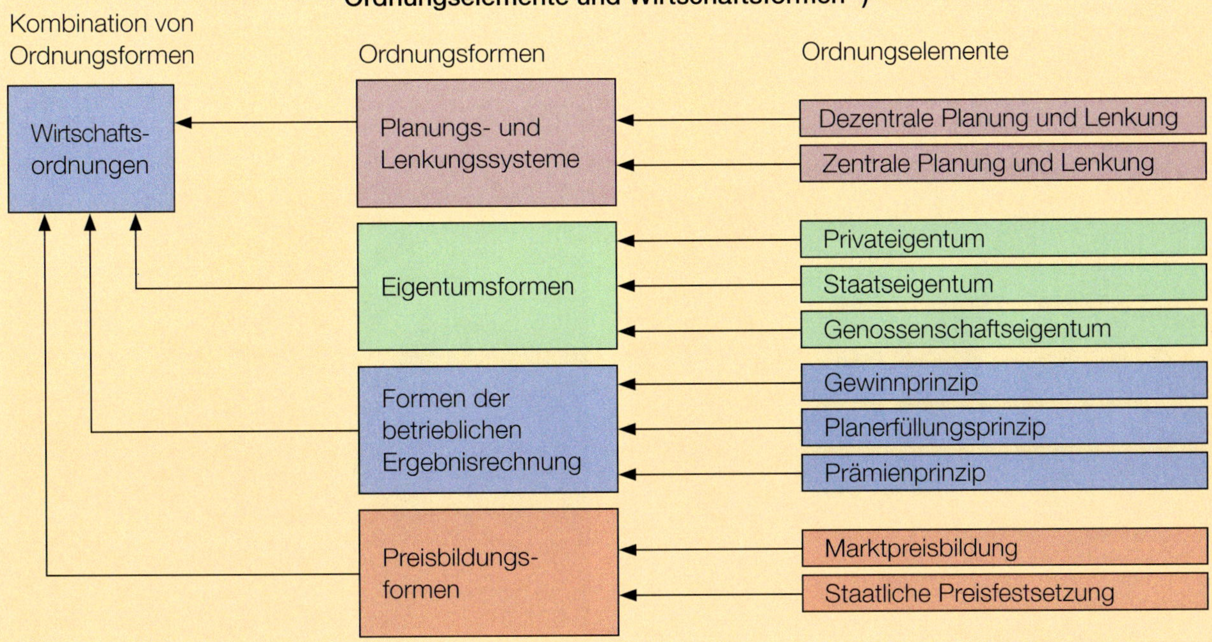

*) Die Übersicht beschränkt sich vereinfachend auf die Darstellung einiger wichtiger Ordnungsformen und Ordnungselemente.
Quelle: Bundeszentrale für politische Bildung. Informationen zur politischen Bildung

Die Grundidee der Wirtschaftsordnung der Bundesrepublik Deutschland

Die Wirtschaftsordnung der Bundesrepublik Deutschland beruht auf dem Modell einer Marktwirtschaft.

- Nach diesem Modell treffen die Wirtschaftsteilnehmer unabhängig voneinander und frei ihre Entscheidungen am Markt. Gelenkt wird der Wirtschaftsprozess durch Märkte und Preise, die sich durch Angebot und Nachfrage regeln und nicht durch zentrale Pläne der Regierung. Das Privateigentum wird in besonderer Weise geschützt und garantiert.
  Nicht der Staat verfügt über Maschinen und Fabriken, sondern einzelne Bürger. Es gibt also bis auf wenige Ausnahmen, in denen der Staat Eigentümer ist, Privateigentum an den Produktionsmitteln.
- Die Preise für Sachgüter und Dienstleistungen bilden sich auf Märkten durch Angebot und Nachfrage und nicht dadurch, dass der Staat die Preise festsetzt.
- Die Unternehmer streben danach, Gewinne für ihre Unternehmen zu erzielen. Sie arbeiten also nicht für die Erfüllung staatlicher Pläne.

Der Staat hat lediglich Überwachungsfunktion und garantiert durch seine Rechtsordnung z. B. Vertragsfreiheit, freie Berufs- und Arbeitsplatzwahl sowie die Gewerbefreiheit.

Diese Grundidee hört sich einfach an, ihre Realisierung ist jedoch viel komplizierter, als es auf den ersten Blick erscheint.

A

Betrachtet die Ordnungselemente für die Bundesrepublik Deutschland:

1. Wer plant die Produktion von Autos, wer ihren Kauf? Ist die Planung also zentral oder dezentral?
2. Wem gehören Fabriken, Grundstücke und Maschinen? Ist das Eigentum in der Regel in privater Hand oder verfügt darüber der Staat?
3. Mit welchem Ziel müssen private Unternehmen in der Bundesrepublik arbeiten, wenn sie existieren wollen?
4. Wie kommt der Preis für ein Auto oder eine Kücheneinrichtung zustande? Welche Preisbildungsform herrscht also vor?

Nutzungsrechte am Eigentum: Gebrauchen

Verändern

2.1 Die Eigentumsverfassung

Wenn ein Mitschüler dir dein Fahrrad, einen Pullover oder „nur" einen Bleistift wegnimmt und verkündet: „Diese Sachen gehören ab sofort mir!", dann wirst du ziemlich erstaunt sein und deinem Mitschüler erklären, er sei wohl nicht ganz normal.

In der Tat: Wäre in einer Wirtschaftsordnung nicht geregelt, was Eigentum ist und was man mit seinem Eigentum tun darf und was nicht, würde es Mord und Totschlag geben.

In einer Marktwirtschaft gilt das Privateigentum. Wenn du eine Sache, z. B. ein Fahrrad, rechtmäßig für einen bestimmten Geldbetrag erworben hast, darfst du mit deinem Eigentum nach deinen Vorstellungen umgehen. Du hast an deinem Eigentum drei grundlegende Rechte:

Entscheidungs- und Nutzungsrecht
Du kannst mit dem Rad fahren, wann du willst. Du nutzt es für den Schulweg, für den Besuch einer Disko, für eine Ferientour und was immer du damit tun möchtest. Du kannst es auch in den Keller stellen und nicht benutzen. Du darfst es wegwerfen – aber nur dann, wenn du dabei die geltenden Gesetze beachtest, in diesem Fall Abfallbeseitigungsvorschriften.

Recht, ein Gut zu verändern
Angenommen, die Farbe des Fahrrades gefällt dir nicht mehr. Also beschließt du die gelbe Farbe rot zu überstreichen, deine Freunde lachen dich zwar aus, aber du findest es schön. Es ist schließlich dein Fahrrad.

Verleihen

Verkaufen

Aber auch in diesem Fall darfst du nicht alles: Wenn du mit dem Fahrrad weiter zur Schule fahren willst, darfst du die Rückstrahler, die Lampe oder die Handbremse nicht abbauen, denn dann gilt dein Fahrrad nicht mehr als verkehrssicher – du verstößt gegen die Straßenverkehrszulassungsordnung. Wenn bestehende rechtliche Vorschriften durch die Veränderung deines Eigentumes verletzt werden, dann ist dies verboten, weil dadurch die Rechte anderer Personen beeinträchtigt werden.

Recht, das Eigentumsrecht zeitweise oder ganz zu übertragen
Nehmen wir an, ein Mitschüler würde dich bitten, ihm das Fahrrad für zwei Wochen zu überlassen, weil seins beschädigt ist und er sich erst in zwei Wochen ein neues kaufen kann. Ihr schließt eine Vereinbarung: Du verleihst ihm das Fahrrad für zwei Wochen und dein Mitschüler gibt dir dafür 10 Euro. Du verzichtest also auf dein Fahrrad für zwei Wochen, dafür darfst du natürlich mit den 10 Euro machen, was du willst.

Falls du dich entschließt, nach zwei Jahren ein neues Fahrrad zu kaufen, weil es ein neues Modell gibt, das dir besonders gut gefällt, kannst du dein Fahrrad verkaufen und das Geld für ein neues Fahrrad verwenden. Mit dem Verkauf übergibst du das Fahrrad an den Käufer und zugleich deine Eigentumsrechte, die du an dem alten Fahrrad hattest.

Es gibt viele andere Beispiele: Die Tante, die dir ein altes Bild vererbt, die Eltern, die ein Haus auf den Sohn oder die Tochter übertragen, der Unternehmer, der seinen Kindern seinen Betrieb übergibt oder einem verdienten Mitarbeiter einen Teil seines Betriebes vermacht. Sie alle übertragen Eigentumsrechte an andere.

A

1. Suche im Grundgesetz (GG) nach Regelungen, die etwas zum Eigentum aussagen.

Eine wesentliche Aufgabe für die Sicherung der Eigentumsverfassung übernimmt die Rechtsordnung einer Gesellschaft.

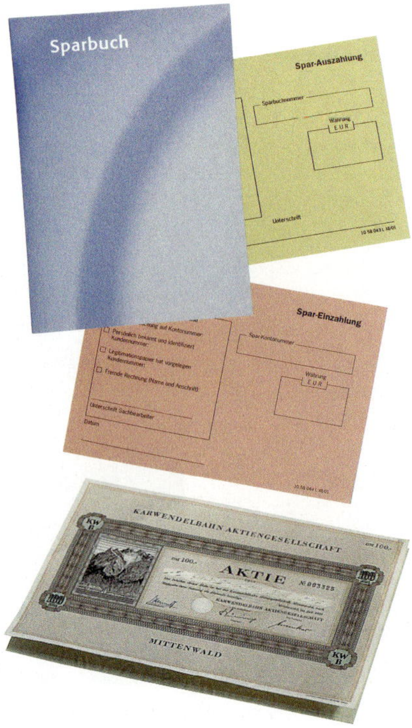

Durch die Rechtsordnung besonders geschützter Besitz

Justitia. Die Augenbinde der Göttin der Gerechtigkeit soll zeigen, dass ohne Ansehen der Personen geurteilt wird.

Eine Rechtsordnung – was wäre, gäbe es sie nicht?

Nehmen wir Folgendes an: Ihr habt ein Produkt gekauft und stellt nach dem Kauf zu Hause fest, dass es einen Schaden hat. Was jetzt? Gäbe es keine Rechtsvorschriften für diesen Fall, hättet ihr eben Pech gehabt. So gibt es aber eine Gewährleistungspflicht des Verkäufers. Sie gilt zwei Jahre: Ein fehlerhaftes Produkt muss entweder zurückgenommen oder ausgebessert werden. Auch für den Kauf eines Produktes auf Kredit, d.h. die gesamte Kaufsumme wird in Monatsraten bezahlt, gibt es Rechtsvorschriften. Damit hat das Geschäft die Sicherheit, dass es diese Summe auch tatsächlich bekommt. Andernfalls würde niemand auf Kredit verkaufen. Unsere Rechtsordnung muss daher drei Eigenschaften haben:

1. Das Recht muss **allgemein** sein, d.h. für jeden gelten und auf jeden anwendbar sein. Es darf keine Unterschiede nach Personen, Ansehen, Geschlecht und Rasse machen.
2. Das Recht muss **offen** sein, d.h., alles muss erlaubt sein, so lange es nicht gesetzwidrig ist. Es können nicht alle denkbaren Fälle im Einzelnen vorab geregelt werden, d.h., wenn es Entwicklungen gibt, die vorher noch nicht abzusehen waren, dann muss die Rechtsprechung darauf reagieren.
3. Das Recht muss **sicher** sein, d.h., die rechtlichen Regelungen müssen so eindeutig sein, dass sie in der Praxis klar erkennbar sind. Diese Forderung ist jedoch nur sehr schwer zu realisieren, weil sich nur noch Experten in der Fülle der rechtlichen Regelungen zurechtfinden.

Ein typischer Fall für Haftung: Vertraglich war ein ruhiges Zimmer vereinbart worden.

Ge- und Verbote sichern das Zusammenleben.

Wichtige rechtliche Regelungsbereiche
In einem marktwirtschaftlichen System müssen aus rechtlicher Sicht geregelt werden:

- Das **Privateigentum** muss geschützt werden. Es ist die zentrale Säule der Marktwirtschaft.

- Es muss **Vertragsfreiheit** garantiert werden. Eine Marktwirtschaft kann nur funktionieren, wenn die Vertragsparteien am Wirtschaftsgeschehen Verträge frei aushandeln können. Natürlich dürfen die Teilnehmer dabei nicht gegen geltende Gesetze verstoßen.
  Mit einem Dreizehnjährigen, der lieber in einer Fabrik arbeiten würde als weiter zur Schule zu gehen, könnte ein Unternehmen keinen rechtlich gültigen Arbeitsvertrag abschließen. Es würde sich um Kinderarbeit handeln und diese ist in Deutschland verboten. Außerdem ist der Dreizehnjährige noch schulpflichtig.

- Privateigentum und Vertragsfreiheit sind erst dann sinnvoll, wenn es auch Regelungen für die **Haftung** gibt: Die Vertragsparteien müssen auch für die Folgen ihres Handelns geradestehen. Das ist nur „recht und billig“, wie man sagt.
  Die Rechtsordnung enthält deshalb Strafen für Vertragsbruch, für das Nichteinhalten von Gesetzen, Auflagen und Richtlinien. Diese sollen den Vertragsparteien aber auch gegenseitig eine größere Sicherheit bei ihren Geschäften verschaffen. Gebote und Verbote sichern das Zusammenleben von Menschen.

A

1. Die Regelungen für ein marktwirtschaftliches System müssen durch eine Rechtsordnung abgesichert werden.
   Lest den Text sorgfältig durch und stellt die Vorteile einer Rechtsordnung zusammen. Sammelt auch Beispiele für Probleme, die durch eine Rechtsordnung entstehen können.

2. Versucht einen Vertragstext für den Verkauf eines Fahrrades aufzusetzen. Fasst den Text so, dass der Verkäufer nicht für nachträglich festgestellte Mängel haftet.

Die Koordination von Produktion und Konsum

Wir können drei Arten von **Märkten** unterscheiden:

1. **Die Gütermärkte**, auf denen Sachgüter und Dienstleistungen gehandelt werden.
2. Wir kennen aber auch die **Geld- oder Kapitalmärkte**.
3. Der **Arbeitsmarkt** ist der Markt, auf dem Menschen ihre Arbeitskraft anbieten und Unternehmen z.B. nach qualifizierten Personen nachfragen.

Märkte erbringen eine überragende Leistung in arbeitsteiligen Volkswirtschaften. Die Produktion z.B. von Wurst und der Konsum, der Verzehr von Wurst, sind auf mehrfache Weise getrennt: Der Ort, die Zeit der Produktion und Ort und Zeit des Konsums sind unterschiedlich. Die Koordination zwischen Produktion und Konsum erfolgt über Märkte (vgl. die Abbildung oben).

2.2 Wer plant und lenkt das Wirtschaftsgeschehen?

Grundsätzlich plant jeder Konsument für sich, d.h. nach seinen Bedürfnissen und seinem Einkommen, also durch eine dezentrale Planung. Er geht z.B. in eine Bäckerei, in eine Boutique, zu einem Zweiradhändler und verlangt nach einem Produkt. Wenn ein Geschäft zu schlechte oder zu teure Produkte anbietet, wird es auf seinen Produkten sitzen bleiben und Verluste machen. Wenn Unternehmen nicht vom Markt verschwinden, sondern weiter Gewinne machen wollen, müssen sie sich dem Wettbewerb mit anderen Unternehmen stellen.

Wie lässt sich das erklären?
In einer arbeitsteiligen Gesellschaft kann der Einzelne seine Bedürfnisse nicht mehr dadurch befriedigen, dass er alle gewünschten Güter selbst erstellt, wie das in der Frühzeit der Menschheit noch der Fall gewesen sein mag. Die unterschiedlichen Fähigkeiten der Menschen, die unterschiedliche Verteilung von Rohstoffen auf der Welt und die unterschiedlichen technischen Möglichkeiten lassen das heute nicht zu.

Märkte sind so etwas wie eine Koordinationsstelle für die Angebote der Unternehmen und für die Nachfrage nach Dienstleistungen und Produkten der Konsumenten. Mit ihrer Nachfrage steuern die Konsumenten das Wirtschaftsgeschehen und zwar mit dem Geld, das sie täglich auf den Märkten für Produkte und Dienstleistungen ausgeben. Das ist die eine Seite der Medaille. Auf der anderen Seite wollen sich Unternehmen natürlich nicht so vollständig der jeweiligen Nachfrage durch die Konsumenten ausliefern. Sie versuchen deshalb die Wünsche der Konsumenten zu erforschen und zu beeinflussen. Das geht manchmal sogar so weit, dass die Konsumenten Produkte kaufen, die sie eigentlich nicht benötigen oder nur glauben, dass der Besitz dieser Produkte für sie unverzichtbar sei.

Auf Märkten werden Rechte getauscht

Wir wissen: Märkte sind Orte, auf denen Angebot und Nachfrage zusammentreffen (vgl. S. 29 ff.). Aber Märkte haben noch eine andere Aufgabe. Das Foto in der Randspalte zeigt eine alltägliche Situation: Ein Verkäufer gibt dem Käufer ein Produkt. Dieser überreicht dafür die geforderte Summe. Es findet offensichtlich ein Tausch statt: Produkt gegen Geld. Tatsächlich passiert viel mehr, denn dieser Tausch stellt gleichzeitig einen Tausch von Rechten dar, sie gehen vom Verkäufer auf den Käufer des Produktes über. Dieser erwirbt die drei Rechte, die jeder Eigentümer an seinem Eigentum hat und auch das Ausschlussrecht gegenüber Dritten, wie ihr schon aus dem Fahrradbeispiel wisst (siehe S. 144/145).

Tausch von Ware gegen Geld, hier beim Schulkiosk

Die Funktion der Preise

Preise informieren Produzenten und Konsumenten darüber, wie begehrt Güter sind. Preise können in einer Volkswirtschaft Produzenten und Konsumenten aber auch falsche Informationen geben.

Das ist der Fall, wenn der Staat aus politischen Gründen die Preise durch Subventionen verzerrt. Bei einem Mietstopp z. B. denkt der Mieter, dass Wohnungen billig seien – wer aber baut in einer solchen Situation Wohnungen zur Vermietung, wenn die erzielbaren Mieten nicht einmal die Kosten decken?

Ähnlich verhält es sich mit der Subvention von Agrarprodukten. Die Landwirte bauen an, weil sie Preise garantiert bekommen, nicht, weil am Markt die Nachfrage vorhanden ist. Die Folge sind unverkäufliche Kartoffeln, Tomaten, Äpfel usw. Dies ist ein dauernder Konfliktfall in der EU. Würden statt Subventionen direkte Zuschüsse gezahlt werden, würden sie über den Tauschwert der Agrarprodukte informieren, Milchseen oder Apfelberge würden vermieden.

Agrarprodukte auf der Müllhalde: Fehllenkung durch Subvention

1. Im Jahr 2004 wurden schätzungsweise 7 Milliarden Euro Subventionen verteilt. Sie sind in der Öffentlichkeit sehr umstritten. Sammelt zu diesem Thema Informationen und diskutiert.

2.3 Wie wird der wirtschaftliche Erfolg gemessen?

Ihr wisst, dass ein Unternehmen auf Dauer nur bestehen kann, wenn es Gewinne erzielt. Natürlich besteht immer das Risiko, Verluste zu machen. Da es grundliegendes Ziel eines Unternehmens ist, Gewinne zu erzielen, muss es die Dienstleistungen und Sachgüter gewinnbringend absetzen.

Die Einnahmen, die ein Unternehmen erzielt, nennt man Erträge. Diese sind noch nicht der Gewinn. Vielmehr müssen von diesen Erträgen noch alle Aufwendungen abgezogen werden. Das Ergebnis nennt man Rohgewinn. Von diesem sind die Steuern abzuziehen und zum Beispiel der Unternehmerlohn. Dies ist ein Betrag, den ein Unternehmer bekommen würde, wenn er eine vergleichbare Tätigkeit in einem anderen Betrieb ausüben würde. Es wird also so kalkuliert, als ob man mit seiner Arbeitskraft in einem anderen Unternehmen tätig wäre, nur wird der Betrag nicht wirklich ausgezahlt.

Unter Aufwendungen erscheint auch der Begriff „Abschreibungen“. Was ist damit gemeint?

Maschinen, mit denen produziert wird, nutzen im Laufe der Zeit ab. Hat eine Maschine zum Beispiel eine Lebensdauer von fünf Jahren und kostete sie 5.000 Euro, dann könnte man sagen, dass sie jedes Jahr 1.000 Euro (5.000 Euro : 5) an Wert verliert. Diese 1.000 Euro nennt man Abschreibung. Wenn ein Betrieb nach fünf Jahren eine neue Maschine installieren will, dann muss er jährlich 1.000 Euro zurücklegen, um wieder 5.000 Euro für eine neue Maschine zusammen zu haben.

Die jährlichen 1.000 Euro muss ein Unternehmen von seinen Erträgen abziehen, wenn es sich nicht selbst täuschen will. Diese 1.000 Euro werden deshalb als Kosten mit in die Preise eingerechnet.

Erträge

Einnahme eines Betriebes durch Verkauf von Sachgütern und Dienstleistungen

– Aufwendungen

alle Kosten, die in einem Betrieb anfallen, z. B. Materialkosten und Löhne, Abschreibungen

---

= Rohgewinn
– Steuern
– Unternehmerlohn

= Gewinn/Verlust

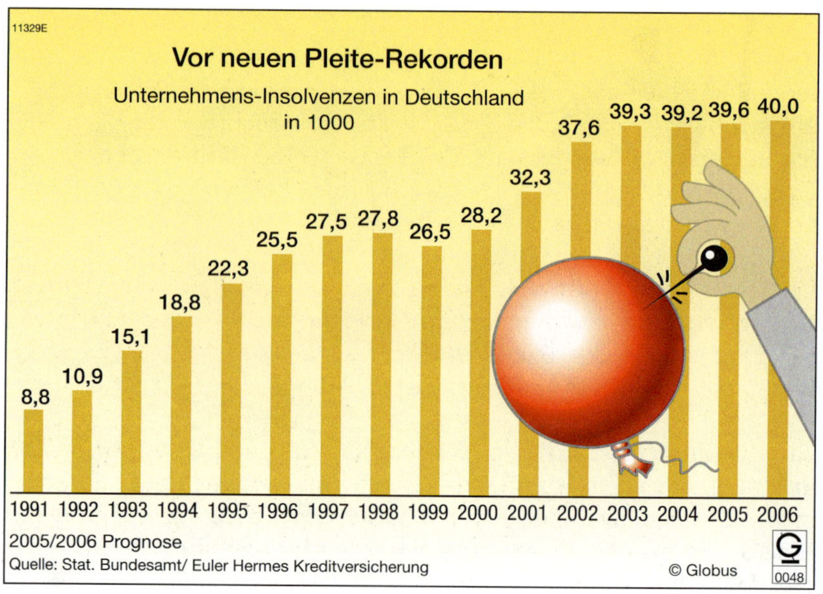

Interview mit dem Unternehmer Friedrichs

Frage: Man liest immer wieder, dass es das wichtigste Ziel eines Unternehmens sei, Gewinne zu machen. Warum ist das so?

Herr Friedrichs: Ja, warum ist das so? Wir stellen Möbel her, andere produzieren Butter und Käse oder was man sich sonst noch alles so denken kann. Natürlich wollen wir damit Geld verdienen, so wie jeder Arbeitnehmer mit seiner Arbeit Geld verdienen will, um sich zu kleiden, zu ernähren, eine Urlaubsreise zu machen usw. Das gilt auch für jedes Unternehmen. Nur wenn ein Unternehmen mehr Erträge als Aufwendungen hat, wird es auf Dauer bestehen können.

Frage: Aber was machen Sie mit dem Gewinn denn sonst noch? Sie haben ein schönes Haus, ein großes Auto und viele andere Dinge mehr.

Herr Friedrichs: Alle sehen nur mein Haus und mein Auto, aber wenige sehen, wie lange ich jeden Tag arbeiten muss. Ich muss meinen Betrieb organisieren, Aufträge besorgen, damit genug Beschäftigung da ist, ich muss vor allem dafür sorgen, dass unser Unternehmen seine Produkte auch verkaufen kann. Wenn kein Mensch unsere Produkte will, dann können wir bald den Laden schließen.

Frage: Arbeiten müssen die Beschäftigten doch auch.

Herr Friedrichs: Selbstverständlich. Und sie müssen sogar sehr gut arbeiten, weil wir mit unseren Produkten wettbewerbsfähig bleiben wollen. Die anderen Unternehmen schlafen auch nicht. Sie wollen uns gegenüber im Wettbewerb gewinnen und nur mit qualifizierten Mitarbeitern kann ich mit meinen Betrieb dem Wettbewerb standhalten. Deshalb müssen sie auch bereit sein, sich fortlaufend weiter zu qualifizieren.

Aber das ist noch nicht alles: Wenn unser Betrieb immer auf dem neuesten Stand bleiben soll, dann müssen unsere Maschinen gut sein. Wir müssen Investitionen tätigen, d.h., wir müssen nicht nur die alten Maschinen ersetzen, sondern auch neue anschaffen. Dafür brauchen wir Geld, viel Geld und nur wenn wir Gewinne machen, dann kann sich unser Unternehmen auch weiterentwickeln.

Und noch etwas: Selbstverständlich verdiene ich durchschnittlich mehr als ein normaler Beschäftigter, aber eins darf nicht vergessen werden: Mein Risiko ist auch größer. Viele Menschen wollen dieses Risiko nicht tragen, sie werden beispielsweise lieber Beamte.

Unternehmer zu sein bedeutet einerseits zwar viel Selbstständigkeit und natürlich bei einem gesunden Unternehmen auch gute Einkommensmöglichkeiten, aber man hat in der Regel auch ein viel größeres Risiko und mehr Verantwortung, z.B. den Mitarbeitern gegenüber, die ebenfalls vom Erfolg des Unternehmens abhängig sind!

Aktionärsversammlung: Rechenschaft über Gewinn oder Verlust

A

1. Warum muss ein Betrieb Gewinne erzielen?

2. Warum sind Abschreibungen gewinnmindernd?

3. Auf welche Weise erwirtschaftet ein Unternehmen das Geld, das es für die Abschreibungen benötigt?

Das zerstörte Dresden

3 Die Entwicklung der sozialen Marktwirtschaft

Die Situation nach dem Zweiten Weltkrieg

Ein Ergebnis des von Hitler angezettelten Zweiten Weltkrieges war neben den Millionen Toten, den Verbrechen und den verwüsteten Landschaften eine nicht mehr funktionierende Wirtschaft. Durch die Zerstörung der Betriebe und vor allem der Verkehrswege war die Produktion der westdeutschen Industrie auf 30 Prozent des Vorkriegsniveaus zurückgeworfen. Die Abtrennung der Gebiete, die nach 1945 unter sowjetischer Verwaltung standen, verschärfte die wirtschaftliche Situation, da die früheren innerdeutschen Wirtschaftsbeziehungen unterbrochen waren. Große Probleme gab es auch auf dem Arbeitsmarkt: Durch die Kriegswirtschaft war der Anteil von berufstätigen Frauen hoch, die zurückströmenden Soldaten suchten Arbeit ebenso wie die große Zahl der Flüchtlinge, und das angesichts der schlechten Lage in Industrie und Handwerk.

Die ohnehin schon schwierige Lage wurde durch rund elf Millionen Flüchtlinge aus den Ostgebieten, die ebenso wie die zurückströmenden Soldaten versorgt und untergebracht werden mussten, noch problematischer. Damit war eine sehr schwierige Versorgungssituation verbunden: Die Geschäfte waren leer und vor ihnen warteten lange Käuferschlangen darauf, für amtlich festgesetzte Preise das Notwendigste, besonders Lebensmittel, kaufen zu können. Vor allem die Städter fuhren in „Hamsterzügen" auf das Land, um Nahrungsmittel gegen Wertsachen – Wäsche, Geschirr, Bestecke – zu tauschen. Mit Lebensmittelhilfen („Care-Pakete") versuchten die USA das Schicksal der deutschen Bevölkerung etwas zu erleichtern.

Lebensmittelkarte – mit ihrer Hilfe sollte die Knappheit geregelt werden.

Der Wert des Geldes

Die Reichsmark war nach dem Kriegsende nichts mehr wert. Auch dies war die Folge des Dritten Reiches. Zur Finanzierung der Rüstung und dann des Krieges wurde ständig die Geldmenge ausgedehnt. Es gab einen großen Geldüberhang, der auch nach 1945 weiter bestand, da das Warenangebot auch jetzt gering war.

Es gab eine Inflation: Die Preise für Güter und Dienstleistungen stiegen sehr schnell, das Geld verlor an Wert.

So tauschte man wieder Ware gegen Ware. Geld wurde nur für solche Produkte verwendet, die einen sehr geringen Wert hatten oder auf Bezugsscheine abgegeben wurden. Für alles andere gab es eine neue Währung: Zigaretten und Kaffee.

Das Einzige, was zur damaligen Zeit blühte – das war der Schwarzmarkt. Und derjenige, der Sachgüter hatte, war besser gestellt als derjenige, der Reichsmark besaß. Die Güter wurden gehortet, das Geld jedoch wurde am liebsten gleich ausgegeben, weil der Wert ohnehin Monat für Monat sank.

Für Zigaretten bekam man fast alles. Die amerikanischen Soldaten konnten z. B. 5.000 Zigaretten für 20 Dollar 50 Cent kaufen. Dafür konnte man auf dem Schwarzmarkt die berühmte Kamera „Leica“ kaufen. Diese war in den USA ca. 600 Dollar wert. Dafür ließen sich 134.000 Zigaretten kaufen und dafür gab es, wie leicht zu errechnen ist, rund 27 Leicas. Und so konnte das Spiel von vorne beginnen.

Damit verlor die Reichsmark ihre Funktion als Tauschwert: was jetzt zählte, waren vor allem Sachgüter. Die Gerüchte vermehrten sich, dass mit einer neuen Währung bald zu rechnen war.

A

1. Was versteht man unter einem Schwarzmarkt?

2. Befragt eure Großeltern oder andere ältere Personen, welche Erinnerung sie an die wirtschaftliche Situation nach dem Zweiten Weltkrieg haben.

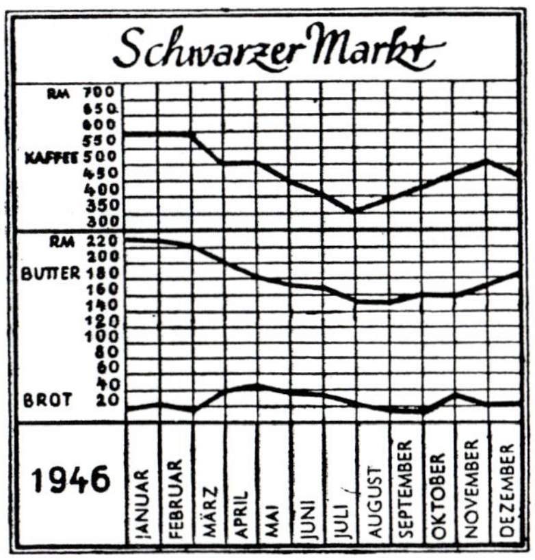

Schwarzmarktkurve
Butter zieht an. Kaffee fällt

Schlangen beim Umtausch des neuen Geldes

Die Währungsreform

Die Amerikaner hatten schon 1947 neues Geld in den USA drucken lassen. Als 1948 klar war, dass die Sowjetunion keine einheitliche Währung für ganz Deutschland haben wollte, bereiteten die Alliierten die Währungsreform heimlich vor. Dennoch gab es Gerüchte, dass die Währungsumstellung bevorstehe. Jeder versuchte so viel altes Geld wie möglich loszuwerden. Der Handel hortete Waren, um nach dem „Tag X" möglichst viel anbieten zu können.

Am 18. Juni 1948 wurde für Sonntag, den 20. Juni, die Währungsreform bekannt gegeben: Jeder sollte insgesamt 60 DM „Kopfgeld" bekommen (40 DM im Juni, 20 DM im August), getauscht wurde dieses Geld 1 : 1. Die Reichsmark galt ab 21. Juni nicht mehr. Von einem Tag auf den anderen war die alte Reichsmark nichts mehr wert.

A

1. Weshalb wird durch eine Währungsreform „Geld aus dem Verkehr gezogen"?

2. Warum waren die Läden direkt vor der Währungsreform leer, danach aber voll?

Unter strenger Geheimhaltung wurde das neue Geld nach Deutschland transportiert.

Soziale Marktwirtschaft
Als die Währungsreform durchgeführt und damit das Geld wieder von den Menschen anerkanntes Zahlungsmittel wurde, fiel in Westdeutschland gleichzeitig die damals heftig umstrittene Entscheidung für die soziale Marktwirtschaft.

Ludwig Erhard (1897–1977), einer der Väter der „Sozialen Marktwirtschaft“

Ludwig Erhard, später der erste Wirtschaftsminister der Bundesrepublik Deutschland, setzte sich 1948 mit der Idee der „sozialen Marktwirtschaft“ durch. Sein vorrangiges Ziel war, dass die Einzelnen und nicht staatliche Stellen planten und sich Konsumenten und Produzenten über Märkte, auf denen Wettbewerb herrscht, versorgten. Diese Idee verbindet das Modell der sozialen Marktwirtschaft mit sozialem Ausgleich: Wo sich soziale Nöte für den einzelnen Bürger zeigten, sollte der Staat diese beseitigen.

Ludwig Erhard war klar, dass allein eine neue Währung für die Gesundung der Wirtschaft nicht ausreichte. Gleichzeitig musste ein Abbau der staatlichen Bewirtschaftung erfolgen. Obwohl Erhard nicht dazu befugt war, verkündete er mit der Währungsreform die Aufhebung vieler staatlich festgelegter Preise. Dies war sehr wichtig, denn die Menschen sollten neue Hoffnung schöpfen. Und tatsächlich: Von einem Tag zum andern füllten sich die Schaufenster mit Konsumgütern. Was bisher nur auf Schwarzmärkten zu bekommen war, konnte jetzt wieder in Geschäften gekauft werden. Die Schwarzmärkte verschwanden innerhalb kurzer Zeit.

Warum? Alle Produkte konnten wieder auf dem Markt erstanden werden. Die Angst der Unternehmen, gute Ware für schlechtes Geld weggeben zu müssen, verschwand.

Schaufensterauslagen vor und nach der Währungsreform

Das Modell der Zentralverwaltungswirtschaft

Im Unterschied zum Modell der Marktwirtschaft hatte das Modell der Planwirtschaft folgende Merkmale:

- Die staatliche Planungsbehörde bestimmt, was produziert werden soll.
- Der Staat und seine Organe kontrollieren die Durchführung der Pläne.
- Alle Rohstoffe und Produktionsmittel sind Eigentum des Staates und damit Eigentum des Volkes.
- Betriebe arbeiten nach dem Grundsatz der Planerfüllung.
- Der Staat setzt Preise und Löhne fest.

Wartburgs vor dem Automobilwerk

4 Zentralverwaltungswirtschaft – die Wirtschaftsordnung der ehemaligen DDR

Planung in der Zentralverwaltungswirtschaft

Staaten, die ihre Wirtschaft zentral durch die Regierung und Planungsbehörden verwalten, waren davon überzeugt, dass sie durch ihre genaue Planung den größtmöglichen Nutzen für die gesamte Gesellschaft erreichten. An dieser Zielvorstellung orientierte sich auch das Planungssystem der ehemaligen DDR. Wie die Planung ablief, lässt sich vereinfacht am Beispiel der Autoproduktion verdeutlichen. Die politische Führung legte fest, wie viele Autos im Jahr produziert und auf dem Inlandsmarkt angeboten werden sollten. Dies teilte sie der zentralen Planungsbehörde mit, die an die einzelnen Autofabriken in der DDR die Anweisung gab, wie viele Autos von welchem Typ sie herstellen sollten. Zugleich wurden die Abgabepreise und Verkaufspreise festgelegt.

Die Fabriken berieten den Planungsvorschlag und stellten fest, ob sie mit den verfügbaren Arbeitskräften und Produktionskapazitäten den Plan erfüllen konnten und wie viel Stahlblech, Farben, Lacke, Kunststoff usw. herzustellen und an die Autobetriebe zu liefern sind.

Alle volkseigenen Betriebe versuchten so wirtschaftlich wie möglich zu arbeiten, damit die Produktionskosten unter dem vorgeschriebenen Abgabepreis lagen. Darüber hinaus durfte ein kleiner Teil des Gewinns als „Prämien“ an die Arbeiter ausgezahlt werden. Oberste Aufgabe der Betriebe war die Planerfüllung.

Mit diesem System versuchten die Planer der DDR das gesamte Wirtschaftsgeschehen zu steuern.

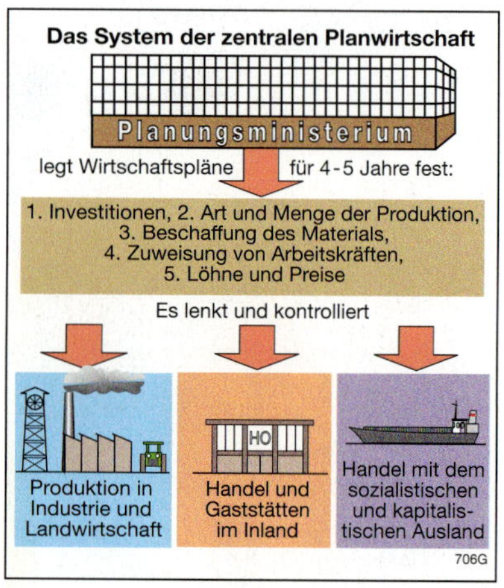

Planwirtschaft: eine zentral gelenkte Wirtschaftsform

Das Wirtschaftssystem der ehemaligen DDR
Die Entwicklung in der DDR verlief völlig anders als in der Bundesrepublik. Die Sowjetunion als Besatzungsmacht (der Sowjetzone und Ost-Berlins) beschlagnahmte nach 1945 einen großen Teil der Industrieanlagen als Entschädigung für die hohen Verluste, die sie im Zweiten Weltkrieg erlitten hatte. Gleichzeitig wurde in der DDR in Anlehnung an die Sowjetunion mit dem Aufbau des Sozialismus nach dem Modell der Zentralverwaltungswirtschaft begonnen.

Wichtige Schritte auf dem Wege zur Zentralverwaltungswirtschaft waren vor allem folgende Maßnahmen:
- Banken und Sparkassen wurden am 21. Juni 1945 enteignet.
- Am 20. Oktober 1945 wurden rund 10.000 gewerbliche Unternehmen beschlagnahmt und später in volkseigene Betriebe (VEB) umgewandelt.
- Landwirtschaftliche Betriebe mit mehr als 100 ha Betriebsfläche wurden mit Verordnung vom 3. September 1945 entschädigungslos enteignet.
- Bis April 1960 wurden alle Einzelbauern in „landwirtschaftliche Produktionsgenossenschaften" (LPG) überführt.
- Die noch verbliebenen privaten Betriebe wurden als Übergangsform auf dem Weg zu genossenschaftlichem Eigentum und Volkseigentum erklärt.

Ergebnis dieser Politik war:
Alle wesentlichen wirtschaftlichen Aktivitäten wie z. B. Produzieren und Investieren wurden staatlich gelenkt.

Nicht die einzelnen Konsumenten lenkten mit ihren Konsumausgaben die Produktion, sondern die Staatsbetriebe. Sie hatten staatliche Pläne zu erfüllen und es gab kein privates Eigentum an den Produktionsmitteln, sondern Staatseigentum.

Funktionsprobleme

Probleme, mit denen das Wirtschaftssystem zu kämpfen hatte, bezogen sich vornehmlich auf:
- Planungsfehler und mangelhafte Planerfüllung,
- Schwierigkeiten in der Versorgung der Menschen mit Konsumgütern,
- fehlende Leistungsanreize der Werktätigen.

Schlangestehen vor einem Lebensmittelladen. Der „kalkulierte Bedarf" überstieg oft die Rohstoff- und Produktionskapazitäten.

DDR-Plakat

Brandenburg

Mecklenburg-Vorpommern

Sachsen-Anhalt

Thüringen

Sachsen

Die deutsche Einheit wird Wirklichkeit

Vierzig Jahre hatte die DDR neben der Bundesrepublik existiert. Im Herbst 1989 demonstrierten die DDR-Bürger für eine neue Gesellschaft, für Demokratie und freie Wahlen. Der Druck auf die DDR-Führung stieg, vor allem die Montagsdemonstrationen in Leipzig erregten große Aufmerksamkeit.

Die Massenfluchtbewegungen und die gewaltfreien Demonstrationen führten, begünstigt durch die Reformpolitik des sowjetischen Präsidenten Michail Gorbatschow und die Entwicklung in den osteuropäischen Staaten Polen, Ungarn und Tschechoslowakei, zu einer erfolgreichen, friedlichen Revolution in diesem Teil Deutschlands.

Die Mauer, die Deutschland seit 1961 endgültig in zwei Teile trennte, wurde am 9. November 1989 geöffnet und inzwischen bis auf wenige Reste beseitigt. Am 18. März 1990 fanden die ersten freien Wahlen in der DDR statt und die erste frei gewählte Regierung wurde gebildet. Die Volkskammer der DDR beschloss die Marktwirtschaft einzuführen und die DDR mit der Bundesrepublik zu vereinen. Dafür wurde von den beiden deutschen Staaten ein Staatsvertrag ausgehandelt. Dieser hatte das Ziel, in einem ersten Schritt auf dem Weg zur deutschen Einheit eine Währungs-, Wirtschafts- und Sozialunion herbeizuführen. Auf Beschluss der Volkskammer erfolgte am 3. Oktober 1990 der Beitritt der DDR zur Bundesrepublik.

Damit wurde das Grundgesetz der Bundesrepublik auch für das Gebiet der DDR gültig und die deutsche Einheit Wirklichkeit. Am 14. Oktober 1990 fanden in den fünf neu geschaffenen Ländern der ehemaligen DDR Brandenburg, Mecklenburg-Vorpommern, Sachsen, Sachsen-Anhalt und Thüringen Landtagswahlen statt. Am 2. Dezember 1990 folgten die ersten gesamtdeutschen Wahlen.

DDR-Bürger stürmen die westdeutsche Botschaft in Prag.

An der Grenze zur Bundesrepublik Deutschland: Sperrgürtel der DDR (1980)

Umstellungsprobleme
Der Weg zur Vereinigung der beiden Staaten und die damit verbundene Umstellung von der Zentralverwaltungswirtschaft auf die Marktwirtschaft, die im ersten Schritt mit der Einführung der Währungs-, Wirtschafts- und Sozialunion vollzogen wurde, führte zu dramatischen Veränderungen in allen Lebensbereichen der DDR:

- Im Rahmen der Währungsunion wurde als wichtiger Schritt festgelegt, dass die Deutsche Mark als Zahlungsmittel, Rechnungseinheit und Wertaufbewahrungsmittel im gesamten Währungsgebiet vom 1. Juli 1990 an gelten sollte.
- Im Rahmen der Wirtschaftsunion schuf die DDR die Rahmenbedingungen für die Entfaltung der Marktkräfte und Privatinitiative. Das bedeutet für die Unternehmensverfassung: Die Unternehmen können frei über Produkte, Mengen, Produktionsverfahren, Investitionen, Arbeitsverhältnisse, Preise und Verwendung der Gewinne entscheiden.
- Im Rahmen der Sozialunion wurde festgelegt, dass Koalitionsfreiheit, Tarifautonomie, Arbeitskampfrecht, Betriebsverfassung, Unternehmensmitbestimmung, Kündigungsschutz entsprechend dem Recht der Bundesrepublik gelten. Wie in der Bundesrepublik wurde zugleich ein gegliedertes System der Sozialversicherung eingeführt, bestehend aus Rentenversicherung, Krankenversicherung, Unfallversicherung, Arbeitslosenversicherung.

Eine wesentliche Aufgabe der Anfangsjahre bestand darin, viele Aufgaben und Probleme fast gleichzeitig zu bewältigen. Die dafür erforderlichen Akteure aus Wirtschaft und Politik verfügten zumeist über wenige Erfahrungen. Sie schätzten den Zeitbedarf für Reformen falsch ein. Die Bürger erwarteten jedoch schnelle Fortschritte. Die tatsächlich katastrophale wirtschaftliche Situation der vierzig Jahre herrschenden Planwirtschaft war unbekannt oder viele Bürger wollten sie nicht wahr haben. Dadurch verschlechterte sich die psychologische Stimmung in den neuen Bundesländern. Bei vielen Menschen wurde eine große Unzufriedenheit hervorgerufen.

Die Leipziger Montagsdemonstrationen wurden im Januar 2005 gegen Sozialabbau fortgeführt.

Ehemals begehrte Produkte sind heute nicht mehr gefragt und von den Märkten verschwunden.

Regeln gibt es in vielen Bereichen: z. B. im Sport, beim Straßenverkehr und auch in der Wirtschaft. Sie geben den Akteuren Sicherheit.

Eine **Wirtschaftsordnung** ist das Regelwerk für die Volkswirtschaft eines Landes. Hier werden die wirtschaftlichen Aktivitäten zwischen Konsumenten, Produzenten und Staat festgelegt. Es gibt unterschiedliche Modelle von Wirtschaftsordnungen. In der Bundesrepublik Deutschland entwickelte sich die **soziale Marktwirtschaft** nach dem Zweiten Weltkrieg.

Merkmale einer sozialen Marktwirtschaft sind:
- Die Preise bilden sich auf Märkten durch Angebot und Nachfrage.
- Es gibt Privateigentum an Produktionsmitteln.
- Die Unternehmen streben nach Gewinn.
- Die Eigentumsverfassung regelt das Recht am Privateigentum.
- Der Staat beseitigt soziale Nöte der Bürger.

In der ehemaligen DDR gab es die **Zentralverwaltungswirtschaft**. Ihre Merkmale sind:
- Die Wirtschaft wird zentral durch Planungsbehörden gelenkt.
- Der Staat legt Abgabepreise und Verkaufspreis fest.
- Die Produktionsmittel gehören den volkseigenen Betrieben, also allen.
- Die Unternehmen streben nach Planerfüllung.

Mit der Wiedervereinigung 1990 wurde im gesamten Bundesgebiet die soziale Marktwirtschaft eingeführt.

Richtig oder Falsch?

	richtig	falsch
In einem marktwirtschaftlichen System lenkt vor allem der Staat/der einzelne Wirtschaftsbürger mit seinen wirtschaftlichen Entscheidungen das Wirtschaftsgeschehen.	?	?
In einem zentralverwaltungswirtschaftlichen System arbeitet ein Unternehmen für die Erzielung von Gewinnen bzw. für die Erfüllung von staatlichen Planvorgaben.	?	?
In einem marktwirtschaftlichen System gibt es vor allem Staatseigentum, da dem Bürger nichts gehört.	?	?
In einem zentralverwaltungswirtschaftlichen System kann ein Unternehmen völlig allein entscheiden, was es produziert.	?	?

1. Bei der Auseinandersetzung mit einer Wirtschaftsordnung muss unterschieden werden zwischen den Spielregeln und den Spielzügen einer Wirtschaftsordnung. Was ist damit gemeint? Erkläre mit Hilfe von Beispielen.

2. Welches sind die wesentlichen Ordnungsformen und Ordnungselemente einer Wirtschaftsordnung? Zeichne eine Grafik und verdeutliche jede Ordnungsform mit einem Beispiel.

3. Erstelle mit Hilfe des Internets eine Biografie von Ludwig Erhard.

VII Ökonomie und Ökologie

In diesem Kapitel wird gezeigt,
- *dass der Schutz der Umwelt ein Problem sein kann,*
- *was für den Umweltschutz getan werden kann und wer dies tun kann,*
- *dass Umweltschutz Arbeitsplätze schaffen und erhalten, aber manchmal auch kosten kann,*
- *dass es viele Berufe im Umweltschutzbereich gibt.*

Produktion

Dienstleistung nutzen

Vermögensbildung

Beim Einkauf

1 Wirtschaftliches Handeln und ökologische Verantwortung

Unterschiedliche wirtschaftliche Tätigkeiten
Menschen können viele Tätigkeiten ausüben. Manche Tätigkeiten sind lebensnotwendig, andere machen einfach Spaß oder sind interessant.

Da wir uns im Arbeitslehreunterricht jedoch vor allem mit wirtschaftlichen Tätigkeiten auseinandersetzen, müssen wir uns in Erinnerung rufen, welche Tätigkeiten das im Einzelnen sein können:

Sachgüter und Dienstleistungen produzieren und verkaufen
Dies kann die Produktion von Autos ebenso sein wie die Produktion von Gartenzwergen, der Verkauf einer Urlaubsreise oder das Haareschneiden beim Friseur.

Zum Herstellen von Produkten und zur Bereitstellung von Dienstleistungen werden nicht nur Produkte von anderen Unternehmen benötigt, sondern auch menschliche Arbeitsleistungen und Räume, Werkshallen und Grundstücke, aber auch Maschinen usw. Das heißt, wir benötigen Produktionsfaktoren wie z. B. Boden, Kapital und Arbeit.

Einkommen empfangen und verwenden
Wofür wird produziert? Natürlich um Bedürfnisse zu befriedigen. Um Sachgüter kaufen und Dienstleistungen in Anspruch nehmen zu können, benötigt man in der Regel Einkommen.

Vermögen bilden und anlegen
Manche Personen kommen nie mit ihrem Einkommen aus, weil es tatsächlich zu niedrig ist oder weil sie vielleicht über ihre Verhältnisse leben. Andere wiederum sind in der Lage von ihrem Einkommen etwas zu sparen: zur Bank zu bringen, sich ein Sparkonto anzulegen usw.

Kredite kaufen und verkaufen
Für die Anschaffung einer neuen Küche oder für die Erweiterung seines Unternehmens benötigt man einen Kredit, der bei der Bank gekauft werden kann. Dieser Kredit muss zu einem bestimmten Zeitpunkt mit zusätzlichen Zinsen zurückgezahlt werden.

Unterschiedliche Interessen
Was sofort deutlich wird, ist Folgendes: Die Menschen, die an diesen unterschiedlichen Tätigkeiten beteiligt sind, müssen nicht die gleichen Interessen haben. Derjenige, der Güter produziert und sie an Konsumenten verkaufen will, möchte möglichst viel für seine Produkte bekommen und ein Konsument möchte für gute Produkte möglichst wenig zahlen. Derjenige, der spart und dieses Geld auf eine Bank einzahlt, will hohe Zinsen dafür erhalten, während die Bank lieber keine oder geringe Zinsen zahlen möchte. Wer einen Kredit in Anspruch nehmen will, möchte diesen möglichst billig haben.

Deshalb gibt es unterschiedliche Interessen, die aufeinanderstoßen können.

Die bedrohte Umwelt: ein schwieriges Problem

Täglich hören wir im Radio, lesen in der Tageszeitung: Saubere Luft, sauberes Wasser, Energie und Rohstoffe werden knapper. Umweltschäden werden immer offensichtlicher. Diese Situation ist vielen Bürgern bewusst. Aber: Oft soll nur der andere handeln, die eigene Bequemlichkeit soll jedoch nicht angetastet werden.

Wirksam können wir die Umwelt nur schützen, wenn überall umweltbewusst gehandelt wird. Das gilt gleichermaßen für die Verbraucher, die Unternehmen und die Politiker. Es ist unverantwortlich, wie sorglos wir als Konsumenten mit der Energie umgehen, Chemikalien einsetzen, Trinkwasser verschwenden oder Farbreste arglos wegschütten. Umweltschutz beginnt im eigenen Haus.

Die Unternehmen müssen alles daran setzen, dass sie die Umwelt nur wenig belasten. Die Herstellung umweltfreundlicher Produkte kann auch dem eigenen Gewinnstreben dienen.

Alle Bemühungen von Personen und Unternehmen reichen allein nicht aus, wenn der Staat nicht umweltpolitische Ziele vorgibt. Gesetzliche Maßnahmen müssen auch gegen die Interessen der Unternehmen, der privaten Haushalte und Verbände durchgesetzt werden. Umweltschädliches Verhalten muss bestraft und umweltgerechtes belohnt werden. Bürger und Unternehmen müssen im eigenen Portmonee spüren, wenn sie sich umweltschädlich verhalten.

Durch den Ölwechsel in freier Natur, das Entsorgen durch den Gully oder die falsche Lagerung von Altölen gelangt vielfach Öl ins Grund- und Oberflächenwasser. Allein ein Tropfen Mineralöl kann mehrere 1.000 Liter Wasser ungenießbar machen.

Umweltverschmutzung kennt keine (staatlichen) Grenzen. So durchfließt z.B. der Rhein die Schweiz, Frankreich, Deutschland und die Niederlande. Nur durch die internationale Zusammenarbeit lassen sich Rhein, Nordsee und Ostsee sauber halten. Ein besonderes Problem liegt darin, dass das Wissen der Menschen und ihr tatsächliches Verhalten oft sehr weit auseinanderklaffen.

Deshalb tut ihr nichts für die Umwelt, wenn ihr im Unterricht Listen zusammenstellt, was alles zur Rettung der Umwelt getan werden kann, aber nach Schulschluss euer Butterbrotpapier verstreut und gedankenlos Getränkedosen wegwerft!

A

1. Welche Umweltprobleme sind an dem Titelbild S. 161 ablesbar?

2. Diskutiert, wer in besonderer Weise als Verursacher für einzelne Umweltgefahren mitverantwortlich ist.

3. Wer muss im Umweltschutz aktiv werden? Nennt jeweils Beispiele, was die einzelnen Gruppen und Institutionen tun müssen.

Umwelt-Tipp:

Wenn ihr euch noch mehr für die Erhaltung der Umwelt engagieren wollt, könnt ihr in verschiedenen Umweltschutz-organisationen Mitglied werden, z. B.:

- Naturschutzbund „NABU"
- Naturschutzjugend „NAJU"
- BUND für Umwelt und Naturschutz Deutschland e.V.
- Deutsche Umwelt-Aktion e.V.
- Greenpeace

Herr und Frau Kumke beim Hausputz

2 Was kann getan werden?

2.1 Verantwortung fängt bei dir an!

Bei Familie Kumke ist wieder einmal Hausputz angesagt. Jedes Familienmitglied übernimmt eine bestimmte Aufgabe: Herr Kumke putzt die Küche, Frau Kumke die Fenster, Felix das Bad. Felix' Suche nach Spezialreinigern endet bei der Flasche Allzweckreiniger, die alle für die Putzaktion verwenden.
„Haben wir keinen Bad- und WC-Reiniger?", fragt er seinen Vater.
„Nein", entgegnet dieser und drückt ihm den Allzweckreiniger und dazu noch Essig in die Hand, „das tut's genauso gut, spart Geld und schont die Umwelt obendrein!"

Nicht nur in der Abfallproblematik sind wir als Verbraucher gefordert, sondern in allen Bereichen, die Auswirkungen auf unsere Umwelt haben.
So sollten wir
- beim Hausputz wie Familie Kumke umweltverträgliche Reiniger und Waschmittel in geringer Dosierung benutzen,
- Wäsche in der Regel bei 60°C waschen und nicht kochen,
- die Wäsche auf der Leine statt im Trockner trocknen,
- duschen statt baden,
- Lavendelblüten statt Mottenkugeln in den Kleiderschrank legen,
- organische Küchenabfälle auf den Kompost bzw. in die Biomülltonne geben,
- langlebige und reparaturfreundliche Produkte kaufen,
- Altpapier statt Neupapier verwenden,
- Getränke in Glas statt in Dosen kaufen usw.

Eine chinesische Weisheit besagt: „Wenn viele kleine Leute an vielen kleinen Orten viele kleine Dinge tun, können sie das Gesicht der Welt verändern."

1. Erstellt eine Checkliste, worauf man achten muss, wenn man sich umweltfreundlich verhalten will:
   - beim Einkauf,
   - beim Waschen und Hausputz,
   - bei der Entsorgung von Haushaltsabfällen.

2. Lest die nebenstehende chinesische Weisheit. Was bedeutet sie in diesem Zusammenhang?

Das Öko-Audit-Zeichen

2.2 Ökologisch und ökonomisch clever

Umweltschutz in Unternehmen

Verbraucher kaufen mittlerweile bevorzugt Produkte umweltbewusster Unternehmen. Diese Zeichen der Zeit hat auch Molkereibesitzerin Dinter erkannt. Schon seit langem hat sie ihren Betrieb, eine Molkerei, nach ökologischen Gesichtspunkten umgestellt.
Das bedeutet,
- alle Firmenwagen fahren mit Bio-Diesel,
- es werden FCKW-freie, energiesparende Kühlräume genutzt,
- die Plastikbecher wurden durch kompostierbare Becher ersetzt.

Auf diese Weise spart Frau Dinter nicht nur Geld, sie schont auch die Ressourcen und mehrt sogar ihren Gewinn.

Die Entscheidung von Frau Dinter zugunsten der Umweltfreundlichkeit fiel nicht nur aus rein selbstlosen Gründen. Frau Dinter ist vielmehr eine kluge Geschäftsfrau: Von Seiten des Staates wird mehr und mehr auf Umweltschutz Wert gelegt. Dies zeigt sich in steuerlichen Nachlässen (wie z. B. für den Verbrauch von Bio-Diesel) und immer mehr Umweltvorschriften, für deren Einhaltung Frau Dinter dank ihrer ökologischen Betriebsumstellung kaum noch Kosten aufwenden muss. So sichert sie sich auch ihre zukünftige Wettbewerbsposition.

Doch Frau Dinter möchte noch mehr: Sie will mit einem offiziellen Zeichen werben, dass sich ihr Unternehmen für die Umwelt einsetzt. Deshalb kümmert sie sich um die Teilnahme an dem so genannten Öko-Audit (Audit bedeutet Überprüfung), das sich auf eine Verordnung der Europäischen Union von 1993 gründet.

Ihr Unternehmen würde dann ständig überwacht, ob es auch wirklich umweltfreundlich wirtschaftet. Auch Verbesserungsmaßnahmen zur Perfektionierung des Betriebes zur umweltgerechten Produktion würden geprüft werden. Als Auszeichnung erhielte die Molkerei Dinter das Öko-Audit-Zeichen (siehe Abb. oben).

i

Unternehmen und Umwelt

Zur Sicherung und Bewahrung unserer natürlichen Lebensgrundlagen ist es erforderlich, dass im ökologischen Sinn nachhaltig gewirtschaftet wird. Wir brauchen eine umweltverträgliche Entwicklung in Wirtschaft und Technik. Die Zukunftssicherung des Wirtschaftsstandortes Deutschland ist auch von der Schaffung und Bewahrung einer guten Umweltqualität in Deutschland abhängig. Deshalb gilt:

- Wirtschaftswachstum ist auf lange Sicht nur möglich, wenn Rücksicht auf die Umwelt genommen wird.
- Das Kreislaufprinzip muss beachtet werden. Was der Umwelt entnommen wird, soll ihr auch wieder zugeführt werden (wie z. B. Dinters Joghurtbecher).
- Die Ressourcen müssen geschont werden (wie z. B. energiesparende Kühlräume).

Das Umweltbundesamt

In einer Recycling-Werkstatt werden elektronische Geräte in Einzelteile zerlegt.

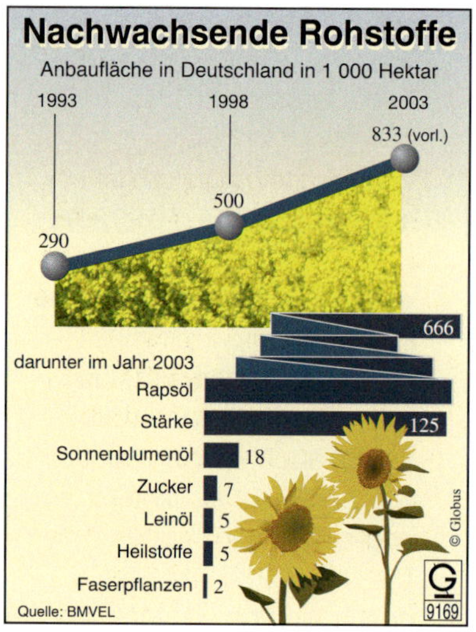

Gefährdet Umweltschutz den Standort Deutschland?
Einige deutsche Unternehmen verlagern ihre Produktion ins Ausland. Ihr Argument: Hohe Löhne, hohe Steuern zu zahlen und die strengen Umweltschutzvorschriften einzuhalten sei für sie eine zu große Belastung.

Dies ist eine einseitige Betrachtungsweise. Denn diese Unternehmen werden durch viele Förderprogramme entlastet. Außerdem stellt Umweltschutz nicht nur eine Kostenbelastung für umweltintensive Produktionszweige dar, sondern auch einen überdurchschnittlich wachsenden Absatzmarkt. So stammten 1995 über ein Viertel der weltweiten Patentanmeldungen aus Deutschland. Durch neuartige Öko-Produkte konnten sich die deutschen Exporteure Mitte der neunziger Jahre auf dem Weltmarkt für Umweltschutzgüter den Titel Exportweltmeister sichern.

Umweltschutz und Arbeitsplätze
Zur Entwicklung, Durchsetzung und Überwachung von Umweltschutz entstehen neue Berufe mit verantwortungsvollen Aufgaben und Spezialwissen in zum Teil neu entstandenen Betrieben. In vielen Betrieben gibt es bereits einen Sicherheitsingenieur und Umweltbeauftragten.

Der Einsatz von Biomasse zur Energiegewinnung soll weiter vorangetrieben werden. Das Ministerium für Umwelt und Naturschutz, Landwirtschaft und Verbraucherschutz des Landes Nordrhein-Westfalen vertritt dazu folgende Position:

> Angesichts der aktuellen Entwicklung auf den internationalen Energiemärkten und den immer mehr spürbaren Folgen des Klimawandels setzt sich Nordrhein-Westfalen für die verstärkte Produktion von Bio-Diesel ein. Mit erneuerbaren Energien schaffen wir neue Einkommensquellen für die Land- und Forstwirtschaft und bieten Alternativen zu Öl und anderen endlichen Ressourcen. Gleichzeitig leisten wir einen Beitrag zur Verringerung des CO_2-Ausstoßes und zum Klimaschutz.
> (Düsseldorf, 7.10.05, http://www.munlv.nrw.de/sites/presse/archiv2005.htm).

A

1. Begründet, warum sich mit Umweltschutz Geld verdienen lässt.
2. Informiert euch in „Beruf aktuell“ und im BIZ über Umweltberufe.
3. Diskutiert: Vernichtet oder schafft Umweltschutz Arbeitsplätze?

Die neuen Einkommensquellen für die Land- und Forstwirtschaft bedeuten auch neue Arbeitsplätze oder der Erhalt von Arbeitsplätzen in diesen Bereichen.

Es gibt natürlich auch Entwicklungen, wo durch Umweltschutz Arbeitsplätze verloren gehen können. Ein solches Beispiel ist die Zeche Walsum bei Dinslaken, wo Steinkohle unter dem Rhein abgebaut wird. Dadurch senken sich die Rheindeiche und es besteht Gefahr bei Hochwasser. Dieses Bergwerk stellt seine Förderung unter dem Rhein ein. Dadurch gehen hier Arbeitsplätze verloren. Den Arbeitnehmern wurde jedoch zugesichert, dass sie einen anderen Arbeitsplatz erhalten.

Berufe im Umweltschutz

Fast 1,5 Millionen Arbeitsplätze in Deutschland hängen direkt vom Umweltschutz ab. Damit sind inzwischen mehr Menschen im Umweltschutz beschäftigt als beispielsweise im Maschinenbau oder im Ernährungsgewerbe.

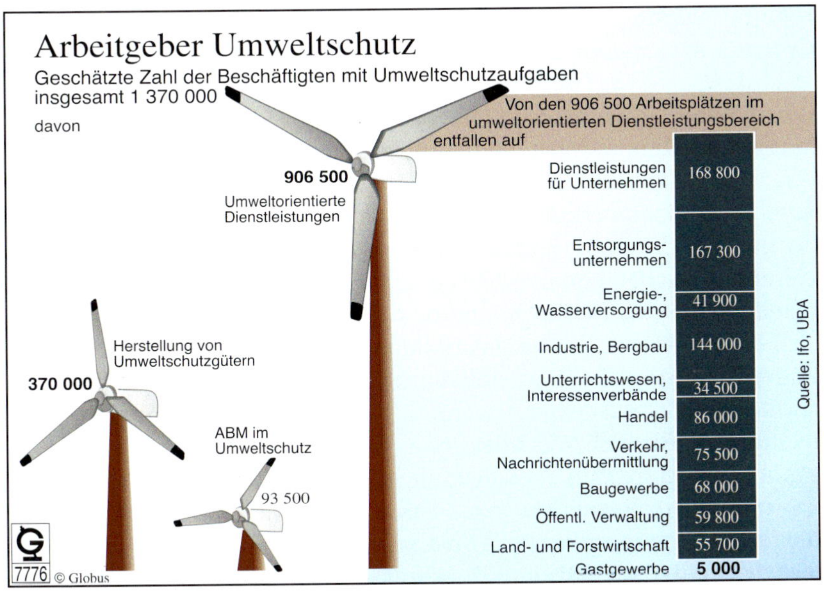

Durch den Umweltschutz werden nicht nur Arbeitsplätze geschaffen oder erhalten, es entstehen auch neue Berufe, die sich mit Umwelt und Umweltschutz beschäftigen. Auch in Berufen, die es schon gibt, spielt der Umweltschutz eine immer größere Rolle.

Im Folgenden werden einige Berufe vorgestellt, die durch den Umweltschutz neu entstanden sind und Berufe, bei denen der Umweltschutz als eine neue Aufgabe hinzugekommen ist. Wir stellen zunächst aus dem Berufsfeld Bau den Beruf der Baubiologin und aus dem Berufsfeld Elektrotechnik den Beruf der Ingenieurin für Umweltschutz vor. Dann folgt aus dem kaufmännischen Bereich der Beruf Kaufmännische(r) AssistentIn mit dem Schwerpunkt Umweltschutz. Es gibt auch Berufe, in denen der Umweltschutz schon immer wichtig war, z. B. Land- oder Fischwirtschaft.

Arbeitgeber Umwelt – auch in Zeiten der Massenarbeitslosigkeit. Fast 1,5 Millionen Menschen ernähren sich und ihre Familien durch Öko-Jobs

Laut einer vom Umweltbundesministerium und Umweltbundesamt in Auftrag gegebenen Studie des Deutschen Instituts für Wirtschaftsforschung arbeiten im Bereich des Umweltschutzes nahezu 1,5 Millionen Menschen. Dies sind immerhin 3,8 Prozent der bundesweit Beschäftigten.
Jobs im ökologischen Bereich haben eine große Variationsbreite, wie die nebenstehende Grafik zeigt.

i

Jugendliche können in diesem Bereich zum Beispiel ein Praktikum machen. Es gibt auch das freiwillige ökologische Jahr (FÖJ). Hier können Jugendliche ausprobieren, welcher Bereich und welcher Beruf zu ihnen passen könnte. Über die Hälfte der Jugendlichen, die bei Elke S. ein freiwilliges ökologisches Jahr gemacht haben, sind in dieser Branche geblieben. Was machen die FÖJler bei Frau S.? Das fängt an beim Saubermachen und geht weiter mit dem Erstellen von Musterbüchern und Proben für Architekten oder Bauherrn. Manche FÖJler sitzen am Computer und schreiben Angebote.

Berufsfeld Bau: Baubiologin

Elke S. arbeitet als Baubiologin und ist Inhaberin des Geschäftes „Natur am Bau“. Zu diesem Beruf ist sie gekommen, weil sie ein eigenes Haus aus Lehm bauen wollte. Sie hat sich dann in alle Bereiche des ökologischen Bauens eingearbeitet. Sie hat gelernt, wie man Fenster streicht, wie man einen Fußboden abschleift, wie man ihn einpflegt und wie man eine Lackoberfläche aufbaut. Heute führt sie einen ökologischen Baustoffhandel. In ihrem Laden ist sie vor allem im Verkauf und bei der Beratung tätig. Dazu gehört die Auswahl der Rohstoffe oder Materialien und die Auswahl der Hersteller und ihrer Produkte. Wenn es etwas Neues gibt, z.B. neue Baustoffe, werden die Händler besucht oder es werden Proben geschickt. Sie muss Material bestellen und eine Lagerhaltung führen. Im Verkauf gehören vor allem Kundengespräche und Beratung zu den Aufgaben, denn häufig beschäftigt sich der Handwerker zum ersten Mal mit ökologischen Baustoffen und muss über ihre Verarbeitung informiert werden. Im Büro werden für Handwerker, Architekten und Bauherren Angebote erstellt. Kaufmännische Kenntnisse sind in diesem Beruf also auch notwendig.
(Nach: http://www.econautix.de)

Berufsfeld Elektrotechnik: Dipl.-Ingenieurin für Umweltschutz

Maria R. ist Diplom-Ingenieurin für Umweltschutz. Sie bildet angehende Elektroinstallateurinnen in Solartechnik aus und integriert Umweltbildung in die Handwerksausbildung. Diese Ausbildung wird bei einem Bildungsträger (Life e.V.) gemacht. Dieser Bildungsträger möchte Technik, Naturwissenschaft und Umweltschutz für Mädchen und Frauen attraktiv machen, um deren Chancen auf dem Arbeitsmarkt zu erhöhen.

Maria R. arbeitet in einem Ausbildungsprojekt, in denen junge Frauen in drei Jahren zu Elektroinstallateurinnen mit der Zusatzqualifikation „Solartechnik“ ausgebildet werden. Sie ist dort vor allem für „Ökotechnik“ (Techniken, die Menschen, Tiere und Umwelt weitestgehend schonen) und speziell Solartechnik in der Ausbildung von Gas-, Wasser- und Elektroinstallateurinnen zuständig. In dieser Ausbildung sollen die jungen Frauen etwas über Solartechnik oder Energiespartechniken lernen und ein anerkanntes Zertifikat darüber bekommen.
(Nach: http://www.econautix.de)

Bauen mit Lehm

Solartechnik

Kaufmännischer Bereich: Kaufmännische(r) AssistentIn, Schwerpunkt Umweltschutz
Jan H. ist kaufmännischer Assistent mit dem Schwerpunkt Umweltschutz. Für sein mittelständisches Unternehmen im Einzelhandel spielt der Umweltschutz eine immer größere Rolle. Folgende Aufgaben- und Problemstellungen muss der kaufmännische Assistent mit dem Schwerpunkt Umweltschutz bearbeiten:

Die Ausbildung baut auf der bereits vorhandenen Ausbildung zum staatlich geprüften Kaufmännischen Assistenten auf. Als Voraussetzung für diesen Beruf wird ein guter Schulabschluss und das Interesse für Umweltthemen genannt. Neben kaufmännischen Inhalten wie Volkswirtschaft, Rechnungswesen und Büro- und Kommunikationstechniken lernen die Auszubildenden auch technische und technologische Inhalte. Dazu gehören z. B. Umwelttechnologie und Umweltrecht. Die Ausbildung dauert drei Jahre und findet an einer Vollzeitschule statt. Außerdem sind drei Praktika zu absolvieren, die insgesamt 32 Wochen dauern. Neben dem Berufsabschluss können die Auszubildenden auch die Fachhochschulreife erwerben. Damit können sie an Fachhochschulen studieren.

Absolventen dieser Ausbildung werden in allen umweltsensiblen Bereichen eingesetzt, wie sie z. B. innerhalb der Ent- und Versorgungsunternehmen oder in der Baubranche existieren. Die Arbeitsfelder umfassen zum Beispiel die Mitarbeit bei Planung, Kalkulation, Durchführung und Auswertung von Umweltuntersuchungen, Hilfen bei der Einführung von wirtschaftlich und ökologisch vertretbaren Konzepten, z. B. zur Abfallvermeidung, und auch die Mitarbeit bei der Erstellung und Durchführung von Marketingkonzepten für umweltfreundliche Produkte.
(nach: http://www.econautix.de)

Ganz allgemein kann festgestellt werden, dass die Ausbildungsmöglichkeiten für Assistenten in den letzten Jahren stark zugenommen haben. Die unterschiedlichen Ausbildungsmöglichkeiten in diesem Bereich sind nicht in allen Bundesländern gleich. Die Berufsberatung der Arbeitsagenturen gibt Auskunft, wo welche Ausbildung gemacht werden kann.

A

1. Informiere dich über die Berufe Landwirt und Fischwirt im BIZ. Wo wird in Nordrhein-Westfalen in diesen Berufen ausgebildet? Infos im Internet: www.berufenet.de

Drei-Liter-Auto

Recyclinganlage

Wir haben gesehen, welche Bedeutung der Umweltschutz hat.

Was wird unter „Umwelt" verstanden? Natürlich gibt es die Natur, die Ökologie als „natürliche Umwelt", daneben gibt es aber auch eine Umwelt, die man als gebaute Umwelt bezeichnen kann. Dazu gehören Unternehmen, Technik, Städte mit allen Einrichtungen, Straßen, Gebäude usw. Die erwähnte Wirtschafts- und Arbeitswelt gehört also auch zur gebauten Umwelt. Und es gibt eine dritte Umwelt. Das ist die soziale Umwelt, also die Menschen, mit denen wir auf unterschiedliche Weise verbunden sind.

Wir haben gesehen, dass Umweltschutz Arbeitsplätze schaffen, aber auch vernichten kann. Die Zahl der geschaffenen Arbeitsplätze ist größer als die der vernichteten. Die Grafik auf der S. 167 zeigt Wirtschaftszweige mit Umweltschutzberufen.

Aber nicht nur die Berufe im Umweltschutz sind wichtig, sondern auch beispielsweise die Umwelttechnik, ein wichtiger Wirtschaftszweig.

A

1. a) Versucht in einer Gruppenarbeit die drei Umwelten noch einmal zu beschreiben. Dabei sollt ihr insbesondere die soziale und die natürliche Umwelt näher beschreiben.
   b) Überlegt weiter, ob es in allen Umweltbereichen zu Umweltschäden kommen kann, was die Ursachen sind und was dagegen unternommen werden kann.

2. Ordnet den Wirtschaftszweigen, die in der Globus-Grafik genannt werden, Berufe zu, die mit Umweltschutz zu tun haben. Nehmt das Internet zu Hilfe: www.berufenet.de, www.arbeitsagentur.de. Ihr könnt auch das BIZ aufsuchen und euch dort informieren.

3. Informiert euch noch genauer über die drei Berufe, die hier als Beispiele aufgeführt sind.

4. Informiert euch über das „Freiwillige Ökologische Jahr" (FÖJ). Wer kann es machen, wann kann man es machen, wo kann man es machen?

VIII Fertigung von Gütern und Maschinen

In diesem Kapitel wird an konkreten Beispielen die prinzipielle Vorgehensweise bei der Fertigung von Gegenständen dargestellt. Es wird gezeigt, wie geeignete Werkstoffe ermittelt werden. Der im folgenden Abschnitt beschriebene grundlegende Aufbau von Maschinen hilft, die Wirkungsweise sehr unterschiedlicher Maschinen im Haushalt und Beruf schneller zu erfassen.

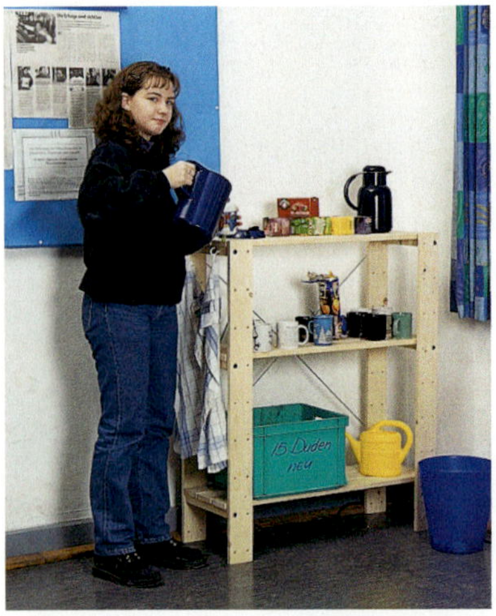

Beispiel für Holzeinsatz (Ikea-Möbel)

Zusammenstellung von Gegenständen aus Kunststoff

1 Fertigung materieller Güter

1.1 Die Vielfalt der Werkstoffe

Im Unterricht soll ein Bilderrahmen angefertigt werden (siehe S. 178). In diesem Zusammenhang stellt sich die Frage, welchen Werkstoff nutzen wir?

In der Klasse entwickelt sich sofort eine lebhafte Diskussion. Lukas schlägt vor, für den Rahmen Holz zu verwenden, da es schön aussieht und leicht zu bearbeiten ist. Lara meint dagegen, man sollte Kunststoff verwenden, dann brauchte man den Rahmen nicht zu streichen und haltbarer wäre er außerdem. Anna-Lena möchte den Rahmen lieber aus Metall fertigen, der wäre stabil und könnte auch einmal herunterfallen. Da meldet sich Daniel und weist darauf hin, dass es verschiedene Holzarten gibt und man sich daher erst einmal für eine Holzart entscheiden müsse. Andere Schüler werfen ein, dass es auch verschiedene Kunststoffe und Metalle gibt.

Am Ende der Diskussion steht die Erkenntnis: Die Entscheidung über den zu nutzenden Werkstoff ist gar nicht so einfach. Wir müssen uns genauer mit den verschiedenen Werkstoffen befassen, um dann den geeignetsten auszuwählen.

Wenn wir uns in unserer Umgebung umsehen, entdecken wir die unterschiedlichsten Werkstoffe. Es muss also zunächst versucht werden, sie auf irgendeine Weise zu ordnen. Die vorangegangene Diskussion hat bereits eine erste Orientierung gebracht: Wir unterscheiden nach Metallen, Holz und Kunststoffen. Wenn wir fragen, welche Werkstoffe uns noch bekannt sind, fallen uns sofort weitere ein: z. B. Glas, Leder, Gummi, Textilien, Ton, Steine. Eine erste einfache Einteilung der Werkstoffe wäre möglich in:

Metalle	Naturstoffe	Kunststoffe
Stahl	Holz	PVC
Aluminium	Glas	Polystyrol
Kupfer	Keramik	Polyäthylen
Zink	Marmor	Acrylglas
Chrom	Ton	Kunstfasern
Nickel	Leder	
Bronze	Naturgummi	
	Baumwolle	
	Wolle	
	Leinen	

Eine solche Einteilung ist zunächst nur eine grobe Übersicht über die Werkstoffe. Sie sagt etwas über ihre Herkunft aus.

Für die Auswahl eines geeigneten Werkstoffes für die Fertigung eines bestimmten Produktes ist diese Einteilung aber wenig hilfreich. Dazu brauchen wir eine Aussage über die Eigenschaften der Werkstoffe.

A

1. Welche Holzarten kennt ihr und wodurch unterscheiden sie sich?

2. Untersucht, welche Werkstoffe in eurer Wohnung am häufigsten anzutreffen sind.
   Welche Gründe gibt es dafür?

Solche Eigenschaften sind:

Werkstoffeigenschaften	
hart	weich
elastisch	plastisch
spröde	zäh
starr	biegsam
leicht	schwer
witterungsbeständig	witterungsunbeständig
wärmeleitend	wärmedämmend
elektrisch leitend	isolierend
durchsichtig	undurchsichtig
umweltverträglich	umweltbelastend

1. Benennt euch bekannte Werkstoffe und ordnet ihnen die in der Tabelle aufgeführten Werkstoffeigenschaften zu.

Für die Fertigung eines bestimmten Produktes sind die Werkstoffeigenschaften von entscheidender Bedeutung, da sie wesentlich seine Gebrauchseigenschaften bestimmen. So muss z. B. der Werkstoff für den Fahrradrahmen eines Mountainbike zäh sein, damit er bei einer Fahrt durch das Gelände nicht bricht. Die Werkstoffe für die Schneiden am Betonbohrer müssen wiederum sehr hart sein, damit sie in den Beton eindringen können.

Um aus einem Werkstoff ein bestimmtes Produkt zu fertigen, muss man den Werkstoff in der Regel erst bearbeiten. Deshalb sind neben den Gebrauchseigenschaften auch die Be- und Verarbeitungseigenschaften wichtig. So muss man unter Umständen auf den Einsatz eines bestimmten Werkstoffes verzichten, weil sich die gewünschte Form des Produktes mit diesem Werkstoff nicht erreichen lässt, oder die Bearbeitung sehr aufwändig und damit teuer ist.

Bei vielen Werkstoffen kann man die Bearbeitbarkeit durch Erwärmung verändern. So lässt sich Stahl im warmen Zustand viel leichter umformen. Diese Eigenschaft macht sich das Schmiedehandwerk schon seit vielen Jahrhunderten zu nutze. Das gilt auch für Möglichkeit Metalle zu verflüssigen und sie dann in eine gewünschte Form zu gießen.

Viele Kunststoffe sind bei Raumtemperatur elastisch und lassen sich daher kaum umformen. Bei Erwärmung werden sie plastisch und damit leicht umformbar. Das gilt auch für das im kalten Zustand sehr spröde Glas. Bei Ton ist es genau umgekehrt. Er wird durch Erhitzen hart und kaum noch bearbeitbar.

Spiralbohrer

Dorfschmiede

Kunststoffboot

Holzhaus

Um die Werkstoffauswahl für ein herzustellendes Produkt zu erleichtern, ist es sinnvoll, Proben verschiedener Werkstoffe auf ihre Gebrauchseigenschaften und Be- und Verarbeitungseigenschaften zu untersuchen.

Werkstoff	Gebrauchs-eigenschaften	Be- und Verarbeitungs-eigenschaften
Stahl	Zäh, belastbar	kalt spanbar warm umformbar
Aluminium		
Styropor		
Holz		
…		
…		

Ein wichtiger Gesichtspunkt für die Werkstoffauswahl ist natürlich der Preis. Hohe Werkstoffkosten verteuern das Produkt.

Bei der Werkstoffauswahl sollte unbedingt auch auf seine Umweltverträglichkeit geachtet werden. Wird für die Herstellung des Produktes viel Energie verbraucht und damit die Umwelt belastet? Ist der Werkstoff recyclebar?

Das Bemühen um immer vielseitigere Werkstoffe mit ganz bestimmten Eigenschaften, z. B. hohe Festigkeit und geringes Gewicht bei Fahrzeugen, die Konzentration vieler Bauteile auf kleinstem Raum bei Computern, hat in den letzten Jahren zu großen Fortschritten in der Werkstoffentwicklung geführt.

So werden ganz gezielt Werkstoffe für bestimmte Gebrauchseigenschaften entwickelt, so z. B. Folien, die die Aufgabe von Leiterplatten übernehmen, Aluminiumlegierungen, die eine wesentliche Gewichtsreduzierung bei Verbrennungsmotoren ermöglichen.

Um die unterschiedlichen Eigenschaften einzelner Werkstoffe für eine bestimmte Gebrauchseigenschaft zu nutzen, versucht man in verstärktem Maße verschiedene Werkstoffe zu kombinieren und erhält so genannte Verbundwerkstoffe.

Typisch dafür sind die glasfaserverstärkten Kunststoffe. Hier hat man die Härte und Festigkeit des Glases mit der Elastizität des Kunststoffes vereinigt. Das Ergebnis ist ein elastischer Werkstoff mit hoher Festigkeit, der im Fahrzeugbau, aber auch für Angelruten genutzt wird.

Ein Aspekt der Werkstoffentwicklung ist das Bemühen, verstärkt nachwachsende Rohstoffe zu nutzen. So gewinnt Holz als Konstruktionswerkstoff wieder an Bedeutung. Zum Beispiel werden Wohnhäuser, Sporthallen u. Ä. immer häufiger aus Holz hergestellt. Im Automobilbau gewinnen Naturfaserstoffe wie Baumwollfasern, Kokosfasern usw. für die Polsterung und Schalldämmung ebenfalls an Bedeutung.

Solche Naturstoffe haben den großen Vorteil, dass sie nach ihrer Nutzung umweltschonend zu entsorgen sind.

A

1. Sucht Beispiele aus eurer Umgebung, wo nachwachsende Rohstoffe als Werkstoffe genutzt werden.

Sparsamer Umgang mit Werkstoffen – warum?
Wir wissen, dass Werkstoffe nicht unbegrenzt zur Verfügung stehen. Das betrifft sowohl Naturstoffe wie Holz oder Metalle als auch Materialien, die aus Naturstoffen hergestellt werden, z. B. Kunststoffe.

So ist bereits absehbar, dass aufgrund der begrenzten Vorräte das Erdöl in den nächsten Jahrzehnten knapp und damit teurer wird. Erdöl ist aber der wichtigste Grundstoff für die Kunststoffe.

Auch bei den nachwachsenden Rohstoffen gibt es Grenzen. So wurde durch Raubbau bereits ein Großteil der Regenwälder Brasiliens vernichtet. Damit verringert sich nicht nur das Angebot an tropischen Hölzern, sondern führt zu nachhaltigen Klimaveränderungen mit weitreichenden Folgen für die Menschen. Es ist daher zwingend notwendig, mit Werkstoffen sparsam umzugehen, um auch zukünftigen Generationen die Lebensgrundlagen zu erhalten.

Welche Möglichkeiten zum sparsamen Umgang mit Werkstoffen gibt es?
- Materialsparende konstruktive Gestaltung der Produkte,
- Entwicklung neuer Werkstoffe oder Kombination von Werkstoffen (Verbundwerkstoffe) mit besseren Gebrauchseigenschaften bei geringerem Materialeinsatz,
- Ersatz von Kunststoffen durch nachwachsende Rohstoffe,
- Mehrfachverwendung von Produkten (z. B. Mehrwegflaschen),
- Rückgewinnung von Rohstoffen aus Altmaterial (Recycling),
- Recyclingfreundliche Gestaltung der Produkte (z. B. Autos).

Die konsequente Umsetzung dieser Möglichkeiten sichert nicht nur ausreichende Werkstoffe in der Zukunft, sondern leistet einen wichtigen Beitrag zur Schonung der Umwelt. Es kommt deshalb bei der Planung und Fertigung von Produkten in der Schule bereits darauf an, bei der Werkstoffauswahl und -verarbeitung die werkstoffsparsamste Variante zu finden. Den engen Zusammenhang von Werkstoffen, der Wirtschaft und der Umwelt zeigt die folgende Übersicht:

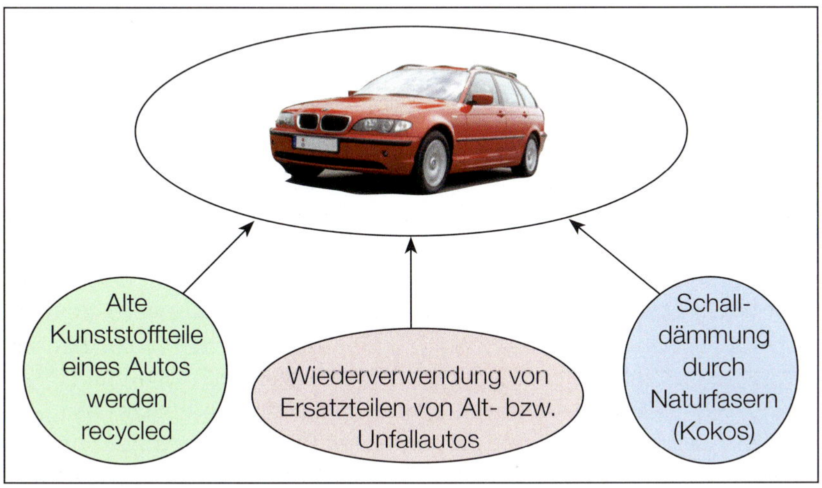

Möglichkeiten des sparsamen Umgangs mit Werkstoffen: Pkw

Recycling-Arten

Im Allgemeinen unterscheidet man drei Arten:
- Die Wiederverwendung von Produkten: Das bekannteste Beispiel ist die Wiederverwendung von Flaschen (Mehrwegflaschen).
- Materialrecycling: Rückgewinnung von Rohstoffen aus Altmaterial als Sekundärrohstoffe. Beispiele dafür sind: Glas aus Altglas, Papier aus Altpapier oder Baumaterial aus Bauschutt.
- Energierecycling: Abfallmaterial wird nicht nur verbrannt, sondern zur Energiegewinnung eingesetzt.

1. Nennt Beispiele aus dem Haushalt, wo an technischen Geräten durch veränderten Werkstoffeinsatz Material eingespart werden konnte.

2. Erkundigt euch in einer Kfz-Werkstatt oder einem Autohaus, wie neue Fahrzeuge recyclingfreundlicher gestaltet werden.

Zielsetzung

Bestimmen der Be- und Verarbeitungseigenschaften von Werkstoffen

Ziel des Experimentes ist es zu untersuchen, wie sich die verschiedenen Werkstoffe bearbeiten lassen. Es soll dazu beitragen, die Werkstoffeigenschaften genauer kennen zu lernen.

Zur Planung und Durchführung des Experiments wird eine Schrittfolge vorgeschlagen und typische Fragestellungen vorgestellt.
Diese Schrittfolge ist auch nutzbar, wenn im Fachunterricht zur Lösung bestimmter Fragen Experimente durchgeführt werden sollen.

1. Zielsetzung
Auf den vorangegangenen Seiten habt ihr erfahren, dass es sehr unterschiedliche Werkstoffe gibt, die sehr unterschiedliche Eigenschaften besitzen. Diese Kenntnisse sind die Voraussetzung, um für die Fertigung eines Werkstückes die richtigen Werkstoffe auswählen zu können.
Um noch tiefere Einsichten zu den Eigenschaften der Werkstoffe, insbesondere ihrer Bearbeitungseigenschaften, zu gewinnen, sollen entsprechende Experimente durchgeführt werden. Bei der experimentellen Untersuchung der Werkstoffe werden auch praktische Erfahrungen zum Umgang mit diesen Werkstoffen gewonnen. Das erleichtert die Arbeit bei der Fertigung von Produkten aus diesen Werkstoffen.
Die Vorgehensweise bei der Vorbereitung und Durchführung von Experimenten ist immer ähnlich. Deshalb ist die hier beschriebene Schrittfolge auch auf andere experimentelle Untersuchungen übertragbar.
Um die Zielsetzung des Experiments genauer zu bestimmen, ist es zweckmäßig, dazu vorher einige Leitfragen zu formulieren.

Leitfragen
- Welche Werkstoffe sollen untersucht werden?
- Welche Werkstoffeigenschaften interessieren uns besonders?
- Welche Möglichkeiten haben wir in der Schule, die Bearbeitungseigenschaften von Werkstoffen zu überprüfen?
- Haben wir ähnliche Untersuchungen schon im Werkunterricht gemacht?
- Wie müssen die Werkstoffproben gestaltet sein?
- Welche Werkzeuge und Vorrichtungen brauchen wir für das Experiment?
- Wie soll das Experiment organisiert sein, überprüft jeder Schüler alle Werkstoffe oder richten wir Stationen ein, an denen nur bestimmte Untersuchungen durchgeführt werden?
- Welche Arbeitsschutzbestimmungen müssen wir beachten?

Diese Leitfragen sind nur als Orientierung gedacht. Ihr müsst selbst entscheiden, welche Fragestellungen ihr im Rahmen des Experiments lösen wollt.

Schulwerkstatt

2. Vermutung zum Ergebnis

Werkstoffe lassen sich unterschiedlich gut mechanisch bearbeiten. Durch Erwärmung lässt sich die Verformbarkeit verbessern. Das geht aber nicht bei allen Werkstoffen.
Es ist zweckmäßig, vor dem Experiment Vermutungen zum Ergebnis festzuhalten. Einmal können damit bereits vorhandene Erfahrungen aktiviert werden. Zum anderen hilft es, das Experiment zielgerichteter durchzuführen.

3. Planung des Experiments

Um die unterschiedlichen Werkstoffeigenschaften ermitteln zu können, wird ein einziger Versuch nicht ausreichen. Wir brauchen daher mehrere Stationen mit unterschiedlichen Untersuchungsmethoden. Das könnten sein:

1. Ein Arbeitsplatz, wo der Werkstoff durch Feilen oder Bohren mechanisch bearbeitet wird.
2. Ein Arbeitsplatz, wo Biegeversuche mit Werkstoffproben durchgeführt werden.
3. Ein Arbeitsplatz, wo die Werkstoffproben erwärmt und anschließend gebogen werden. (Arbeits- und Brandschutz beachten!)
4. Ein Arbeitsplatz, wo man versucht, auf die Werkstoffproben eine Farbschicht aufzutragen.
5. Ein Arbeitsplatz, wo man versucht, unterschiedliche Werkstoffproben durch Kleben zu verbinden.

Es sind noch weitere Untersuchungen denkbar. Ihr müsst selbst entscheiden, welche für euch bei der Bestimmung der Werkstoffeigenschaften wichtig sind.
Achtet immer auf die Einhaltung der Arbeits- und Brandschutzbestimmungen.

4. Durchführung des Experiments

An jeder Station arbeiten zwei bis drei Schüler und untersuchen die verschiedenen Werkstoffproben. Sie werten das Ergebnis gemeinsam aus und tragen es in eine Tabelle ein (siehe Tabelle S. 174).

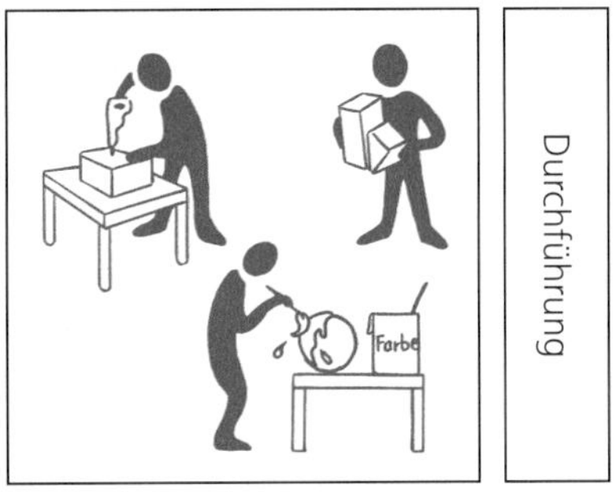

5. Auswertung des Experiments

Die Untersuchungsergebnisse der einzelnen Stationen werden zusammengetragen und in der Tabelle ergänzt.
In der anschließenden Diskussion wird erörtert, welcher Werkstoff für das zu fertigende Werkstück besonders geeignet erscheint.
Zur Auswertung gehört auch eine Nachbetrachtung zur Zweckmäßigkeit des Vorgehens beim Experimentieren.
Es sollten Fragen erörtert werden wie:

- Waren die Experimente richtig ausgewählt?
- Haben die Untersuchungen die erwarteten Erkenntnisse gebracht oder sind noch weitere Experimente notwendig?
- War die Vorgehensweise zweckmäßig?
- Welche Vor- und Nachteile hat das Experimentieren auf der Basis von Stationen?
- Was ist zu verbessern?

Ein Bilderrahmen entsteht:

1. Entwerfen des Bilderrahmens
2. Planung der Arbeitsschritte
3. Herstellung des Leistenmaterials (wird ggf. durch den Lehrer zugeschnitten und gehobelt)
4. Messen und Anreißen
5. Winkelgenaues Sägen
6. Verleimen und Spannen des Rahmens
7. Oberflächenbehandlung
8. Endkontrolle einschließlich Messen
9. ggf. Einsetzen von Glas und Rückwand

Prachtvoller Bilderrahmen

Unterschiedliche Ecklösungen

1.2 Herstellung von Gebrauchsgegenständen

Fertigung eines Bilderrahmens

Wir wollen einen Bilderrahmen im Technikraum herstellen. Ein selbsterstellter Bilderrahmen ist z. B. auch ein schönes Geschenk.

Vorbereitung der Herstellung eines Bilderrahmens: Woran müssen wir denken?

1. Unterschiedliche Rahmenverbindungen: Welche wollen wir für unseren Bilderrahmen wählen?
2. Wir einigen uns auf ein Bildmaß.
3. Wir erstellen eine Zeichnung mit Bemaßung.
4. Wir prüfen: Haben wir das Bildinnenmaß eingehalten?

Die Leisten werden vorbereitet und zugeschnitten

1. Wir stellen die Leisten her oder wir kaufen die Leisten.
2. Welche Werkzeuge werden benötigt, was muss beim Einsatz dieser Werkzeuge beachtet werden (z.B. Sicherheitsbestimmungen)?
3. Die Leisten werden angezeichnet. Achtung: Schnittbreite berücksichtigen!
4. Zuschneiden der Leisten, ggf. Abschleifen; Benutzung einer Gehrungslade.

Verleimen des Rahmens, Rückwand und Glas

1. Was muss beim Verleimen beachtet werden?
2. Wir spannen den Rahmen mit Hilfe einer Spannvorrichtung.
3. Glas und Rückwand des Rahmens werden zugeschnitten.
4. Wir überprüfen die Maßhaltigkeit.

Der Bilderrahmen wird fertig. Wir beurteilen unsere Arbeit

1. Wir säubern und schleifen den Rahmen, wir prüfen die Oberfläche.
2. Wir beschäftigen uns mit verschiedenen Holzschutzmaßnahmen und eventuellen Problemen (z. B. ökologischen).
3. Der Rahmen wird vorgestrichen.
4. Wir begutachten den Rahmen.
5. Wir überlegen, welche Qualifikationen für die Holzbearbeitung erforderlich sind und welche Arbeitsbelastungen zu beachten sind.

Wir werten unsere Arbeit aus

1. Wir stellen fest, wie sich die Genauigkeit des Schnittes durch bestimmte Vorrichtungen verbessern lässt (z. B. Gehrungslade, Gehrungssäge, Einsatz von Maschinen mit einstellbaren Anschlägen).
2. Was müssen wir beim Umgang mit Maschinen und Werkzeugen im Hinblick auf die Arbeitssicherheit beachten?
3. Wir untersuchen, welche Wirkungen Lacke und Lösungsmittel für die Gesundheit und für die Umwelt haben können.

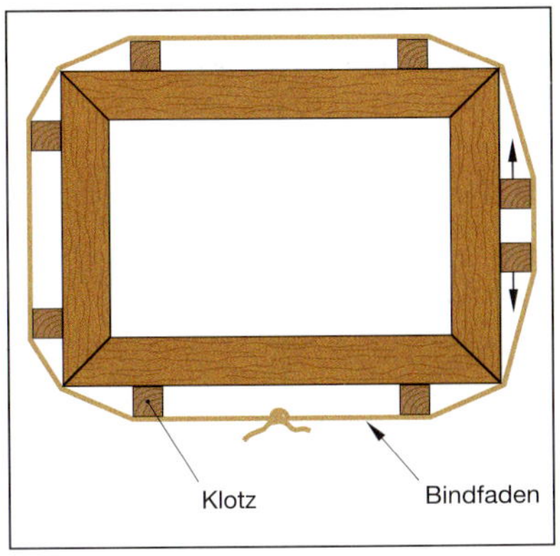

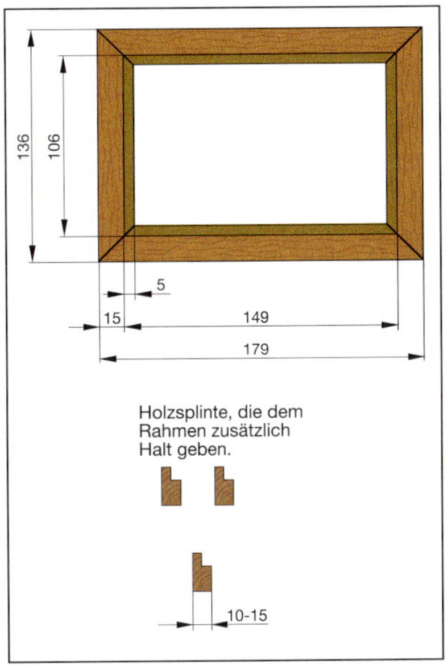

Spannen und Bemaßung des Rahmens

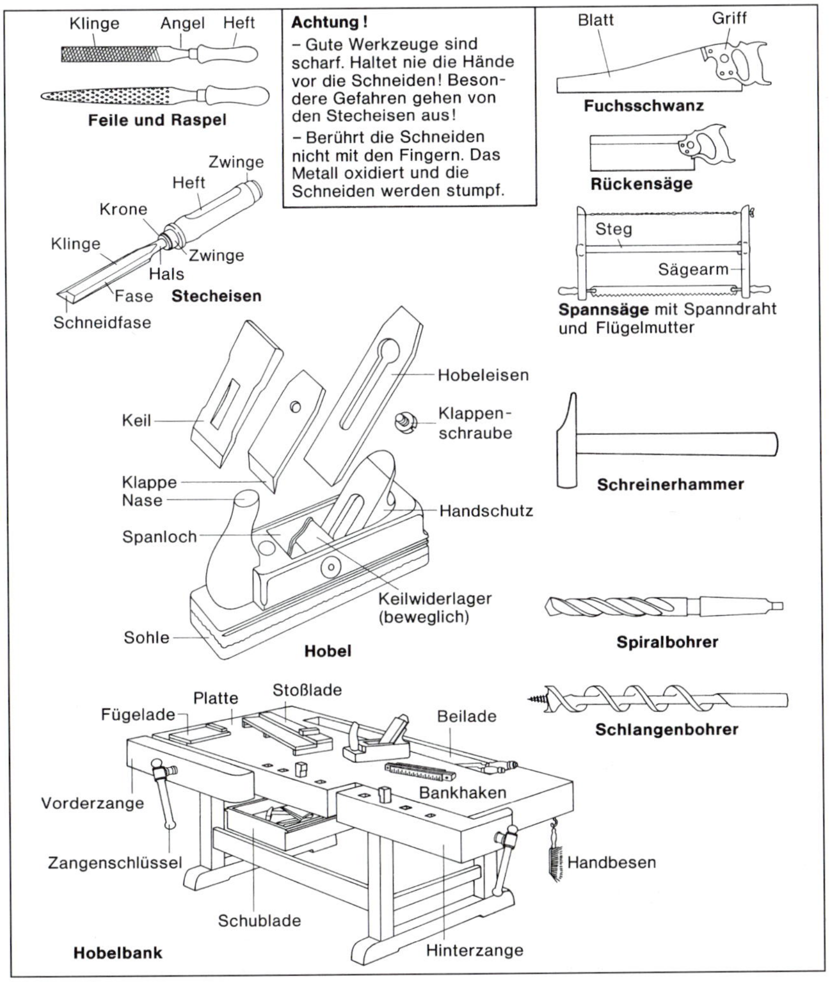

Werkzeuge zur Holzverarbeitung

Räucherhäuschen

Wir bauen ein Räucherhäuschen

Zunächst muss überlegt werden, wie die Fertigung des Räucherhäuschens in der Schulwerkstatt zu organisieren ist. Soll jeder Schüler „sein" Räucherhäuschen fertigen, oder ist eine arbeitsteilige Fertigung vorgesehen, d.h., jeder Schüler fertigt nur ein bestimmtes Bauteil des Räucherhauses?

So müsste ein Schüler nur bestimmte Arbeitsschritte durchführen und gibt dann das Werkstück zur weiteren Bearbeitung an den nächsten Arbeitsplatz weiter. Eine solche Vorgehensweise bezeichnet man als **Reihenfertigung**.

Der Vorteil dieser Fertigungsform ist, dass ein Schüler immer wieder die gleichen Arbeitsgänge ausführt. Auf diese Weise werden schnell die notwendigen Fertigkeiten entwickelt, um die Arbeitsschritte rationell und qualitätsgerecht auszuführen.

Ein andere Möglichkeit ist die **Gruppenfertigung**. Dabei wird jeweils ein Räucherhaus von einer Schülergruppe gefertigt.

Um die Bauteile für das Räucherhäuschen rationell und in der richtigen Reihenfolge herstellen zu können, ist eine Fertigungsplanung notwendig. Ziel dieser Planung ist die Festlegung
- der Fertigungsverfahren (z.B. Bohren, Sägen),
- der Arbeitsmittel und Arbeitsplätze,
- der Arbeitsabläufe (Fertigungsformen und Fertigungstypen).

Die Daten werden in einem Arbeitsplan zusammengefasst. Dieser ist eine tabellarische Beschreibung aller Arbeitsvorgänge. Um einen Arbeitsplan aufstellen zu können, sind zunächst die Arbeitsschritte zu ermitteln, die für die Fertigung eines Bauteils notwendig sind.

Als Beispiel soll der Giebelteil für das Räucherhaus dienen.

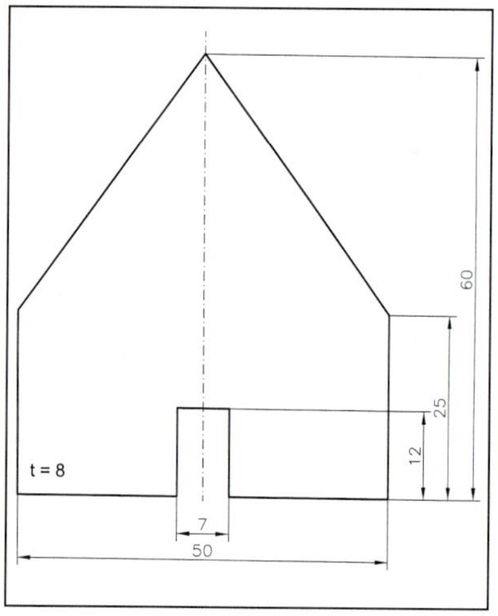

1. Arbeitsschritt: Giebelteil anreißen

An einem Brettstück mit den Maßen von mindestens 60 x 60 mm werden zunächst zwei Seiten rechtwinklig zueinander gesägt. Sie werden dann mit der Raspel oder Sandpapier weiterbearbeitet, um die notwendige Genauigkeit zu erreichen. Damit sind zwei Maßbezugsebenen vorhanden. Davon ausgehend werden mit Lineal und Bleistift zunächst die Mittellinie und die weiteren Maße des Giebelteils angerissen.

2. Arbeitsschritt: Aussägen der Grundmaße

Zunächst sind die Grundmaße 50 x 60 mm auszusägen. Anschließend werden die Dachschrägen gesägt.

3. Arbeitsschritt: Fertigen der Aussparung (Tür)

Die angerissene Aussparung wird an beiden Seiten auf 12 mm eingesägt. Danach wird mit einem Stechbeitel die Aussparung herausgetrennt.

4. Arbeitsschritt: Säubern und Glätten der Schnittflächen

Mit einer Feile erfolgt zunächst eine Nachbearbeitung aller Schnittflächen, um die Maßgenauigkeit zu sichern. Um eine ebene und glatte Oberfläche zu erhalten, werden alle Schnittflächen mit Schleifpapier bearbeitet.

5. Arbeitsschritt: Qualitätskontrolle

Alle Maße des fertigen Werkstückes sind zu überprüfen. Abschließend wird die Oberflächenbeschaffenheit durch Vergleich mit einem bereits kontrollierten Werkstück überprüft.

A

1. Legt die Arbeitsschritte für die anderen Teile des Räucherhauses fest.
2. Übertragt die Arbeitsschritte in einen Arbeitsplan.

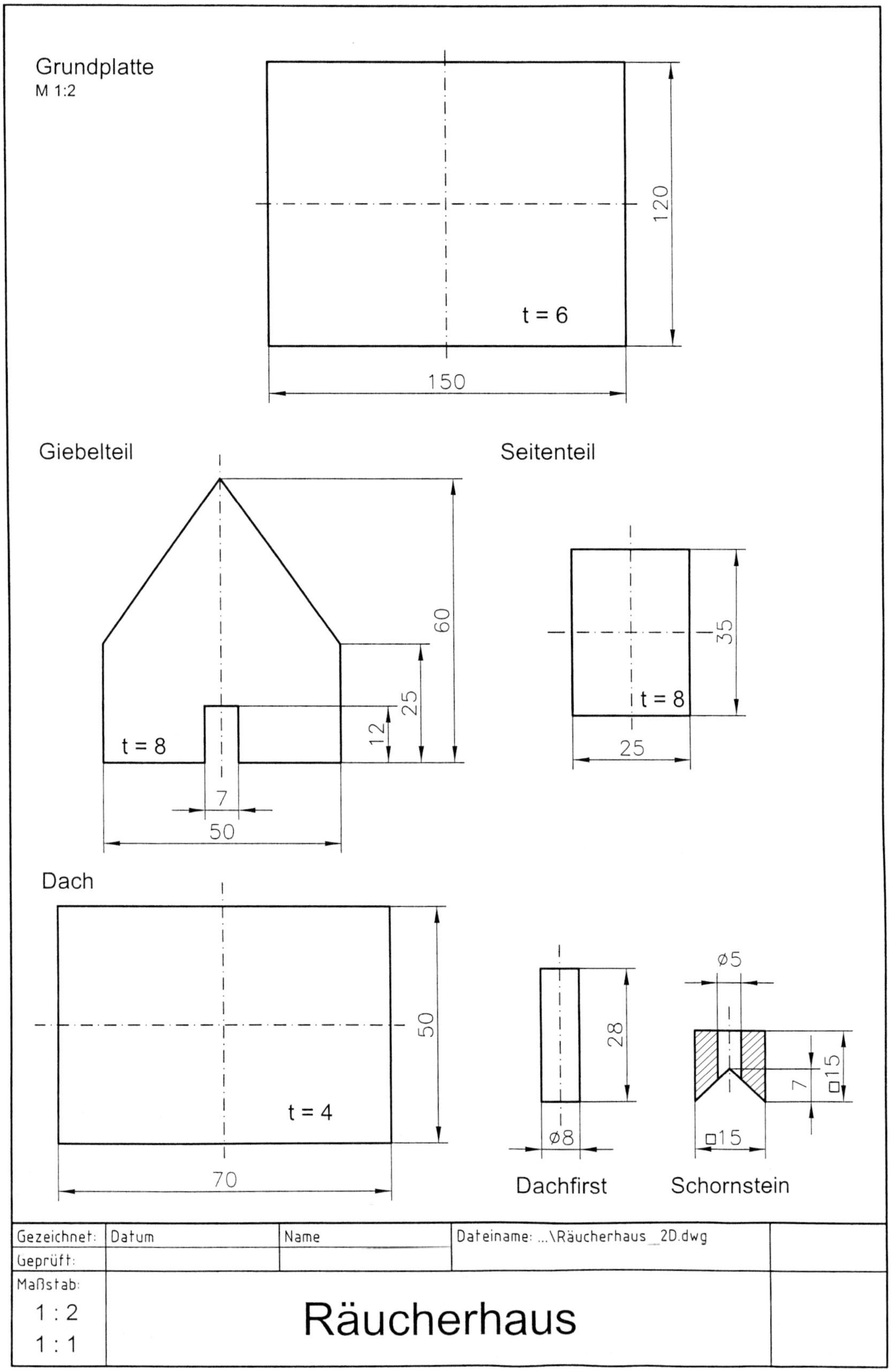
Grundplatte
M 1:2
120
t = 6
150
Giebelteil
Seitenteil
60
25
12
t = 8
7
50
35
t = 8
25
Dach
50
t = 4
70
28
⌀8
Dachfirst
⌀5
□15
7
□15
Schornstein
Gezeichnet:
Datum
Name
Dateiname: ...\Räucherhaus_2D.dwg
Geprüft:
Maßstab:
1 : 2
1 : 1
Räucherhaus

Arbeitsplan

Benennung: Giebel Räucherhaus **Werkstoff:** Holz **Abmessungen:** 50 x 8 x 60		**Zeichnungs-Nr.:** 1 **Losgröße:** 20	
Arbeitsfolge	**Arbeitsvorgang**	**Arbeitsplatz**	**Werkzeug/Vorrichtung**
1	Giebelteil anreißen	Werkbank	Stahlmaßstab, Bleistift
2	Aussägen der Grundmaße	Werkbank	Schraubstock, Feinsäge
3	Fertigen der Aussparung	Werkbank	Schraubstock, Feinsäge, Stechbeitel, Hammer
4	Glätten und Säubern der Schnittflächen	Werkbank	Schraubstock, Feile, Schleifpapier
5	Qualitätskontrolle	Werkbank	Zeichnung, Stahlmaßstab

Nach Erstellung aller Arbeitspläne muss die Entscheidung über die Fertigungsform getroffen werden. Eine Entscheidung könnte für Gruppenfertigung getroffen werden. Dann könnten beispielsweise alle Einzelteile in Gruppen gefertigt werden und daran anschließend das Häuschen montiert werden. Auch hier könnte zwischen Gruppenfertigung und Reihenfertigung entschieden werden. Unabhängig, wie letztendlich die Entscheidungen für die Fertigung getroffen werden, dient eine perspektivische Gesamtzeichnung des Räucherhäuschens als Hilfe. In ihr ist die räumliche Lage der Teile zueinander zu erkennen:

Wichtig:

Die Grundplatte wird nicht an das Räucherhaus geleimt, da es zum Aufstellen der Räucherkerzen abnehmbar sein muss.

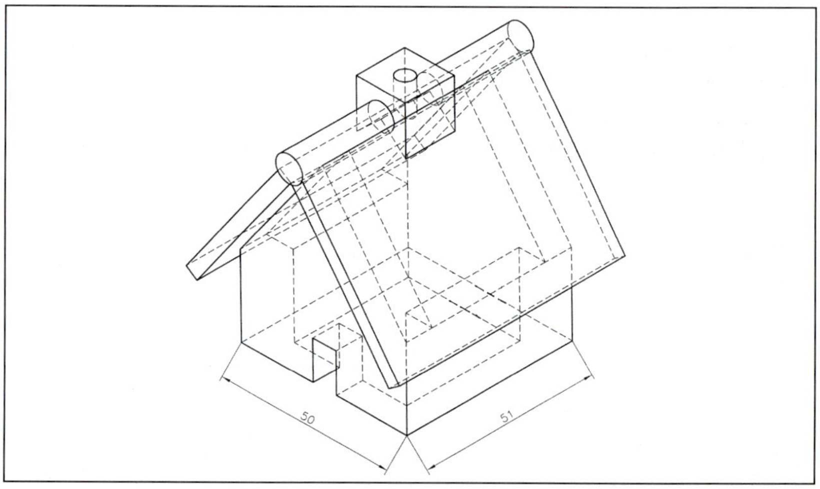

Für die Montage sind notwendig:
- Holzleim,
- Spannvorrichtung zum Fixieren der Teile bis zum Trocknen des Leims,
- Lappen zum Entfernen des überschüssigen Leims.

Nach der Montage erfolgt die Farbgebung durch eine Lasur.

1. Erstellt eine Fertigungsplanung für ein Produkt, dessen Fertigung im Arbeitsunterricht vorgesehen ist.

1.3 Arbeitssicherheit und Arbeitsschutz

Eine ganz „normale" Technikstunde
Nachdem die Fachlehrerin den Technikraum aufgeschlossen hatte, warfen die Schüler ihre Jacken und Taschen schnell an ihre Plätze. Jeder wollte zuerst an Material und Werkzeug heran. Einige liefen schon eilig mit ihrem Werkzeug zu den Tischen. Ein Schüler, der sich mit Werkzeug beladen aus dem Gedrängel vor den Werkzeugschränken befreite, stolperte über eine hinter ihm liegende Schultasche. Dabei bohrte er einem Mitschüler einen Vorstecher ins Bein. Dieser wich vor Schmerz zurück, stieß dabei einen weiteren Mitschüler von hinten an, der in einem Stapel Holzabfällen auf seinem Arbeitstisch nach einem passenden Stück Holz suchte und durch den Anstoß seinen Daumen in die Klinge eines darunter verborgenen Stechbeitels rammte.

Sicherheit im Technikraum
Im Technikraum deiner Schule können sich, wie die kleine Geschichte zeigt, Unfälle ereignen, wenn, ja wenn … Häufigste Gründe für Unfälle sind oftmals Unordnung, Hektik und immer wieder leichtfertiger und unsachgemäßer Umgang mit scharfen Werkzeugen und elektrischen Maschinen. Deshalb müssen im Technikraum bestimmte Regeln eingehalten werden, die DEINE Gesundheit schützen helfen. Regel Nummer 1: Den Weisungen der Fachlehrerin/des Fachlehrers ist unbedingt Folge zu leisten.

Beim Aufenthalt und der Arbeit im Technikraum gelten folgende Grundregeln:
- Angemessenes Verhalten: Herumtoben, Schubsen, Drängeln und Stoßen von Mitschülern im Technikraum und besonders im Bereich von Maschinen ist strengstens verboten! Essen und Trinken sind ebenfalls verboten. Dies gilt besonders bei Lötarbeiten. Hier können giftige Schwermetalle in den Körper gelangen.
- Ordnung und Sauberkeit verhüten Unfälle: Werkzeuge, Material oder Unterlagen, die nicht unmittelbar gebraucht werden, bleiben in Schränken und Taschen. Herumliegende Materialreste und Staub auf Fußboden und Arbeitstischen sorgen für Unübersichtlichkeit. Deswegen: rechtzeitig beseitigen.
- Feuerlöscheinrichtungen: Feuerlöscher und Löschdecken sind nicht zum Spielen! Wenn sie im Notfall nicht einsatzbereit sind, kann dies tödliche Folgen haben!

Blick in den Technikraum einer Schule

- *Werkzeuge nur bestimmungsgemäß einsetzen*
- *sicherheitsbewusst arbeiten*
- *Gefährdungen erkennen*

Ordnungsgemäße Werkzeugübergabe

Falscher Werkzeugtransport

Regeln für den Umgang mit Werkzeugen

Entnahme:

- Achtet auf Spitzen und Schneiden. Von ihnen droht Verletzungsgefahr. Werkzeuge deshalb nur an den Griffen anfassen und vor allem nicht vor den Werkzeugschränken herumdrängeln!
- Vor Beginn der Arbeit werden Werkzeuge auf festen Sitz, Beschädigungen und Funktionsfähigkeit geprüft. Besonders elektrische Geräte, wie z.B. Lötkolben, müssen vor jedem Einsatz auf Beschädigungen der Netzkabel überprüft werden.

Transport:

- Spitzen und Schneiden der Werkzeuge werden nach unten und niemals in Richtung Körper oder gar auf Mitschüler gerichtet.
- Werkzeuge zum Transport nie in Hosen- oder Jackentaschen stecken.
- Bei der Übergabe von Werkzeugen an Mitschüler werden diesen immer die Griffteile zugereicht. Und sie werden schon gar nicht geworfen!
- Maschinen, z.B. Handbohrmaschinen, werden nur abgeschaltet weitergereicht.

Verwendung:

- Werkzeuge werden nur bestimmungsgemäß verwendet. Z.B. mit dem Beitel keine Schrauben ein- oder herausdrehen und gehärtete Metallflächen niemals gegeneinander schlagen (Hammer gegen Hammer). Es könnten leicht Metallsplitter abfliegen und dein Augenlicht zerstören. Weitere Informationen zum Umgang mit Werkzeugen bekommst du von deinem Techniklehrer bzw. deiner Techniklehrerin.

Rückgabe:

- Werkzeuge und Maschinen werden nur gereinigt in den Werkzeugschrank einsortiert.
- Maschinen müssen vor der Reinigung abgeschaltet werden.
- Beschädigte oder zerstörte Werkzeuge werden zur Begutachtung von einem Fachmann aussortiert.

Hier hat jemand den Beitel als Schraubendreher verwendet. Er ist damit reif für die Mülltonne. Auch Bohrer, deren Schneiden blau angelaufen oder verformt sind, werden entsorgt.

Ein gut geordnetes Werkzeugbrett

Gefahren- und Sicherheitshinweise

Auf besondere Gefahren oder notwendige Arbeitsschutzmaßnahmen weisen i.d.R. genormte Schilder hin, die nicht nur im Technikraum, sondern auch in Werkstätten, Handwerksbetrieben oder Fabriken zu finden sind. Auf Gefahren wird häufig in Form von Piktogrammen hingewiesen, man erkennt sofort die Gefahr und die notwendigen Vorsorgemaßnahmen.

VDE, GS und CE sind Prüfzeichen, die u.a. auf elektrischen Maschinen zu finden sind. Sie sagen aus, dass die Maschine oder das Werkzeug Sicherheitsüberprüfungen unterzogen wurde, damit bei sachgemäßem Umgang keine Gefahren davon ausgehen.

1. Welche Bedeutung haben die Symbole? Wo findet ihr sie im Technik- bzw. im Maschinenraum?
2. Welche weiteren Gefahren- oder Arbeitsschutz-Symbole kennt ihr? Über Arbeitsschutz und Unfallverhütung, häufige Unfälle und ihre Ursachen könnt ihr euch beispielsweise bei Handwerkskammern oder Berufsgenossenschaften informieren.

Wir erwerben den Bohrmaschinenführerschein

Teil 1: Aufbau einer Ständerbohrmaschine

In der Technik werden Anlagen, Gegenstände, Motoren etc. durch Verschrauben oder Vernieten zusammengehalten. Zur Aufnahme von Schrauben und Nieten oder als Lagerung von Wellen sind kreisrunde Löcher erforderlich. Bereits in der Steinzeit wurden Äxte zur Aufnahme eines Stiels mit einem Loch versehen. Dazu benutzten die Urmenschen einen Bohrapparat, der bereits einige Bauteile und Elemente heutiger Bohrmaschinen enthielt.

Eine moderne Tischbohrmaschine besteht im Wesentlichen aus folgenden Elementen:

① Elektrische Einrichtung: Dazu gehören die Zuleitung, der Ein- und Ausschalter und eventuell ein Not-Aus-Schalter.
② Ständer, Fuß: Sie dienen zur Aufnahme der einzelnen Baugruppen.
③ Bohrtisch: Er dient der Werkstückaufnahme.
④ Motor: Er dient als Antrieb.
⑤ Stufen- oder Riemenscheibengetriebe: Es überträgt die Kraft des Motors auf die
⑥ Bohrspindel: Sie nimmt das
⑦ Bohrfutter auf. Dieses nimmt den eigentlichen Arbeitsteil auf, den
⑧ Bohrer.
⑨ Vorschubeinrichtung: Mit ihr werden Bohrspindel-, Futter und Bohrer gegen das Werkstück gedrückt.
⑩ Tiefenanschlag: Er erleichtert das Bohren von Löchern mit gleicher Tiefe.

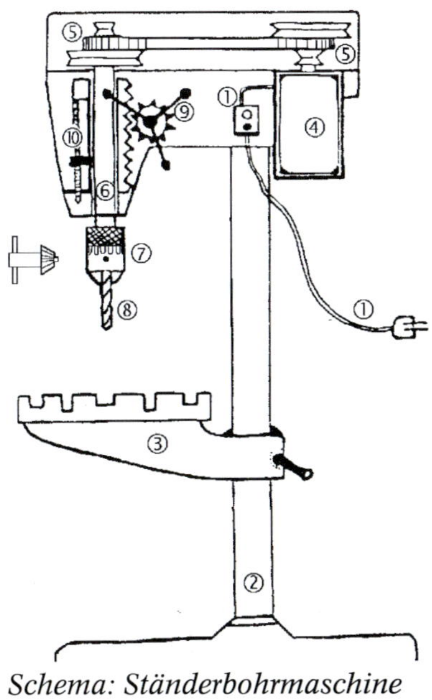

Schema: Ständerbohrmaschine

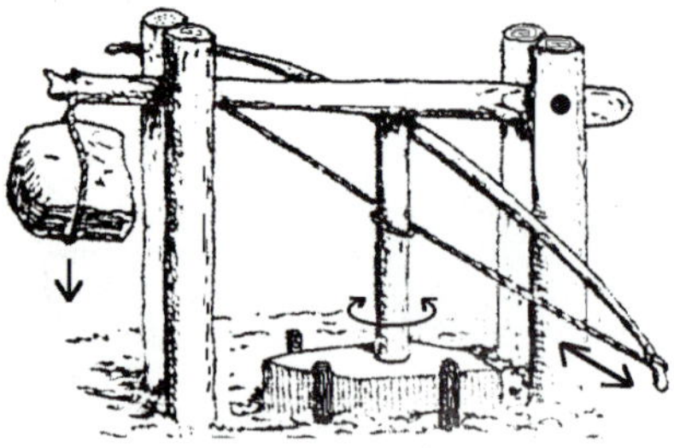

Steinzeitlicher Bohrer mit Fiedelantrieb

Das Zubehör einer Ständerbohrmaschine besteht hauptsächlich aus Spannschlüssel, Maschinenschraubstock mit Spannschrauben, Kühlflüssigkeit. Die Person, die die Bohrmaschine bedient, muss mit einer Schutzbrille ausgestattet sein. Da am Arbeitsplatz Sauberkeit herrschen muss, benötigt sie auch einen Handfeger.

Das wichtigste Zubehör sind natürlich die Bohrer. Der Wendel- oder Spiralbohrer ist der verbreitetste Typ. An seiner Spitze befinden sich die Schneiden, durch die Wendelnuten werden die Späne aus dem Bohrloch befördert, am Schaft wird er in das Bohrfutter eingespannt. Es gibt eine Vielzahl unterschiedlicher Typen und Größen von Bohrern. Für saubere Löcher in Holz eignen sich besonders gut Bohrer mit Zentrierspitze. Die in der Schule häufig verwendeten Bohrertypen und ihr Einsatzgebiet findest du in der Tabelle.

Es gibt natürlich noch viele weitere Bohrertypen, der bekannteste ist der Hartmetallbohrer. Hier sind an den Schneiden Hartmetallplättchen angebracht. Diese Bohrer werden vor allem zum Bohren von Mauerwerk und Beton verwendet. Dazu benötigt man Schlagbohrmaschinen. Diese werden im Technikunterricht aber kaum verwendet. Schlangenbohrer gibt es bestimmt in deinem Technikraum, sie dürfen aber nur in handbetriebene Bohrmaschinen eingesetzt werden. Mehr Informationen über Bohrer kannst du in einem Technik-Lexikon oder ähnlichen Nachschlagewerken finden.

A

1. Abgebildet ist ein Bohrapparat mit Fiedelantrieb aus der Steinzeit. Versucht zu erklären, wie diese Apparatur funktionierte. Hinweis: Der runde Stab in der Mitte ist ein hohler Knochen, der mit Sand gefüllt wurde.

2. Vergleicht die elektrische Tischbohrmaschine mit dem Steinzeit-Bohrapparat. Welche Elemente finden sich an beiden Maschinen?

Teil 2: Sicherheitsregeln für den Umgang mit der Ständerbohrmaschine

Beim Umgang mit einer Ständerbohrmaschine sind folgende Regeln unbedingt zu beachten. Ihr müsst sie in- und auswendig kennen und natürlich auch anwenden. Am besten ihr hängt sie zusätzlich gut sichtbar an der Wand über der Bohrmaschine auf.

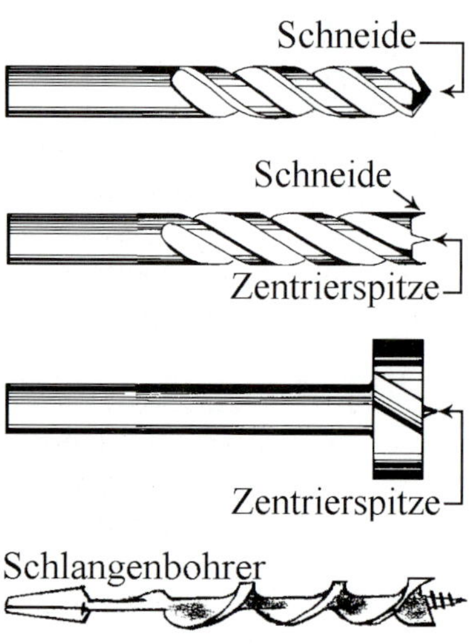

Die wichtigsten Bohrertypen

Bezeichnung	Eignung
Spiralbohrer	Für Holz, Metall, Kunststoff, Löcher mit 1–25 mm Ø
Spiralbohrer mit Zentrierspitze	Besonders gut für Holz und beschichtetes Holz; Löcher mit 4–20 mm Ø
Forstnerbohrer (oder Kunstbohrer)	Für Holz und beschichtetes Holz; Löcher mit 8–70 mm Ø

Schlangenbohrer
Dieser Bohrer gehört weder in eine elektrische Hand- noch in eine Tischbohrmaschine!

1. Nur eng anliegende Pullover oder Arbeitskleidung tragen.
2. Schals, Halstücher, lose Bänder, Ringe, Armbanduhren unbedingt ablegen.
3. Lange Haare durch Haarspangen oder eng anliegende Zöpfe sichern.
4. Keine (Arbeits-)Handschuhe tragen.
5. Beim Bohren von sprödem Material Schutzbrille tragen.
6. Werkstück vor Herumschlagen oder Umkippen sichern. Dazu Maschinenschraubstock und/oder Anschläge benutzen.
7. Nie den Spannschlüssel im Bohrfutter stecken lassen.
8. Späne nicht mit der Hand entfernen, sondern immer Handfeger, Pinsel oder Spänehaken verwenden.
9. Zum Reinigen nicht an der laufenden Spindel vorbeigreifen.
10. Nur eine Person arbeitet an der Maschine. Andere halten mindestens einen Meter Abstand.

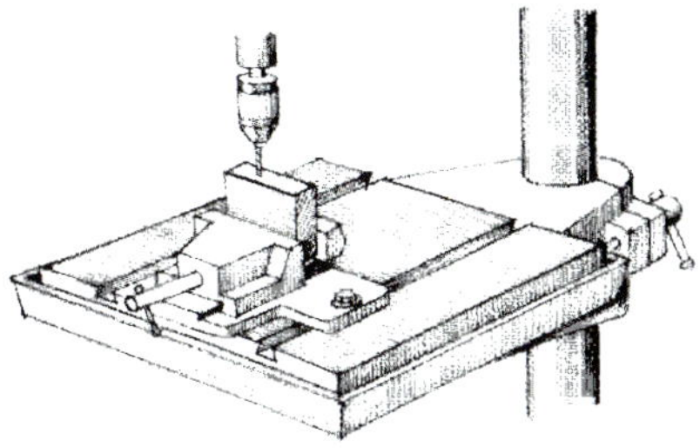

So wird ein Werkstück in den Maschinenschraubstock eingespannt und gegen Herumschlagen oder Wegkippen gesichert.

Gefahrenquellen an der Ständerbohrmaschine

A

1. Beschreibt den Inhalt der Bilder.
2. Wie hätten die Unfälle vermieden werden können?

i

Die richtigen Drehzahlen und Schnittgeschwindigkeiten für andere Lochgrößen und wie man sie errechnet, erfährst du von deinem Techniklehrer.

Achtung: Wenn du später einmal Löcher bohren willst, die durch das Material hindurchgehen, musst du zusätzlich eine Holzunterlage benutzen. Das bewahrt Bohrer und Bohrtisch vor Schäden!

2 Aufbau und Funktion von Maschinen

2.1 Funktionsorgane

A

1. Untersucht eine Küchenmaschine und einen Handmixer nach dem Beispiel der Bohrmaschine.
2. Konstruiert mit Hilfe eines Baukastens verschiedene Getriebe für ein Handbohrmaschinenmodell.

Maschinen sind immer für einen bestimmten Zweck konstruiert. Sie sind aus Einzelteilen aufgebaut, die man meist nicht erkennen kann, weil sie durch das Gehäuse verdeckt sind. Diese Einzelteile wirken zwangsläufig zusammen und verrichten nützliche Arbeit.

Familie Meyer ist in ihr neues Eigenheim eingezogen. Die Geschwister Britta und Bernd dürfen ihre Zimmer selbst gestalten. Für Bücher und Spielsachen wollen sie ein Regal an die Holzwand montieren. Da keine Löcher vorhanden sind, holt Britta die elektrische Handbohrmaschine. Bernd zeichnet die Löcher an, Britta spannt einen 3mm-Holzbohrer in das Bohrfutter der Maschine, schaltet sie ein und bohrt die Löcher.

Welche Vorgänge laufen in der Maschine ab um die Bewegung zu erzeugen? Britta hat vor Arbeitsbeginn die elektrische Zuleitung in die Steckdose gesteckt und die Maschine über einen Druckschalter (**Steuerorgan**) eingeschaltet. Dadurch wird dem Elektromotor (**Antriebsorgan**) Energie zugeführt. Der Motor dreht sich mit hoher Drehzahl. Über einen Schalter kann je nach Material zwischen verschiedenen Geschwindigkeiten gewählt werden. Zwischen dem Bohrer und dem Elektromotor ist ein Getriebe (**Übertragungsorgan**) eingebaut. Es senkt die Drehzahl des Motors (Übersetzung ins Langsame) und verleiht der Maschine eine große Kraft. Motor und Getriebe sind in einem schlagfesten Kunststoffgehäuse (**Trägerorgan**) untergebracht, das vor der Berührung Strom führender Teile bewahrt. Außerdem ist das Gehäuse mit Lüftungsschlitzen versehen, um die Maschine zu kühlen. Das Bohrfutter nimmt den Bohrer (**Arbeitsorgan**) auf. Allgemein bezeichnet man die Gesamtheit von Bauteilen bzw. Bauelementen, die im Zusammenwirken innerhalb der Maschine einen bestimmten Zweck erfüllen, als **Funktionsorgane**.

Die meisten Maschinen bestehen aus den Funktionsorganen **Antriebsorgan, Arbeitsorgan, Übertragungsorgan, Steuerorgan und Trägerorgan**.

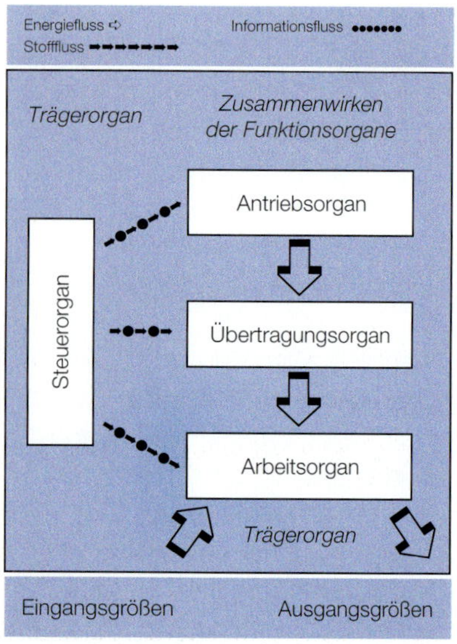

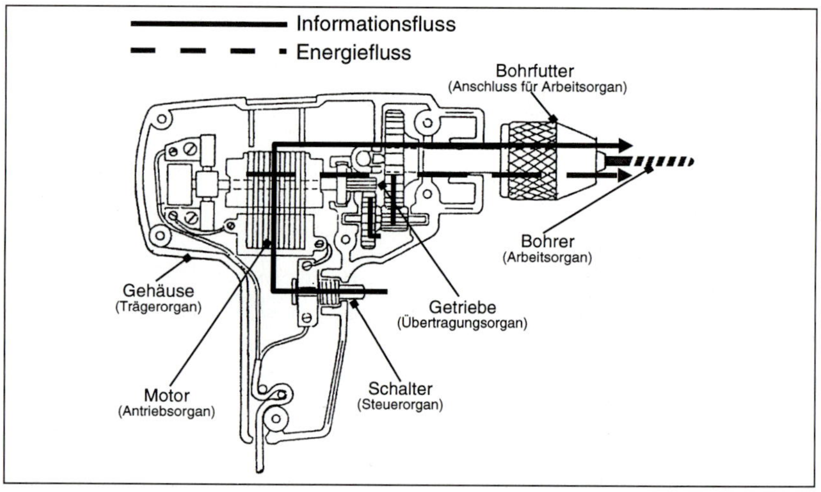

Bohrmaschine

Funktion	Funktionsorgan	Beschreibung	Beispiele
Antreiben	Antriebsorgan	Antriebsenergie in geeigneter Form und Menge bereitstellen	Elektromotoren, Verbrennungsmotoren, Druckluftmotoren
Energie übertragen	Übertragungsorgan	Antriebsenergie an Arbeitsorgan weitergeben und deren Größe anpassen	Riemengetriebe, Zahnradgetriebe, Kurbelgetriebe, Rohrleitungen
Steuern/ Regeln	Steuerungsorgan	Informations- und Signalumsetzung zur Beeinflussung des Energie- und Stoffflusses	Schalter, Ventile, Steuer- und Regelgeräte
Stützen/ Tragen	Trägerorgan	Funktionsorgane zusammenhalten und führen, Kräfte aufnehmen und weiterleiten	Gestelle, Rahmen, Lager, Führungen, Säulen
Arbeiten	Arbeitsorgan	Verwirklicht die eigentliche Aufgabe der Maschine	Werkstück- und Werkzeugaufnahme

Übersicht über die prinzipiellen Funktionen der Bauteile von Maschinen

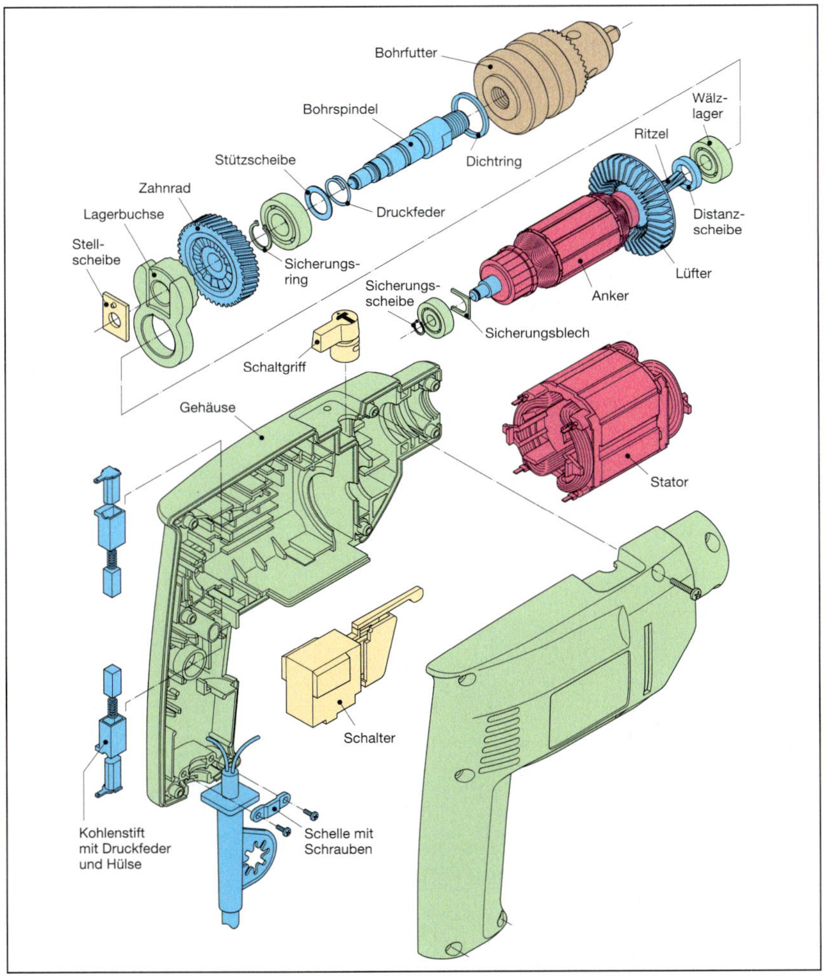

Explosionszeichnung einer Bohrmaschine

A

1. Ordnet die Bauteile der Bohrmaschine in der Explosivdarstellung den einzelnen Funktionsorganen zu.

2.2 Arbeitsfunktionen der Maschinen

Alle Maschinen funktionieren nach dem gleichen Prinzip:
- Sie ver- oder bearbeiten **Stoff**. Mit dem Bohrer werden z. B. Holzwände bearbeitet, eine Walzmaschine dient zur Herstellung von Blechen usw.
- Zur Stoffver- oder -bearbeitung benötigt die Maschine **Energie**, heute meist in Form von Strom (Elektromotoren).
- Die Maschine benötigt **Informationen**, was mit dem Stoff geschehen soll. Eine solche Information ist bei der Bohrmaschine z. B. die Einstellung für „langsam bohren".

Am Beispiel der Getreidemühle könnt ihr nachvollziehen, wie diese Ströme innerhalb der Maschine verlaufen.

Der **Informationsfluss**: Über den Wahlschalter wird die Geschwindigkeit des Mahlwerkes gesteuert. Eine weitere Steuerungsmöglichkeit ist der Anpressdruck im Mahlwerk, mit dem die Feinheit des Mahlgutes bestimmt wird.

Der **Stofffluss** beginnt mit dem eingefüllten Getreide im Trichter der Mühle, weiter über die Förderschnecke zum eingestellten Mahlwerk. Das Ergebnis ist Mehl. Mehl kann durch diese Maschine nur entstehen, wenn **Energie** zum Elektromotor **fließt**. Mit Hilfe von Getrieben und Wellen wird die Energie weitergeleitet und schließlich so umgeformt, dass das Werkzeug angetrieben wird.

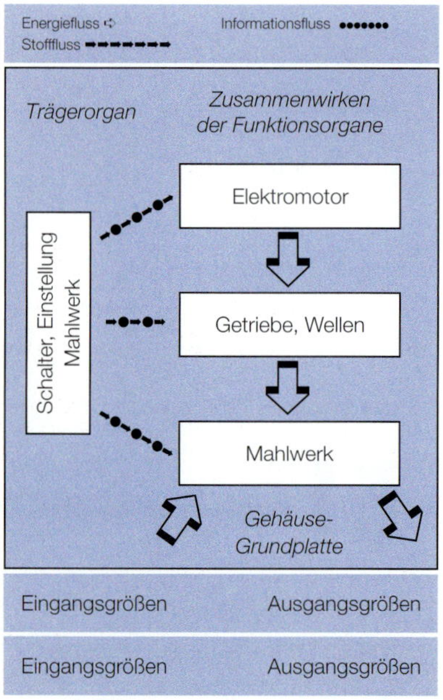

Getreidemühle

Die Funktionsanalyse einer Universal-Sägemaschine zeigt, dass sie trotz großer äußerlicher Unterschiede zur Getreidemühle nach dem gleichen Prinzip funktioniert.

Die Ausgangsform eines Halbzeuges, z. B. U-Profil, ist die Eingangsgröße für den **Stofffluss**. Durch das Sägeblatt wird der Werkstoff des U-Profils zerspant und die Späne mitgenommen. Damit werden die Abmessungen des Halbzeuges verändert (Ausgangsgröße).

Um diesen Stofffluss zu realisieren, ist ein **Energiefluss** notwendig. Dazu wandelt ein Elektromotor elektrische Energie (Eingangsgröße) in mechanische Energie um. Damit leistet das Sägeblatt Zerspanungsarbeit (Ausgangsgröße). Weitere Energieflüsse sind für das Spannen des Materials sowie für den Transport des abgesägten Rohteils notwendig.

Die Maschine kann aber nur arbeiten, wenn ein entsprechender **Informationsfluss** vorhanden ist. Durch Schaltsignale (Eingangsgröße) wird die Maschine eingeschaltet, die Drehzahl und der Vorschub festgelegt.

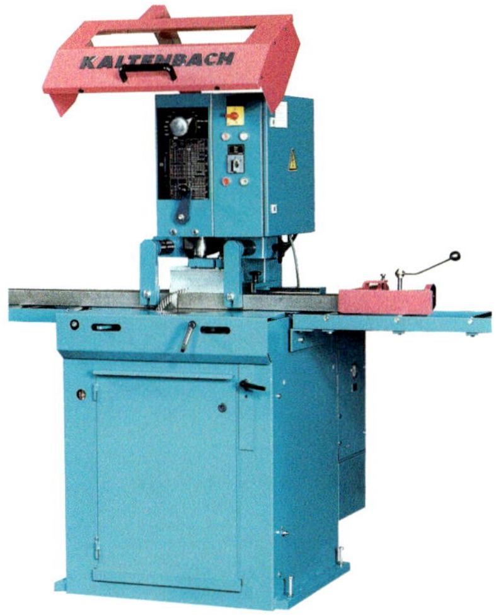

Universal-Sägemaschine

Die Blockdarstellung macht die Zusammenhänge deutlich.

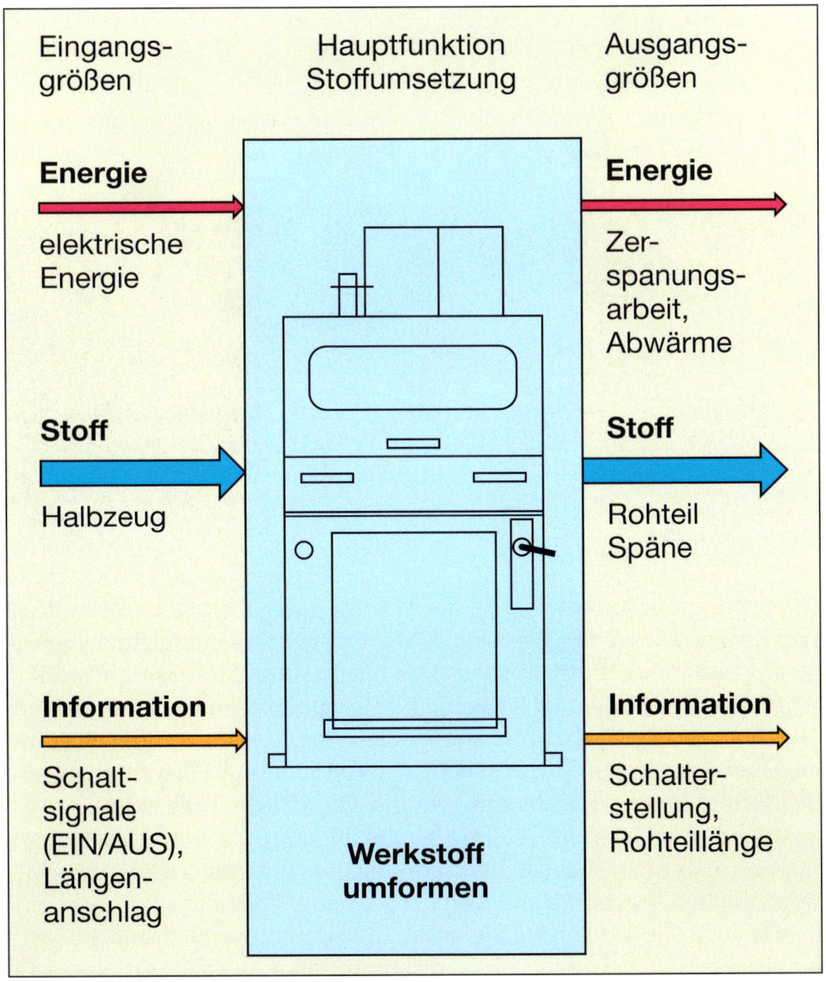

Blockdarstellung einer Sägemaschine

1. Übertragt die Tabelle „Zuordnung der Funktionsorgane“ in eure Mappen und füllt die mit Fragezeichen versehenen Felder.

Zuordnung der Funktionsorgane	Antriebsorgan	Übertragungsorgan	Arbeitsorgan
Fahrrad	?	?	?
Bohrmaschine	?	?	?
Moped	?	?	?
Waschmaschine	?	?	?
Kraftfahrzeug	?	?	?
Nähmaschine	?	?	?

2.3 Zur Wirkungsweise von Funktionsorganen

Die Vielfalt von Maschinen, die das Leben in unserer Gesellschaft weitgehend beeinflusst, ist kaum noch überschaubar. Das gilt natürlich auch für die Vielzahl von Varianten von Funktionsorganen. Es ist nicht möglich, die Wirkungsweise aller Funktionsorgane darzustellen.

Schiff

Flugzeug

Erdgasbetriebenes Fahrzeug

Antriebsorgane
Im Wesentlichen werden zwei Arten von Antriebsorganen eingesetzt, der Elektromotor und der Verbrennungsmotor. Während der Verbrennungsmotor vorwiegend für mobile Maschinen genutzt wird, eignet sich der Elektromotor für stationäre und mobile Maschinen.

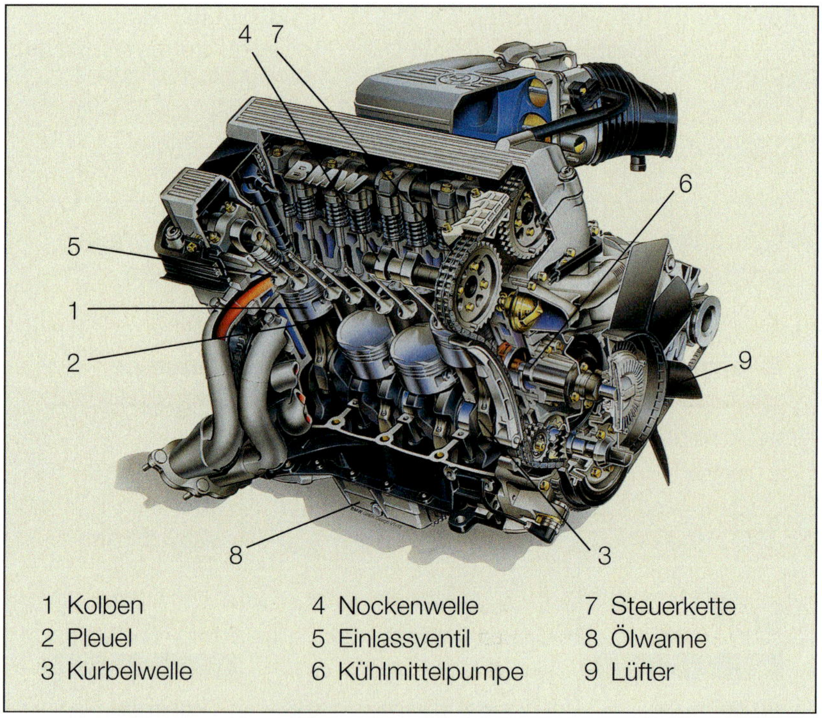

Schnittbild eines Vierzylinder Ottomotors

In Verbrennungsmotoren wird die Antriebsenergie durch Verbrennung von Benzin, Diesel, Bio-Diesel oder Gas erzeugt. Der Energieträger kann getankt und mitgeführt werden. Das macht diese Motoren für mobile Antriebsorgane besonders geeignet. Sie haben jedoch einen großen Nachteil. Bei der Verbrennung entstehen Abgase, die die Umwelt stark belasten. Durch den Einsatz von Katalysatoren und Verwendung umweltfreundlicherer Brennstoffe wie Bio-Diesel oder Erdgas ist es zwar gelungen, die Umweltbelastung zu verringern, ganz vermeiden kann man sie aber nicht. Bei der Verbrennung entsteht immer CO_2, das eine wesentliche Ursache für die Klimaerwärmung darstellt.

Da auch die Weltvorräte für solche Brennstoffe begrenzt sind, müssen langfristig Alternativen für die Verbrennungsmotoren als Antriebsorgan entwickelt werden.

1. Informiert euch in einer Kfz-Werkstatt oder in einem Autohaus, wodurch der Kraftstoffverbrauch und die Umweltbelastung von Verbrennungsmotoren in den letzten Jahren verringert wurde.

Eine solche zukunftsträchtige Entwicklung ist die Brennstoffzelle. Hier wird Elektroenergie z.B. durch die Verbrennung von Wasserstoff zu Wasser erzeugt.

Da außer Wasser keine Abprodukte entstehen, wird die Umwelt auch nicht belastet. Das Problem ist nur, dass Wasserstoff in der Natur nicht vorkommt, sondern erst durch Elektrolyse aus Wasser hergestellt werden muss. Dazu ist wiederum ein hoher Energieaufwand notwendig.

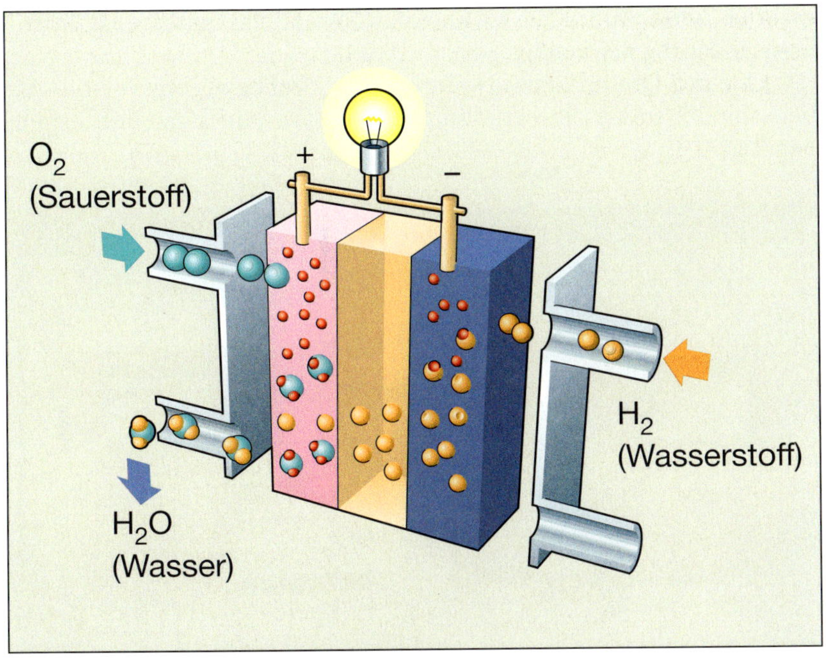

Funktionsprinzip einer Brennstoffzelle

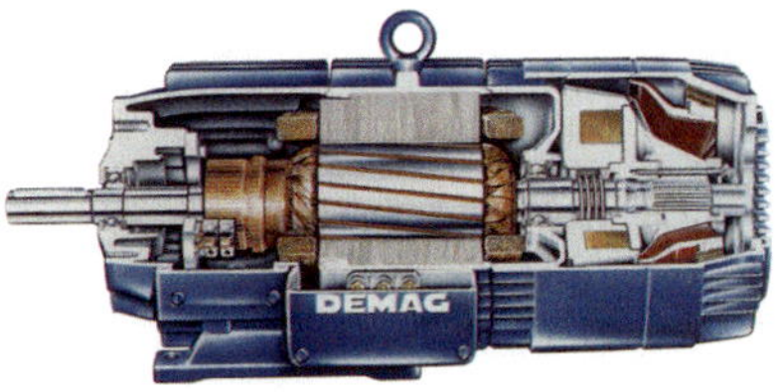

Elektromotor

Fräsmaschine

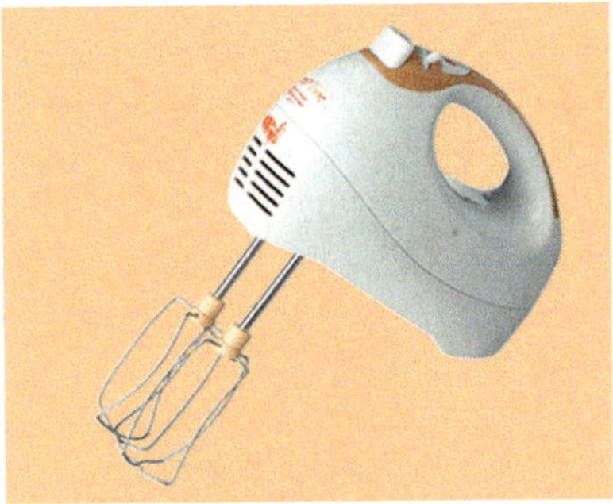

Haushaltsgerät

Verkehrswesen

Der größte Teil der Antriebsorgane sind **Elektromotoren**. Sie wandeln Elektroenergie in Antriebsenergie um. Mehr als 80% der Maschinen werden von Elektromotoren angetrieben. Sie sind abgasfrei und haben eine große Laufruhe. Ihr Wirkungsgrad ist wesentlich höher als der von Verbrennungsmotoren. Elektromotoren gibt es für fast jeden Einsatzbereich, für ganz geringe und sehr große Leistungen. Zur Drehzahlregelung ist meist kein Getriebe notwendig. Durch ihre kompakte Bauweise sind sie leicht in Maschinen einzubauen.

In den frühen Jahren der Industrialisierung wurde ein Elektromotor als Antriebsorgan für viele Maschinen in einer Fabrikhalle benutzt. In modernen Maschinen wird meist für jede einzelne Funktion ein Elektromotor eingesetzt.

So gibt es an Werkzeugmaschinen einen Motor für den Antrieb, einen für den Vorschub, einen für die Zustellbewegung, einen für die Spannvorrichtung, einen für die Kühlmittelpumpe usw. Damit vereinfacht sich die Gestaltung der Übertragungsorgane und die Leistung der Motoren kann exakt auf die spezifischen Anforderungen angepasst werden.

Übertragungsorgane

Übertragungsorgane müssen die vom Antriebsorgan bereitgestellte Energie auf das Arbeitsorgan übertragen. In den meisten Fällen entspricht die vom Antriebsorgan abgegebene Bewegung nicht denen, die für die spezifischen Funktionen der Maschine notwendig sind.

So gibt der Verbrennungsmotor eines Autos eine Drehzahl zwischen 2.000 und 6.000 U/Min ab. Für eine variable Fahrzeuggeschwindigkeit zwischen 0 und 140 km/h wäre die vom Motor abgegebene Bewegung nicht geeignet. Außerdem ist für das Rückwärtsfahren eine Drehrichtungsänderung notwendig.

An einer Drehmaschine werden eine Drehbewegung für die Arbeitsspindel sowie eine gradlinige Vorschub- und Zustellbewegung benötigt.

Riemengetriebe

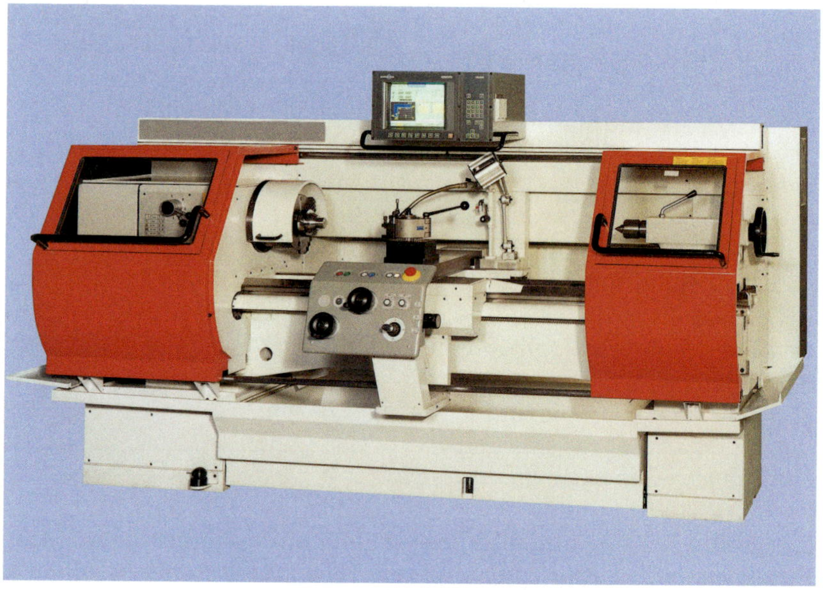

Moderne Drehmaschine

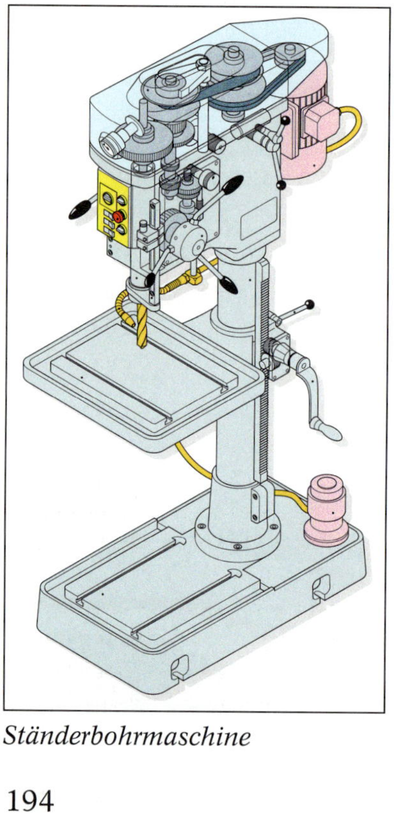

Ständerbohrmaschine

Die Anpassung der Antriebsbewegung an die Arbeitsbewegung erfolgt in der Regel durch **Getriebe**.

Getriebe haben deshalb unterschiedliche Funktionen:
- Weiterleiten und Verteilen der mechanischen Energie,
- Ändern von Drehzahl und Drehrichtung,
- Ändern der Bewegungsform.

Für das Weiterleiten der mechanischen Energie sowie zur Drehzahl- und Drehrichtungsänderung werden meist **Riemen-** oder **Zahnradgetriebe** genutzt. Bei Riemengetrieben wird die Bewegung durch die Reibungskraft zwischen Riemen und Riemenscheibe übertragen, bei Zahnradgetrieben durch das Ineinandergreifen der Zähne. Riemengetriebe setzt man ein, wenn Drehbewegungen über große Abstände übertragen werden müssen, bzw. die Übertragung von Schwingungen verhindert werden soll.

Zahnradgetriebe sichern ein gleichbleibendes Übersetzungsverhältnis und können große Kräfte übertragen. Durch die Zahnform wird ein Zwangslauf gesichert.

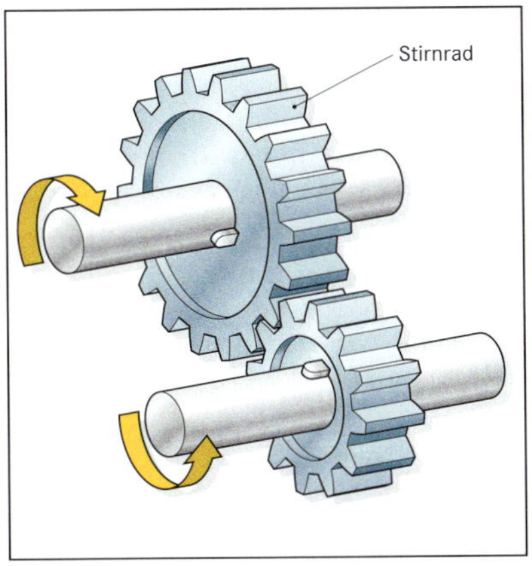

Stirnradgetriebe

Zahnriemen

Eine Sonderform bildet der Zahnriemen. Er kann größere Wellenabstände überwinden, wirkt schwingungsdämpfend wie ein Riemen. Durch die Zähne an der Innenseite des Riemens kann der Riemen auch nicht rutschen und es wird ein bestimmtes Übersetzungsverhältnis eingehalten. Er wird deshalb vor allem in Motoren für Kraftfahrzeuge benutzt (z. B. als Verbindung zwischen Kurbelwelle und Nockenwelle). Zur Änderung der Bewegungsform (Umwandlung einer Drehbewegung in eine geradlinige Bewegung oder umgekehrt) eignen sich das **Zahnstangengetriebe**, das **Schraubengetriebe** und das **Schubkurbelgetriebe**.

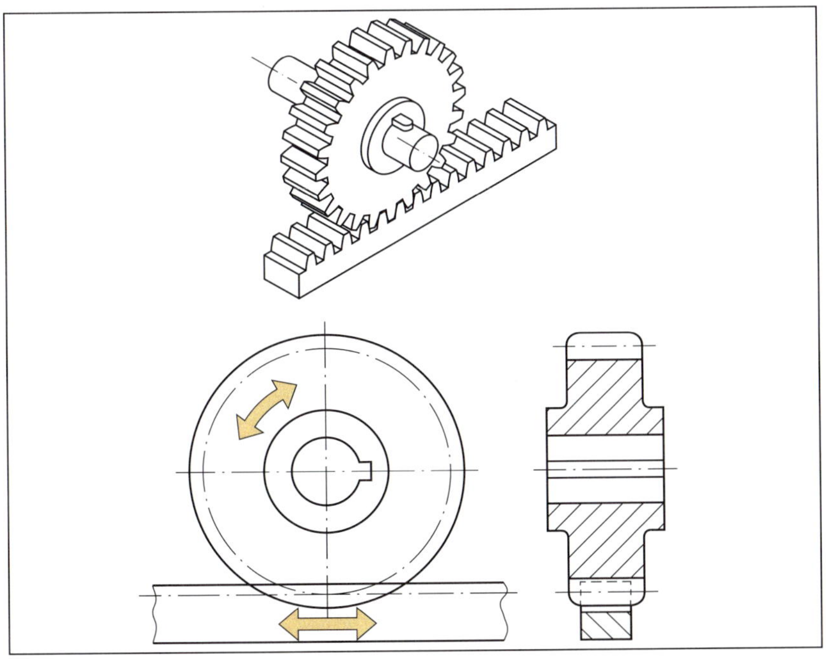

Zahnstangengetriebe

A

1. Ermittelt bei Maschinen aus eurem Erfahrungsbereich, wo Stirnrad- bzw. Riemengetriebe vorhanden sind. Begründet den Einsatz der Getriebearten.

Schraubengetriebe

Schubkurbelgetriebe

Neben mechanischen Übertragungsorganen werden in immer stärkerem Maße **hydraulische und pneumatische Übertragungsorgane** eingesetzt.

Bei einem hydraulischen Übertragungsorgan wird eine Pumpe von einem Motor (Antriebsorgan) mit gleichbleibender Drehzahl angetrieben. Sie saugt Flüssigkeit (Öl) an und gibt sie über eine Rohrleitung mit hohem Druck ab. Mit dieser Flüssigkeit kann wiederum eine Pumpe angetrieben werden, die dann als Motor wirkt und eine Drehbewegung abgibt. Die Flüssigkeit kann aber auch in einen Zylinder geleitet werden, wo sie einen Kolben bewegt und somit die Drehbewegung des Antriebsorgans in eine geradlinige Bewegung umwandelt.

Vorteile solcher Übertragungsorgane sind:

- Energieübertragung über größere Strecken und beliebige Raumlagen,
- einfache Verteilung der Energie,
- geringe Energieverluste,
- stufenlose Steuerbarkeit,
- leichte Montier- und Demontierbarkeit,
- günstiges Masse-Leistungs-Verhältnis,
- leichte Funktionskontrolle durch Druckmessung.

A

1. Ermittelt weitere Beispiele für den Einsatz von Getrieben zur Änderung der Bewegungsform.

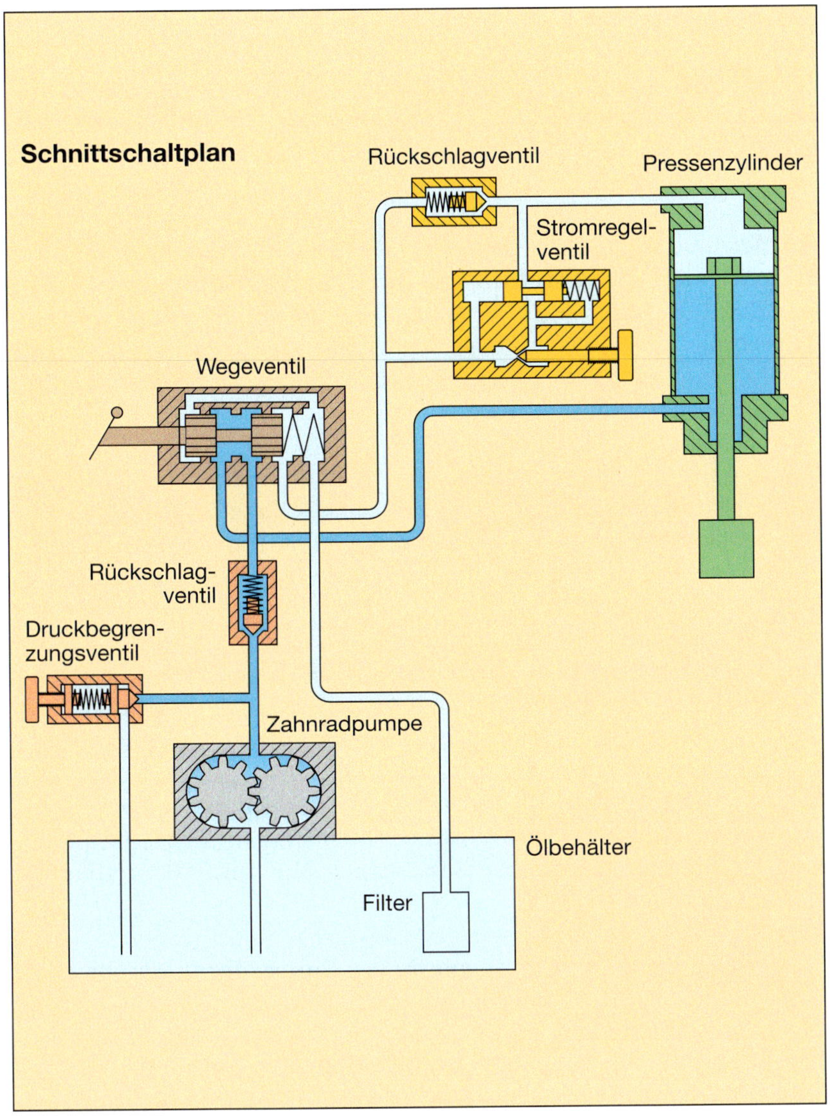

Schaltplan einer hydraulischen Presse

A

1. Beschreibt die Aufgabe der einzelnen Bauteile der hydraulischen Presse sowie den Energiefluss vom Antriebsorgan zum Arbeitsorgan.

2. Ergänzt die unten stehende Tabelle.

Maschine	Übertragungsorgan	Funktion
Tischbohrmaschine	Riemengetriebe oder Zahnradgetriebe	Übertragung der Antriebsenergie des Motors auf den Bohrer
Bagger	?	?
Kran	?	?
Waschmaschine	?	?
Motorrad	?	?
Kreissäge	?	?

Übertragungsorgane in Maschinen

2.4 Maschinenarten

Arbeitsmaschine

Transportmaschine

Krananlage eines Containerhafens

In Industrie, Landwirtschaft und im Haushalt sind wir ständig von Maschinen umgeben. Sie sehen nicht nur unterschiedlich aus, sondern erfüllen auch unterschiedliche Funktionen.

So gibt es eine Vielzahl von Maschinen, die Materialien be- und verarbeiten und auf diese Weise Produkte herstellen, die bestimmte Bedürfnisse in unserer Gesellschaft befriedigen. Solche Maschinen stellen z. B. Zeitungen oder Textilien her. Sie be- und verarbeiten Metalle und Kunststoffe, um daraus Produkte für Industrie und Haushalt zu fertigen. Solche Maschinen gibt es auch im Haushalt und in der Landwirtschaft und erleichtern dort die Arbeit.

Wir kennen sie als Druckmaschinen, Webautomaten, Metallverarbeitungsmaschinen oder Küchenmaschinen. All diese Maschinen unterstützen den Menschen bei der Herstellung von Produkten. Sie leisten also Arbeit. Sie werden deshalb unter dem Begriff **Arbeitsmaschinen** zusammengefasst.

Um Produkte fertigen und verkaufen zu können, müssen ständig Rohstoffe und Fertigerzeugnisse bewegt werden. Auch innerhalb eines Betriebes sind Materialien an unterschiedliche Fertigungsstandorte zu schaffen. Dazu wurden **Transportmaschinen** entwickelt. Sie bearbeiten keine Produkte, sie transportieren sie nur. Zu dieser Gruppe der Maschinen gehören Lastkraftwagen, Eisenbahnen, Schiffe und Flugzeuge, Spezialfahrzeuge wie Gabelstapler aber auch Förderbänder, Förderschnecken.

Eine entscheidende Voraussetzung für den Einsatz dieser Maschinen ist das Vorhandensein von Energie, die von den Maschinen genutzt werden kann. Das ist in der Regel Elektroenergie. Es werden daher in großem Umfang Maschinen benötigt, die diese Elektroenergie erzeugen. Das sind vor allem Wasser- und Dampfturbinen, Generatoren, aber auch Windräder und Solaranlagen. Sie werden unter dem Begriff **Energiemaschinen** zusammengefasst.

In unserer modernen Gesellschaft spielt das Erfassen und Verarbeiten von Informationen eine immer größere Rolle. Wir sprechen deshalb von der Informationsgesellschaft. Der Mensch ist immer weniger in der Lage, diese Flut von Informationen ohne technische Hilfsmittel zu verarbeiten. Deshalb wurden in den letzten Jahrzehnten vor allem Maschinen entwickelt, deren Aufgabe es ist, Informationen zu sammeln und für bestimmte Zwecke zu verarbeiten.

Die bekannteste Maschine ist ohne Zweifel der Computer. Ohne diese Maschine würde unsere Wirtschaft und die gesamte Gesellschaft nicht mehr funktionieren. Neben dem Computer verarbeiten auch DVD-Player, Navigationsgeräte usw. Informationen. Man bezeichnet diese Gruppe von Maschinen als **Informationsmaschinen**.

Antrieb Muskelkraft

Werkzeuge sind u.a. Hammer, Bohrer, Meißel und Feile. Diese Werkzeuge wurden und werden benutzt, um Materialien wie Stein, Holz, Metall oder Kunststoff zu bearbeiten.

3 Entwicklung von Maschinen

Die Menschen versuchten schon immer sich durch Hilfsmittel die körperliche Arbeit zu erleichtern. Schon die Steinzeitmenschen konstruierten eine *Bohrmaschine*, den Fiedelbohrer, mit dem sie Löcher in Steine bohrten. In diese steckten sie kurze Hölzer und hatten so Steinbeile gefertigt. Durch Beobachtungen, den Einsatz verschiedener Materialien, ständiges Arbeiten und Ausprobieren verbesserten sie diese Werkzeuge und entwickelten sie weiter. Die Menschen entdeckten dabei Gesetzmäßigkeiten, die sie auf neue Werkzeuge und Maschinen übertrugen.

Mit Hilfe einfacher Maschinen (Hebel und Rolle) und der Muskelkraft vieler Tausend Menschen wurden die Pyramiden in Ägypten und die Azteken-Tempel in Mittelamerika errichtet. Bis zur Erfindung der Dampfmaschine standen nur menschliche und tierische Muskelkraft, Wind- und Wasserkraft zum Antrieb von Werkzeugen zur Verfügung.

Antrieb Wasserkraft

1. Beschreibt, wie die Steinzeitmenschen mit dem Fiedelbohrer arbeiteten.

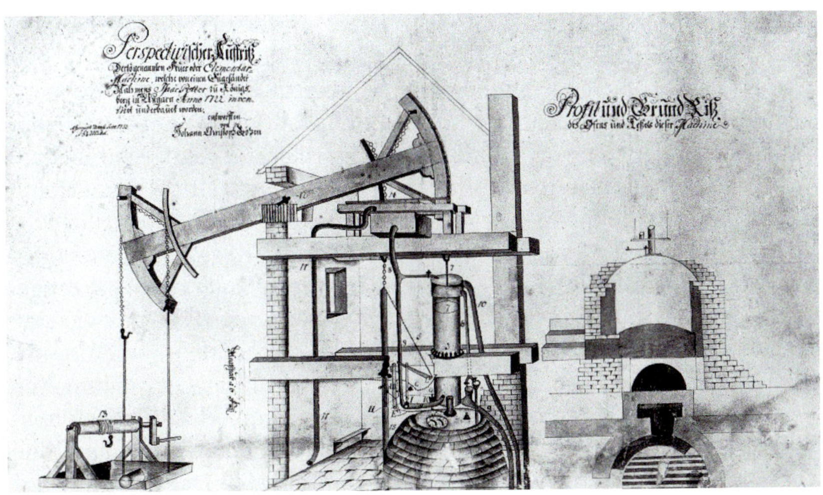

Newcomen'sche Dampfmaschine

Fiedelbohrer

Dampfmaschine als Antrieb: Eisenbahn

Webstuhl und Transmissionsriemen

A

1. Welche Werkzeuge werden heute noch mit Muskelkraft betrieben? Versucht einige Beispiele zu finden.

2. Fast überall in Deutschland finden sich große Maschinen, die mit Wasser- oder Windkraft betrieben werden. Nennt Beispiele aus eurer Umgebung.

P

3. Wenn sich in eurer Region ein Heimatmuseum mit einer Technikabteilung befindet, solltet ihr dies besuchen. Der technische Wandel wird nicht nur in den hier vorgestellten großen Maschinen sichtbar.

Erze und Kohle wurden anfangs nur an der Erdoberfläche gesucht. Als der Bedarf an Erz und Kohle größer wurde, mussten Bergwerkschächte zum Abbau angelegt werden. Je tiefer die Schächte wurden, desto stärker bedrohten sie das Grundwasser, denn es sickerte ständig nach und überflutete die Gruben.

Der Engländer Thomas Newcomen baute auf älteren Grundlagen 1712 eine Dampfmaschine. Sie wurde als Antrieb für eine Wasserpumpe in einer Kohlengrube eingesetzt.

James Watt verbesserte die Newcomen'sche Dampfmaschine und erfand 1792 eine Maschine, bei der die Hin- und Herbewegung des Kolbens in eine Drehbewegung umgesetzt wurde. Die industrielle Revolution nahm mit der Dampfmaschine ihren Anfang. Sie wurde als Antriebsmaschine mit Hilfe von Transmissionen (Übertragungen) genutzt: Die Energie wurde über robuste Lederstreifen an Maschinen wie Webstühle, Spinnmaschinen und Werkzeugmaschinen weitergeleitet.

Bald wurde die Dampfkraft auch zum Antrieb von Fahrzeugen und Schiffen verwendet. Der erste Zug fuhr in Deutschland 1835 von Nürnberg nach Fürth. Der Anfang für ein sich schnell entwickelndes Verkehrswesen war gemacht.

Der Computer als multifunktionelles Werkzeug

Rechner gab es schon früh in Betrieben. Man nutzte in den sechziger und siebziger Jahren die zur Verfügung stehenden Großrechner. Große Firmen betrieben eigene Rechenzentren oder sie mieteten sich Rechenzeit bei einem Rechenzentrum, das einen Großrechner betrieb. In den vergangenen Jahren wurden nun leistungsfähigere Rechner entwickelt. Was früher nur ein Großrechner konnte, leisten heute schon kleine Tischcomputer oder PCs.

Der Rechner hielt nicht nur in der innerbetrieblichen Organisation und Kommunikation Einzug, sondern **veränderte auch die Werkzeuge**, Anlagen und Maschinen. Ein universales Bearbeitungszentrum wie eine CNC-Maschine, die bohren, schleifen, fräsen, entgraten, polieren und komplizierte Oberflächen eines Werkstückes bearbeiten kann, ist ohne den Rechner nicht denkbar. Was das Werkzeug kann oder welches Werkzeug die CNC-Maschine gerade ist – Bohrmaschine oder Fräsmaschine usw. – wird durch ein Rechnerprogramm festgelegt. **Der Rechner hat aus einer Maschine ein universales Werkzeug gemacht.**

Bohren: Auch große Bohrmaschinen sind nach dem Prinzip einer Ständerbohrmaschine konstruiert. Der in der Höhe verstellbare Bohrer (das Werkzeug) wird auf das fest eingespannte Werkstück gestellt.

Bei gedrehten Werkstücken ist in jeder Ebene jeder Punkt gleich weit von der Mittelachse entfernt. Man sagt: Gedrehte Werkstücke sind „rotationssymmetrisch", spiegelbildlich bei der Drehung.

Zur Verdeutlichung schauen wir uns den Arbeitsplatz eines Drehers an einer herkömmlichen Fräsmaschine und an einer CNC-gesteuerten Maschine an.

Drehen: Im Unterschied zum Fräsen bewegt sich beim Drehen das Werkstück um eine Achse, das Werkzeug dagegen steht fest. Auch durch diesen Vorgang werden neue Oberflächenstrukturen geschaffen.

Vergleich zwischen der Arbeit an einer handbedienten und einer CNC-gesteuerten Werkzeugmaschine

Die Herstellung eines Produkts mit einer handbedienten Werkzeugmaschine erfordert eine Steuerung durch den Maschinenbediener mit Hilfe von Hebeln, Stellrädern, Kurbeln etc. Durch ständiges Beobachten und Messen kontrolliert er die Bearbeitung und korrigiert wenn nötig mit den Handrädern so, dass die vorgegebenen Werkstückabmessungen erreicht werden.

Der Arbeitsablauf ist im Vergleich zur konventionellen Fräsmaschine bei der CNC-gesteuerten Maschine prinzipiell gleich, jedoch übernimmt die CNC-Steuerung die meisten manuellen Tätigkeiten des Bedieners.

Das Programm enthält die für die Bearbeitung des Werkstückes notwendigen Informationen: Weginformationen (z. B. Fahrtrichtung, Ebenenauswahl) und Schaltinformationen (z. B. Vorschubgeschwindigkeit des Werkstücks, Spindeldrehzahl und Spindelrichtung), aber auch Maschinenfunktionen (z. B. automatischer Werkzeugwechsel, Kühlmittelzufuhr). Das Nachmessen erübrigt sich, da der Vorgang durch das Programm gesteuert wird.

Handgesteuerte Werkzeugmaschine

Historische Dreherei um 1840

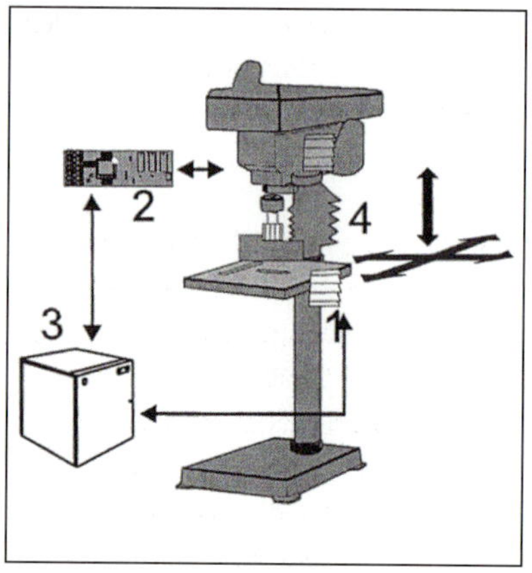

CNC-gesteuerte Werkzeugmaschine

CNC-Werkzeugmaschinen eignen sich für Werkstücke mit hohen Genauigkeitsanforderungen und für große Stückzahlen. Sinkende Preise für die EDV-Anlagen machen CNC-Maschinen aber auch für kleinere Stückzahlen interessant.

Die wichtigsten Komponenten der CNC-Maschine sind Steuerung, Vorschubantrieb, Wegmesssystem und der Schaltschrank (s. Abbildungen).

Die **Steuerung** ② ist dabei das „Gehirn" der Maschine. Sie koordiniert die Achsenbewegungen, vergleicht ständig die programmierten Wegmaße und -geschwindigkeiten mit den tatsächlichen Werten und korrigiert sie durch Steuersignale. Der Bediener erhält über einen Bildschirm Soll- und Ist-Werte aller Achsen sowie andere wichtige Meldungen angezeigt.

Der **Vorschubantrieb** ④, dessen Motor ebenfalls gesteuert wird, bewegt alle Achsen der Maschine. Über Geschwindigkeitsmesser erfolgt ständig eine Rückmeldung an die Steuerung, die nötigenfalls korrigierend eingreift.

Mit dem **Wegmess-System** ① erkennt die CNC-Maschine selbsttätig die Achsenpositionen und meldet diese an die Steuerung.

Der **Schaltschrank** ③ enthält Umformer, Relais, Antriebsverstärker, Sicherungen und andere elektrische Bauteile.

Moderne Drehwerkstätte

Abschreibung:
Durch den ständigen Gebrauch oder technisches Veralten verlieren Maschinen, Gebäude usw. an Wert. Dieser Wertverlust erscheint in der jährlichen Gewinn- und Verlustrechnung eines → Unternehmens als Kostenfaktor.

Analyse:
Das Wort bedeutet Zergliederung und Untersuchung.

Ausbildungsberuf:
Wer eine Ausbildung machen will, kann dies nur in einem staatlich anerkannten Ausbildungsberuf. Staatlich anerkannt ist ein Ausbildungsberuf, wenn für ihn eine Ausbildungsordnung vorliegt. Die Ausbildung erfolgt überwiegend in → Betrieben, der Verwaltung und in Berufsfachschulen.

Betriebsstoff:
Ein Werkstoff, der bei der Produktion von Gütern eingesetzt wird, ohne jedoch Bestandteil des Produktes selbst zu werden (z. B. Schmierstoffe, Strom, Wasser, Öl).

Bürgerliches Gesetzbuch (BGB):
Regelt den größten Teil des allgemeinen Privatrechts, gilt seit 1900 mit vielen Anpassungen an die veränderten Verhältnisse. Das BGB ist in fünf Bücher unterteilt. 1. Buch: Rechts- und Geschäftsfähigkeit, Vertragsrecht, 2. Buch: Rechtsbeziehungen zwischen Gläubiger und Schuldner, 3. Buch: Besitz- und Eigentumsrecht, 4. Buch: Familienrecht, 5. Buch: Erbrecht.

Betrieb:
Technische und organisatorische Einheit, die Sachgüter und Dienstleistungen für andere Betriebe oder die privaten Haushalte herstellt. Im Gegensatz zum → Unternehmen muss der Betrieb rechtlich nicht selbstständig und auch nicht im privaten Besitz („öffentlicher Betrieb") sein.

Dienstleistung:
→ Güter

Erstausbildung:
Da heute immer mehr Jugendliche nach ihrer Ausbildung den Beruf wechseln müssen, um einen neuen zu erlernen, wird beim Ausbildungsberuf von Erstausbildung gesprochen, um deutlich zu machen, dass der Ausbildungsberuf in der Regel kein Beruf für das ganze Leben ist.

Erwerbstätigkeit:
Die Erwerbstätigkeit ist für die meisten Menschen in Industriegesellschaften Sicherung des Lebensunterhalts. Als erwerbstätig gelten alle Personen, die eine haupt- oder nebenberufliche Tätigkeit ausüben, für die sie ein Entgelt (z. B. Lohn, Gehalt, Honorar) erhalten (z. B. Arbeiter, Beamte, Selbstständige).

Funktion des Unternehmens:
Es gibt kaum zwei Unternehmen, die völlig gleiche Produkte in gleicher Weise herstellen. Dennoch kann man Unternehmen gut vergleichen, denn in allen gibt es gleiche Grundfunktionen: Alle Betriebe produzieren, stellen Güter oder Dienstleistungen her.
Um produzieren zu können, müssen sie andere Güter einkaufen, z. B. Maschinen, Werkzeuge, Materialien usw. In kleinen Betrieben sorgen die Inhaber für die Beschaffung: Sie stellen fest, was benötigt wird, schreiben Anfragen, vergleichen die Angebote und bestellen rechtzeitig, damit immer produziert werden kann. In großen Unternehmen ist das die Aufgabe der Abteilung „Einkauf". Diese kann sehr groß sein, wenn man bedenkt, dass ein Auto z. B. aus rund 6.000 Einzelteilen besteht, die entweder beschafft werden müssen oder für deren Herstellung Materialien angeschafft werden müssen.
Wer Güter produziert, hat sie noch nicht verkauft.
Die Abteilung „Absatz" oder „Verkauf", die in vielen Fällen auch die Inhaber selbst betreuen, muss dafür sorgen, dass die Güter verkauft werden. Dazu gehören auch die Werbung und Markterkundung.
Mit diesen drei Grundfunktionen ist noch nicht alles beschrieben, was in Unternehmen geschieht: In allen Unternehmen müssen schließlich Verwaltungsaufgaben wahrgenommen werden: Es müssen Briefe geschrieben, Löhne berechnet und ausgezahlt, Steuern und Sozialversicherungsbeiträge überwiesen werden usw.

Gewinn:
Liegen die Aufwendungen (z. B. Lohn- und Maschinenkosten) unter den Einnahmen durch den Verkauf von Waren oder Dienstleistungen, spricht man von Gewinn. Die Höhe des Gewinns zeigt den wirtschaftlichen Erfolg eines → Unternehmens.

Girokonto:
Laufendes Konto, über das bar, durch Überweisung, Scheck, Scheckkarte, Dauerauftrag usw. verfügt werden kann. Das Geld auf einem Girokonto bezeichnet man als Buchgeld. Es entsteht entweder durch Bareinzahlung, den bargeldlosen Zahlungsverkehr (z. B. Überweisungen) oder Kredite. Buchgeld, auch Giralgeld genannt, wird im bargeldlosen Zahlungsverkehr verwandt. Die Zahlungen mit Buchgeld (bargeldloser Zahlungsverkehr) überwiegen den Zahlungsverkehr mit Bargeld bei weitem.

Güter:
Fast alles, was wir zum Leben benötigen, ist knapp und muss daher bewirtschaftet werden. Als Sammelbezeichnung dafür gibt es das Wort Güter. Neben der Knappheit sind Kennzeichen der Güter:
- Sie haben einen Preis,
- sie erfordern meist einen Aufwand bei der Herstellung,
- sie können meist nur konsumiert werden, weil sie produziert wurden.

Meist denkt man bei Gütern nur an Gegenstände – Waren oder Produkte. Aber auch die Leistungen einer Friseurin, eines Rechtsanwalts oder eines Lehrers sind

Güter (Dienstleistungen). Im Unterschied zu Sachgütern können sie nicht auf Vorrat produziert und gelagert werden. Bei den Sachgütern, die wir konsumieren, unterscheidet man Verbrauchsgüter und Gebrauchsgüter: Verbrauchsgüter wie Brot oder Strom verschwinden durch den Konsum; Gebrauchsgüter, z.B. ein Herd oder ein Fernsehgerät, können lange genutzt werden. Unter diesem Begriff werden alle Mittel zusammengefasst, die zur Bedürfnisbefriedigung dienen. Dieser weite Begriff wird aber in der Regel nicht verwendet: Auch Luft benötigen wir zur Bedürfnisbefriedigung, da sie aber im Überfluss vorhanden ist, zählt man sie zu den *freien Gütern*. Im fachlichen Sprachgebrauch werden nur die *wirtschaftlichen Güter* als Güter bezeichnet: Sie sind knapp, haben einen Preis und erfordern Aufwand bei der Herstellung.
Güter werden eingeteilt in *Sachgüter* (Getreide, Brot, Fahrräder usw.), *Dienstleistungen* (etwa Transport oder Verkauf von Sachgütern) und *Rechte* (z.B. Patente oder Lizenzen). Sachgüter lassen sich einteilen in *Verbrauchsgüter* und *Gebrauchsgüter*. Verbrauchsgüter sind solche, die nach dem Konsum nicht mehr vorhanden sind, z.B. Lebensmittel. Gebrauchsgüter nutzt man über einen längeren Zeitraum, mit jedem Gebrauch nutzen sie ab, bis sie schließlich nicht mehr verwendet werden können. Haushaltsgeräte oder Musikgeräte sind typische Beispiele. Auch bei den Gütern, die in der Produktion verwendet werden, kann man die Güter nach ihrer Lebensdauer unterscheiden. Betriebsmittel wie Werkzeuge und Maschinen werden über einen längeren Zeitraum gebraucht, Werkstoffe dagegen „gehen in der Produktion unter", sie werden Teil eines neuen Produkts. So ist Mehl z.B. Bestandteil von Brot.

Haushalt:
Grundsätzlich unterscheidet man öffentliche und private Haushalte. Zu den öffentlichen Haushalten zählen Bund, Länder, Gemeinden und die Haushalte der Sozialversicherungsträger. Ganz allgemein versteht man unter einem privaten Haushalt zusammenwohnende Personen, die mit einem Einkommen gemeinsam wirtschaften und Einzelpersonen, die allein wohnen und wirtschaften. Man unterscheidet auch z.B. in Selbstständigen-, Beamten-, Angestellten- und Rentnerhaushalte, um ihre wirtschaftliche Situation zu vergleichen.

Information:
Meist gebraucht in der Bedeutung von „Nachricht, Mitteilung". Informationen sind nötig, um Entscheidungen treffen zu können. Welche Information von Bedeutung ist, kann für jeden Einzelnen sehr unterschiedlich sein. Das Problem besteht heute häufig darin, dass aus der ungeheuren Fülle von Daten die wichtigen Informationen herausgefiltert werden müssen. In der modernen Wirtschaft spielen die Informationskosten, d.h. die Kosten, die für die Informationsgewinnung ausgewendet werden müssen, zunehmend eine Rolle.

Kaufkraft:
Fähigkeit des Einzelnen → Güter zu erwerben. Diese Fähigkeit ist abhängig vom Einkommen und den Preisen. Die Kaufkraft kann auch für Gruppen ermittelt werden („Kaufkraft der 14- bis 49-jährigen") und ist z.B. für die Werbewirtschaft eine wichtige Größe. In der Statistik ist die Kaufkraft des Geldes eine wichtige Größe: Sie gibt an, wie viele Güter man für eine bestimmte Geldeinheit erhält.

Konkurrenz:
Mehrere → Unternehmen bieten gleiche → Güter bzw. Dienstleistungen an, sodass der Kunde die Wahl hat. Die Anbieter versuchen z.B. durch Preisnachlässe den Kunden zum Kauf ihres Produktes zu bewegen: Sie liegen also in einem intensiven Wettbewerb um jeden einzelnen Kunden.

Kosten:
In jedem Betrieb fallen bei der Produktion von Sachgütern oder Dienstleistungen Kosten an, z.B. Löhne und Gehälter. Für die Preiskalkulation unterschiedet man Einzel- und Gemeinkosten. Einzelkosten können direkt einem Produkt zugerechnet werden, z.B. Löhne der Arbeiter und Kosten für Rohstoffe. Gemeinkosten dagegen können nicht für ein einzelnes Produkt ermittelt werden. Um sie trotzdem zu erfassen, wird ein bestimmter Prozentsatz hinzugerechnet.

Kredit:
Bei einer leihweisen Überlassung von Kaufkraft durch einen Kreditgeber an einen Kreditnehmer. Man muss Kaufkraft sagen, weil in vielen Fällen von Geschäften Güter abgegeben werden gegen das durch Vertrag abgesicherte Versprechen des Kunden, in einer bestimmten Zeit zu bezahlen (Laufzeit des Kredits), unter Umständen auf Raten. Fast immer ist mit einem Kredit die Verpflichtung verbunden auch → Zinsen zu zahlen.

Lebensstandard:
Höhe und Qualität der Güterversorgung der privaten → Haushalte.

Ökologie:
Lehre von den Beziehungen der Lebewesen zu ihrer Umwelt. Ökologie bezeichnet alle Bemühungen um Umweltschutz.

Ökonomie:
Bezeichnung für die Wirtschaft.

Produkt:
→ Güter

Produktionsfaktoren:
Die betrieblichen Produktionsfaktoren sind Arbeit, Boden = wirtschaftlich genutzte Natur (Anbauboden in der Landwirtschaft, Abbauboden im Bergbau, Standortboden bei allen Unternehmen), Betriebsmittel und Werkstoffe. Betriebsmittel (Maschinen und Werkzeuge) wer-

den bei der Produktion benutzt, Werkstoffe gehen in die Erzeugnisse ein (Mehl als Bestandteil von Brot) oder sind als Hilfsmittel (z.B. Energie oder Schmierstoffe für den Betrieb von Betriebsmitteln) erforderlich.

Rationalisierung:
Mit ihr wird das Ziel verfolgt, mit Hilfe technischer oder organisatorischer Verbesserungen die Produktivität zu erhöhen oder das Verhältnis von Leistungen zu Kosten zu verbessern. Im technischen Bereich geschieht dies durch den Einsatz von rechnergestützten Maschinen und Computern. Im organisatorischen Bereich z.B. durch die Verbesserung von Arbeitsabläufen.

Recycling:
Rückführung oder Wiederverwendung von Abfallstoffen in den Produktionsprozess. Zwei der bekanntesten Beispiele sind die Wiederverwendung von Altglas oder die Herstellung von Umweltpapier aus Altpapier.

Ressourcen:
Für die Herstellung von Gütern benötigte Mittel (Arbeit, Kapital, Boden, Wissen), vgl. → Produktionsfaktoren.

Rohstoff:
Ein Werkstoff, der bei der Produktion von → Gütern eingesetzt wird und dabei als Hauptbestandteil Teil des Produktes wird.

Strategie:
Planung und Durchführung eines Gesamtkonzepts zur Erreichung eines Ziels. Der Begriff stammt aus dem militärischen Bereich, wird aber inzwischen auf andere Bereiche übertragen. So spricht man z.B. von einer Werbestrategie. In ihrem Rahmen wird festgelegt, welche Zielgruppe angesprochen werden soll. Danach richtet sich etwa, welche Werbebotschaft über welche Medien verbreitet werden soll.

Statistik:
Zusammenstellung von Untersuchungsergebnissen, die meist über einen längeren Zeitraum gemessen wurden.

Subvention:
Finanzielle Unterstützung des Staates an Wirtschaftsunternehmen, die von diesen nicht zurückgezahlt werden muss. Oft fordern oder erwarten die Subventionsgeber jedoch ein bestimmtes Verhalten von den → Unternehmen, das sich in der Nutzung der Subventionen zeigt.

Unternehmen:
Wirtschaftlich selbstständige Produktionseinheit (→ Betrieb), durch finanzielle Eigenständigkeit und unternehmerische Entscheidungsfreiheit gekennzeichnet.

Unternehmensziel:
Unterschieden werden hier Sachziele und Formalziele. Die Sachziele sind in der Regel von Unternehmen zu Unternehmen unterschiedlich, denn alle haben unterschiedliche Produktions- und Absatzprogramme. Bei den Formalzielen unterscheiden sich öffentliche und private Unternehmen: Öffentliche Betriebe sollen möglichst kostendeckend arbeiten, während private Unternehmen Gewinne anstreben.

Volkswirtschaft:
Bezeichnung für alle Prozesse, die sich in einem Land zwischen und in den → Unternehmen, privaten Haushalten und staatlichen Einrichtungen sowie zwischen diesem und dem Ausland vollziehen. Nur ein von anderen völlig unabhängiger Haushalt wäre nicht Teil einer Volkswirtschaft.

Währungsreform:
So bezeichnet man die umfassende Neuordnung des Geldwesens eines Staates. Vorangegangen ist dieser eine vollständige Zerrüttung des Geldwesens, bei der das gesetzliche Zahlungsmittel seine Aufgaben nicht mehr erfüllen kann. Die in Deutschland bekannteste Währungsreform war die vom 21. Juni 1948.

Werkstoffe:
Sie sind, neben den Betriebsmitteln und den Arbeitskräften, ein Teil der betrieblichen Produktionsfaktoren. Sie werden bei der Produktherstellung verbraucht, d.h., sie gehen unmittelbar (Rohstoffe/Hilfsstoffe/Fremdbauteile) oder mittelbar (Betriebsstoffe) in das neue Produkt ein (Werteverzehr).

Wirtschaftssektoren:
Man geht von der Dreiteilung primärer, sekundärer und tertiärer Sektor aus. Im primären Sektor werden Landwirtschaft (einschließlich Forst und Fischerei und Bergbau), auch Urproduktion genannt, zusammengefasst. Zum sekundären (zweiten) Bereich gehören Industrie und Handwerk. In ihm werden die Erzeugnisse des primären Sektors weiterverarbeitet. Der tertiäre (dritte) Sektor ist der Bereich der Dienstleistungen, zu dem u.a. Handel, Transport, Versicherungen und Bankwesen gehören. Im Verlauf der geschichtlichen Entwicklung war zunächst in den heutigen Industriestaaten der primäre Sektor der weitaus größte, in ihm arbeiteten ca. 80 % der Bevölkerung. Seit dem 19. Jahrhundert verlor der primäre Sektor immer mehr an Bedeutung zugunsten des sekundären.
In der Gegenwart nehmen der primäre Sektor ebenso wie der sekundäre weiter ab, der führende Sektor ist der tertiäre. Diese Entwicklung wird sich in der Zukunft noch verstärken.

Zielgruppe:
Sie ist eine Gruppe von Menschen, auf die eine ganz bestimmte Werbung ausgerichtet ist. Die Gruppe der Katzenbesitzer ist z.B. die Zielgruppe für Katzenfutter. Dabei versucht man die Tierliebe und das Verantwortungsgefühl dieser Menschen für ihre Katze anzusprechen.

Das Sammeln von statistischen Informationen
In diesem Buch findet ihr eine Fülle von statistischem Material, meist aufbereitet in Form von Schaubildern.

Diese Daten sind, wenn ihr das Buch in der Hand haltet, meist schon einige Jahre alt.
Das liegt nicht daran, dass Autoren und Verlag Schlafmützen sind, sondern daran, dass
- es häufig lange dauert, bis statistisches Material aufgearbeitet und veröffentlicht ist, das gilt insbesondere für Zahlen, die mit hohem Aufwand berechnet werden müssen;
- viele Schaubilder aus einem aktuellen Anlass heraus angefertigt und später nicht mehr aktualisiert werden.

Aus diesen Gründen kann es leicht geschehen, dass selbst die aktuellsten Daten, die zur Verfügung stehen, zwei Jahre alt sind, vielleicht noch älter. Wenn ein Buch 2006 gedruckt wird, ist es möglich, dass selbst die „neuesten“ Zahlen aus dem Jahre 2003 stammen. Haltet ihr das Buch 2006 in der Hand, dann sind die Zahlen schon drei Jahre alt. Wenn ihr mit Statistiken und Schaubildern arbeiten wollt, die aktueller sind, dann gibt es nur einen Weg: Ihr müsst sie selbst suchen.
Hier sind einige Hinweise auf Internet-Seiten, auf denen ihr aktuelles statistisches Material findet.
Einige dieser Adressen könnt ihr auch für eure Berufswahl nutzen.

Bundesweite Statistiken: http://www.destatis.de und http://www.arbeitsagentur.de

Statistik des Landes Nordrhein-Westfalen: http://www.lds.nrw.de

Schaubilder: http://grafikdatenbank.dpa-globus.de (nicht frei zugänglich)

Adam Opel AG, Rüsselsheim: 61/3; 67/1
www.aerospace-technology.com: Schutzumschlag 3
Allover Bildarchiv, Kleve: 15/M2
AndersARTig, Reproduktion, Werbung & Verlag GmbH, Braunschweig: 48/M1; 54/1
Archiv für Kunst und Geschichte, Berlin: 51/M1 + M2
argus, Hamburg/Schmitt: 90/M2
Benediktushof/Berufsbildung, Reeken: Schutzumschlag 1
BMW AG, München: 175/1
Bosch, Leinfelden-Echterdingen: 188, 189
Bpk, Berlin: 50/M1 + M2; 86/2 + M1
Bundesagentur für Arbeit, Nürnberg: 107/1; 118
Bundesverband der Unfallkassen: 183/M1
Cartoon-Caricature-Contor, München: 163/1 (Mester)
ContiTech Antriebssysteme GmbH, Hannover: 194/M1; 195/2
Corbis GmbH, Düsseldorf: 198/M1 (R. Morrell); 198/M3 (ZEFA)
Das Luftbildarchiv, Wennigsen: 61/1; 139
M. Dernbach, Barnstorf: 165
Deutsche Bahn AG, Berlin: 193/M4
Deutsche Bundesbank, Frankfurt/Main: 51/1 + 2; 52/1
Deutsche Messe AG, Hannover: 63/2
Deutsche Telekom, Bonn: 85/2
Deutscher Sparkassenverlag, Stuttgart: 15/M1
Deutsches Historisches Museum, Berlin: 157/M1
Deutsches Museum, München: 199/2
Dpa GmbH, Frankfurt: 9/1; 70; 71; 72/2; 149/1; 151; 155/M1; 158/M6; 159/M1; 166/1
Epd: 113/M1 (Hans-Rainer Fechter)
Ericsson: 93/3
Heiko Feeken, Oldenburg: 185/M1; 186/1; 187/M1
Fotostudio Druwe und Polastri, Weddel: 8/1–2, 4, M1; 16; 17/M1; 18; 23; 26/M2; 28/M2; 30/1; 31/M1+2; 32; 34/1 + 2; 37/2; 38; 36/M1; 40; 44/2; 45; 55/M1 + M2; 56/1; 57; 58; 59; 62/M1; 63/1; 64/1 + M2; 66; 72/1; 74; 85/1 + M1; 88/M2 + M3; 92/1; 94/M1; 99; 107/2 + 4; 109/1; 113/2; 115/1; 116/1; 117; 123; 124; 125; 126; 127; 128/M4; 130; 132/1; 135; 136; 141; 144; 145; 147/M1 + 2; 148; 149/M1; 162; 164; 171/1–4; 172/M1; 173/1; 176/M2; 178; 180/M1; 183/1; 184, 190; 196; 198/M2; 199/M2
Getty Images, München: Schutzumschlag 2 (medioimages)
Gildemeister Drehmaschinen, Bielefeld: 194/1; 201/M1; 202/2
Globus Infografik GmbH, Hamburg: 12; 20/M1; 26/M1; 44/M1; 91/1; 93/1 + 2; 95/1; 101/1+2; 111/M2; 113/3; 150; 166/M1; 167; 170/1
Grey, Düsseldorf: 9/M2
Grundig AG, Fürth: 92/2
Hans Kaltenbach Maschinenfabrik GmbH & Co. KG, Lörrach: 191/M1
IFA Bilderteam, München: 28/M1; 83/M1 (M. Glück)
H. Ihling, Eisenach: 156/1
IMA e.V., Bonn: 87/M1
Image & Design, Bettina Kumpe, Braunschweig: 10; 13; 15/1; 19; 21; 22; 25; 30/M1 + 2; 31/1; 35; 37/3 + 4; 41; 48/M2 + M3; 49/M1; 60; 63/M1; 64/M1; 65/M1 + M2; 85/3; 89/1; 96/M1; 97/M1; 98/M1–3; 114; 115/M1 + 2; 119; 120; 121; 122/M1; 128/M1–3; 129/2; 131/M1; 132/M1 + 2; 133; 134; 142; 176/M1; 177
InGestalt, Leipzig: 8/3 + M2; 111/1
Jos. L. Meyer GmbH & Co. Papenburg: 81
Kathrin Knaußmann Mediendesign, Gifhorn: 77/M1; 82/M1; 93/M1; 112/M2; 146/1 + 2
Kautz Zahnradfabrik GmbH, Wuppertal: 78/M2
Keystone Pressedienst GmbH, Hamburg: 9/2 (D. Riemarzik); 9/M1 (The Image Works); 27/M1 (J. Sormani); 153/1 + M1
Klüppel, Gechingen: 111/M1
Helga Lade, Frankfurt/Main: 108/M1 (G. Gerst)
Linke Hoffmann Busch GmbH: 201/1–4
Mannesmann Dematic, Wetter: 193/M1
Mathis Werbetechnik, Merzhausen: 29
mauritius-images, Mittenwald: 44/1 (P. Zay); 47 (age); 61/2; 67/2; 76/1; 87/1; 112/M1 (Rosenfeld); 91/M1 (P. Lehner); 109/2 (Rawi); 146/3 (A. Pöhlmann); 172/2 (Stock 4b); 173/M1 (M. Ley); 174/2 (J. O'Brian); 192/M2 (N. Pelka)
Metro AG, Düsseldorf: 97/1; 103; 104/1 + M2
Hank Morgan, Stanfort, DT, USA: 88/M1
Neckar-Verlag, Villingen-Schwenningen: 187/1
Norbert Nordmann, Bonn: 87/2
Objective Press, Bochum: 65/1
Österreichische Nationalbibliothek, Wien: 199/1
Picture-Alliance: 7 (dpa/Bernd Thissen); 37/1 (dpa/U. Perrey); 62/1 (ZB, Peter Endig); 69/1 (dpa/Fotoreport, Lanxess AG); 69/M1 (dpa/Bernd Thissen); 70 (dpa/Greenpeace) 72/M1 (dpa/Jens Wolf); 75 (dpa/Holger Hollemann); 78/1 (dpa/Fabian Matzerath); 96/1 (dpa/Boris Roessler); 107/2 (ZB/ W. Grubitzsch); 108/1 (ZB/J. Büttner); 108/2 (ZB/S. Füssel); 110/2 (dpa/Heinz von Heydenaber); 113/1 (dpa/Heinz von Heydenaber); 131/1 (dpa/W. Grubitzsch); 140/1 (dpa/Horst Ossinger); 140/M1 (dpa/W. Weihs); 147/1 (ZB/S. Sauer); 159/1 (dpa-ZB/Waltraud Grubitzsch); 161 (dpa/Roland Weihrauch); 163/M1 (dpa/ U. Perry); 168/1 (ZB/Stefan Sauer); 169/1 (ZB/Bernd Wüstneck); 169/2 (dpa/Peter Kneffel); 171/5 (ZB/Andreas Lander); 171/6 (ZB/P. Pleul); 192/M1 (dpa/Ferdinand Ostrop); 193/M2 (ZB/Andreas Lander)
Punctum Fotografie Leipzig: 146/4; 174/M1
Satzpunkt Ursula Ewert, Braunschweig: 116/2
Siemens Forum, München: 86/1
Siemens Unternehmenskommunikation, München: 166/2
Skoda Octavia Deutschland: 192/M3
Spiegel Verlag, Hamburg: 152
Staatliches Museum Schloss Reydt, Reydt: 200/2
Steeger, Wuppertal: 78/M1
Superbild Erik Bach, München: 140/M2
SV-Bilderdienst, München: 90/1; 146/M1; 154/1 + 2; 155/1 + 2
Ullsteinbild, Berlin: 168/2 (Hechtenberg/caro)
Verkehrsmuseum Nürnberg: 200/1
Vision photos/Rainer Klostermeier, Berlin: 157/1
VW Standortpresse, Wolfsburg: 76/2;
Werbefotografie Weiß, Gersthofen: 56/2; 56/M1; 104/M1; 111/2
Westermann Archiv, Braunschweig: 11; 52/M1; 53/M1; 55/1; 56/M2; 82/M2; 83/1; 100/M1; 110/1; 158/1; 185/1; 202/1
Westermann Kartographie, Braunschweig: 34/M1; 39/1; 129/1
Westermann Tegra, Braunschweig: 17/1; 24; 36; 77/1; 79/1; 80/1; 105/1; 179; 180/M2; 181; 182; 191/1; 192/1; 193/1; 194/M2; 195/1 + 3; 197; 202/M1 + 2
Wirtschaftsförderung Kassel GmbH: 90/M1